Índice

Tus metas 7
> hablar de necesidades y experiencias de aprendizaje, expresar habilidades y dificultades

1 Productos con historia 9
> describir productos y procesos, hablar de argumentos de venta
> repaso de la pasiva refleja, algunos conectores

Revista de negocios
> México

> hablar de circunstancias históricas, dar una opinión, mostrar acuerdo y desacuerdo
> repaso del imperfecto, *desde, desde hace, desde que*

> hablar de hechos históricos
> repaso del indefinido, algunos marcadores temporales

> El caso: el catálogo

2 Trayectoria empresarial 19
> hablar de cambios, hablar de las características de una empresa
> algunas perífrasis con infinitivo y gerundio

Revista de negocios
> Costa Rica

> hablar de acontecimientos y descripciones en el pasado, contar y estructurar una historia
> el uso de los tiempos del pasado

> comentar gráficas, hacer balance, valorar una experiencia
> el uso del indefinido para valorar

> El caso: la página web

Etapa 1   Presentar: la idea y la estructura. Dinámica: Biografías 29

3 El mundo de las ferias 31
> hablar de los preparativos para una feria, pedir y dar consejos
> el imperativo afirmativo

Revista de negocios
> La República Dominicana

> pedir permiso y reaccionar
> el uso del imperativo para dar permiso

> expresar cantidad indeterminada
> los indefinidos, los pronombres de objeto

> El caso: la feria

4 Campañas publicitarias — 41

> expresar emociones, hablar de hábitos de consumo, hablar del perfil del consumidor
> el uso de *qué* y *cuál / cuáles*

> analizar campañas publicitarias, hacer sugerencias
> el imperativo negativo

> hablar de acciones habituales, expresar causa, fin y consecuencia, diseñar una campaña de publicidad
> *como, porque, por, para, por eso*

> El caso: la campaña de publicidad

Revista de negocios
> Nicaragua

Etapa 2   Presentar: el principio y el final. Dinámica: El cartel — 51

5 Relaciones laborales — 53

> hablar de estados de ánimo, hablar de relaciones personales y laborales, valorar
> el presente de subjuntivo, el uso del infinitivo y subjuntivo según el sujeto

> hablar del estilo de comunicación, transmitir mensajes
> el discurso indirecto, el uso del indicativo y subjuntivo en el discurso indirecto

> expresar una opinión, expresar acuerdo y desacuerdo, ordenar un texto
> el uso del indicativo y subjuntivo para expresar opiniones

> El caso: la encuesta de satisfacción

Revista de negocios
> Panamá

6 Grandes eventos — 63

> expresar finalidad, proponer y reaccionar, dejar la decisión a otros
> el uso del subjuntivo para expresar finalidad y en oraciones relativas para dejar la decisión a otros

> hablar de la organización de un evento, exponer necesidades
> el uso del indicativo y subjuntivo en oraciones relativas, las oraciones relativas con preposición

> expresar deseos, valorar una experiencia
> el uso del indicativo y subjuntivo con *cuando*, el superlativo absoluto

> El caso: la celebración del 80 aniversario

Revista de negocios
> Cuba

Etapa 3   Presentar: las diapositivas. Dinámica: El puente — 73

Índice

7 Proyectos de futuro — 75

> hablar de la trayectoria profesional, presentar un proyecto
> el pluscuamperfecto

> hacer sugerencias, mostrar cortesía, dar ejemplos
> el condicional

> hablar de acciones futuras, expresar condiciones, hacer hipótesis, hablar de planes
> el futuro, las oraciones condicionales reales

> El caso: nuevos proyectos

Revista de negocios
> Guatemala

8 Visitas de empresa — 85

> hablar de cantidades y pesos, describir las actividades de una empresa, expresar deseos y sentimientos
> el perfecto de subjuntivo

> valorar una información, negociar, referirse a temas, pedir la palabra, aclarar y pedir aclaraciones
> el uso del subjuntivo con expresiones valorativas (*es importante que*)

> hablar de experiencias
> el imperfecto de subjuntivo, la concordancia de los tiempos, los adverbios en *-mente*

> El caso: la internacionalización

Revista de negocios
> Honduras

Etapa 4   Presentar: saber reaccionar y presentar. Dinámica: Valores — 95

Anexo — 97

> Estrategias y dinámicas — 97
> Gramática — 98
> Tabla de verbos — 127
> Transcripciones — 133
> Vocabulario por lecciones — 142
> Vocabulario temático — 157
> Vocabulario alfabético — 163
> Fuentes — 183

Símbolos

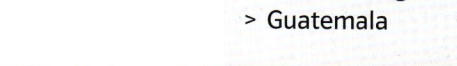

↗ 1 actividad del libro de ejercicios
▶▶ 1 actividad de comprensión auditiva

¿Cómo funciona Meta profesional?

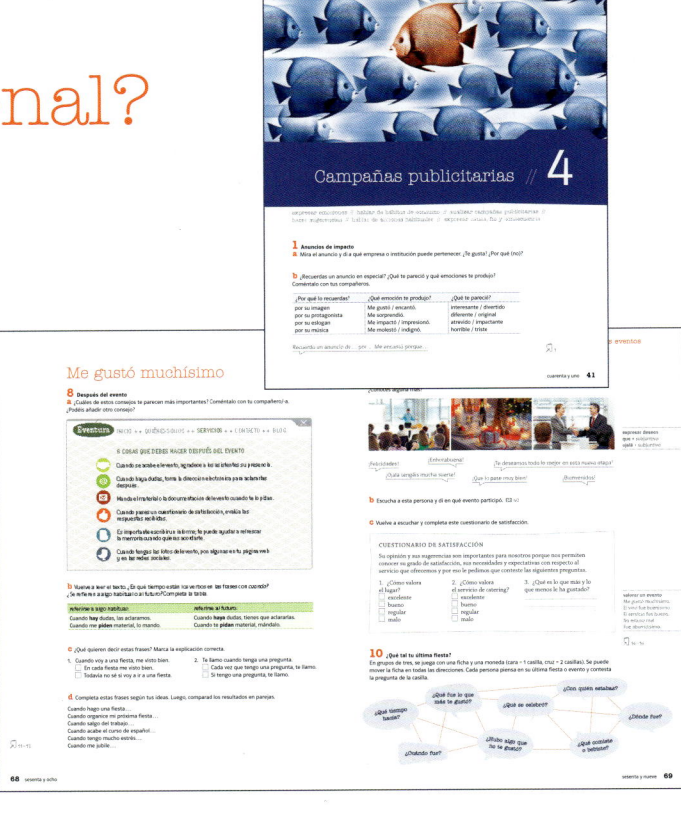

En la **portadilla** te familiarizas con el tema de la lección y activas tus conocimientos y experiencias previas a partir de documentos gráficos y actividades sencillas.

3 secuencias de aprendizaje de dos páginas cada una presentan las nuevas estructuras lingüísticas a través de una variada tipología de textos prácticos del mundo profesional y actividades que promueven un uso auténtico de la lengua y respetan los diferentes tipos de aprendizaje.

En **Te toca a ti** vas a analizar casos que se dan en los distintos departamentos de una empresa y a colaborar con tus compañeros para resolver los problemas de cada uno.

La **Revista de negocios** ofrece datos para ampliar información sobre diferentes países de Latinoamérica y un aspecto intercultural.

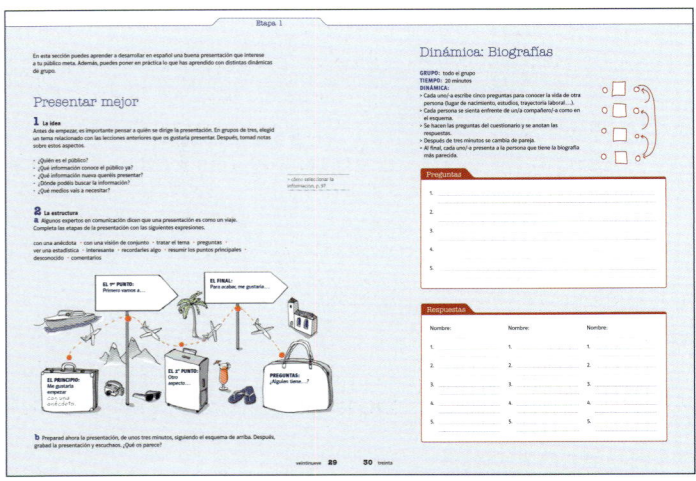

En las **Etapas** puedes aprender a desarrollar una buena presentación en español y además tienes la posibilidad de poner en práctica lo aprendido con distintas dinámicas de grupo.

INTERLINGUA
ESCUELA DE IDIOMAS

APRENDE ESPAÑOL EN OAXACA // CURSO DE ESPAÑOL CON FINES PROFESIONALES

Este curso está dirigido a personas que necesitan aprender español por estudios o actividades profesionales.

OBJETIVOS
➤ vocabulario específico
➤ preparación de presentaciones
➤ lectura de periódicos económicos
➤ visionado de videos
➤ visitas a empresas

HORARIOS
Lunes a viernes
Mañanas: 9:00 a 13:00
Tardes: 15:00 a 20:00

PRECIOS
2 semanas   395 €
4 semanas   750 €

Tus metas

hablar de necesidades y experiencias de aprendizaje // expresar habilidades y dificultades

1 El curso de español

a En parejas. ¿Por qué estudias español? ¿Cuándo empezaste a estudiarlo? ¿Dónde lo has estudiado hasta ahora? Márcalo en las columnas y habla con tu compañero/-a.

¿Por qué?
☐ por mi familia / trabajo
☐ porque no hay otra opción
☐ para tener un trabajo mejor
☐ para conocer otras culturas

¿Cuándo?
☐ el año pasado
☐ hace ... años
☐ en enero
☐ en 2014

¿Dónde?
☐ en una escuela de idiomas
☐ en el instituto / la escuela
☐ en la universidad
☐ en España / México / ...

Recuerda
hace un año
el año pasado

Estudio español por... Empecé a estudiarlo...
Hasta ahora lo he estudiado en...

b Mira el folleto de una academia de idiomas. ¿Te parece una buena opción para ti? ¿Por qué (no)?

2 ¿Cómo aprendemos mejor?

a En grupos de tres. Por turnos, tomad un lápiz y colocadlo en el centro del juego. Giradlo y contestad a la pregunta que señala el lápiz. Después de cinco minutos, presentad a la clase algunas coincidencias.

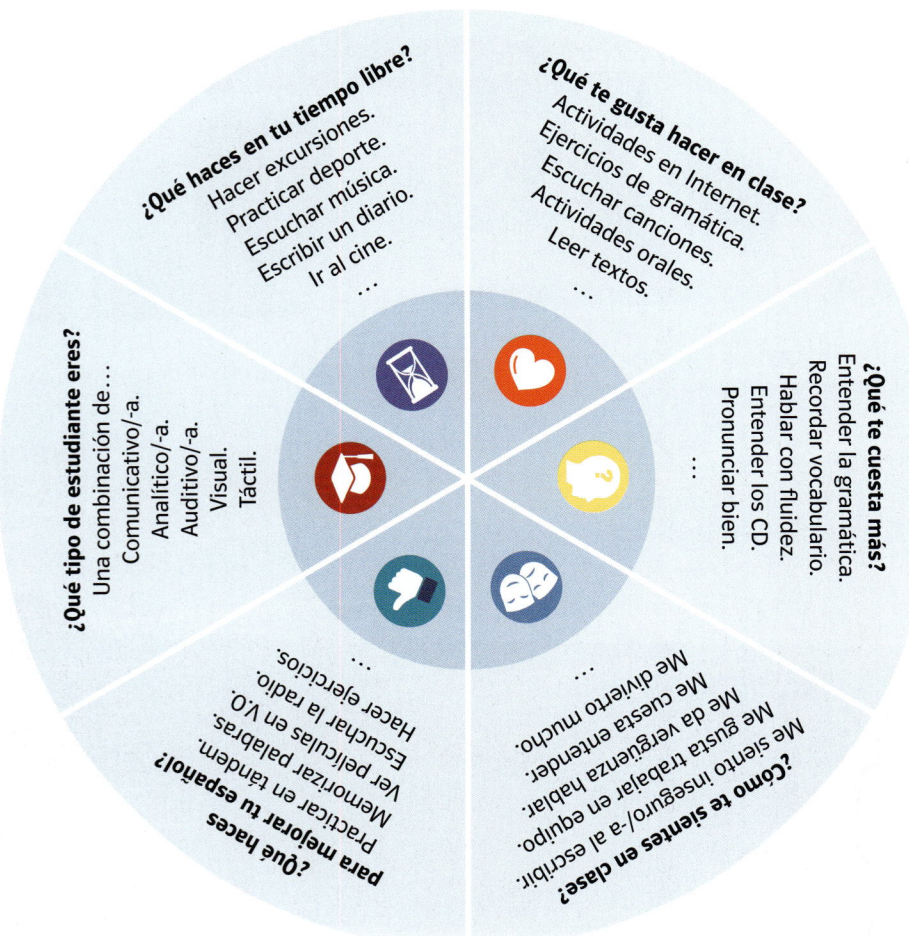

¿Qué haces en tu tiempo libre?
Hacer excursiones.
Practicar deporte.
Escuchar música.
Escribir un diario.
Ir al cine.
…

¿Qué te gusta hacer en clase?
Actividades en Internet.
Ejercicios de gramática.
Escuchar canciones.
Actividades orales.
Leer textos.
…

¿Qué tipo de estudiante eres?
Una combinación de…
Comunicativo/-a.
Analítico/-a.
Auditivo/-a.
Visual.
Táctil.

¿Qué te cuesta más?
Entender la gramática.
Recordar vocabulario.
Hablar con fluidez.
Entender los CD.
Pronunciar bien.
…

¿Qué haces para mejorar tu español?
Practicar en tándem.
Memorizar palabras.
Ver películas en V.O.
Escuchar la radio.
Hacer ejercicios.
…

¿Cómo te sientes en clase?
Me siento inseguro/-a al escribir.
Me gusta trabajar en equipo.
Me da vergüenza hablar.
Me cuesta entender.
Me divierto mucho.
…

b Rellena esta ficha personal. Tu profesor/a recoge las fichas y las cuelga en la clase. Lee las fichas de tus compañeros. ¿Con quién coincides más?

Nombre:
Apellido(s):
Mis habilidades: tres cosas que sé hacer bien

Mis preferencias: tres cosas que (no) me gustan

La primera palabra que aprendí:
Una expresión que me gusta:
Mis metas: (tres) cosas que quiero mejorar

2-3

hablar de habilidades y dificultades
Sé…
Me resulta fácil…
Me parece difícil…
Me cuesta…
Soy capaz de…
Soy bueno/-a en…
Soy malo/-a en…

Productos con historia // 1

describir un producto // hablar de argumentos de venta // describir procesos // hablar de hechos y circunstancias históricas // dar una opinión // mostrar acuerdo y desacuerdo

1 Objetos imprescindibles

a Mira la foto de arriba y marca qué palabras asocias con este objeto.

☐ moderno ☐ práctico ☐ antiguo ☐ innovador ☐ nostálgico ☐ inútil

b ¿Qué es imprescindible en tu trabajo / tus estudios? Completa este mapa asociativo y compara tus respuestas con tu compañero/-a.

- muebles
  - *escritorio*
- trabajo / estudios
  - aparatos
    - *ordenador*
  - medios de transporte
    - *coche*

En mi trabajo es imprescindible el / la… porque…

nueve 9

Material de oficina

2 Pedido para la oficina

a Mira este catálogo y completa con el nombre de las categorías. ¿Qué objetos te parecen imprescindibles para tu trabajo / tus estudios? ¿Cuáles usas más en un día?

informática y ofimática • organizar y clasificar • comunicar • escribir y corregir

Ofimat online Todo para su oficina — OFERTAS SEPTIEMBRE

GOMA DE BORRAR
paquete: 20
unidad: 1,59 €

ARCHIVADOR de cartón
formato: A4
envase: 20
unidad: 1,50 €

NOTAS ADHESIVAS
color: amarillo
notas por bloc: 100
1,03 €

CALCULADORA
tamaño: 15,3 x 14 cm
peso: 176 g
7,26 €

BOLÍGRAFOS de cristal
tinta líquida
paquete: 2,09 €

CLIPS de metal
caja: 100
0,39 €

PIZARRA MAGNÉTICA
tamaño: 90 x 120 cm
30,00 €

PORTÁTIL HB 250
299,00 €

MARCADORES
bolsa 4 colores
10,20 €

PEGAMENTO UNIVERSAL
en tubo para pegar papel, madera, cerámica...
3,09 €

CUADERNO
tapa dura de cartón
4,24 €

RATÓN
marca: Targus
14,25 €

TIJERAS
tamaño: 13 cm
5,05 €

GRAPADORA de plástico
incluye caja de grapas
3,09 €

SOBRES para imprimir
caja: 500 unidades
10,90 €

IMPRESORA LÁSER COLOR
marca: Targus
247,00 €

b Escucha esta reclamación y marca en el catálogo qué han pedido y qué falta. ▶ 1

> más material de oficina, p. 157

c En parejas. Describe tu mesa de trabajo a tu compañero/-a. ¿Qué objetos tienes? ¿Dónde están? Tu compañero/-a dibuja la mesa y pone en ella los objetos.

d Busca en el catálogo la información sobre forma, material, envase y función y completa la tabla.

Es...	Es de...	Se vende en...	Sirve para...
ligero ↔ pesado	cristal	caja	cortar
grande ↔ pequeño	papel	tubo	unir
sólido ↔ _____	cartón	paquete	imprimir
blando ↔ _____			

e Describe un objeto del catálogo. Tu compañero/-a adivina qué es.

1 // Productos con historia

3 Argumentos de venta

a Lee la ficha de este producto del catálogo. ¿Cuál es?

> **SER "VERDE" NUNCA HA SIDO TAN FÁCIL**
>
> En la oficina, en casa, en el coche... Te hacen la vida más fácil.
> Si además de ser organizado quieres conservar el planeta,
> nosotros te damos la solución.
>
> - Se producen con papel y cartón 100 % reciclado.
> - Se fabrican con adhesivos naturales.
> - Solo se usa un mínimo de embalaje.
> - Se venden en todos los formatos y en diferentes colores.
> - Se pueden pegar y despegar muchas veces.
> - Cada paquete contiene 5 blocs.

Recuerda
se + 3ª persona
expresa impersonalidad

b Lee otra vez la ficha y marca qué argumentos de venta se usan.

☐ lugar de producción   ☐ marca conocida   ☐ uso
☐ origen de los materiales   ☐ variedad de formatos   ☐ precio

c Y tú, ¿usas este producto con frecuencia? ¿Para qué? ¿Qué formato y color te gusta más?

4 Pedir por Internet

a ¿Qué hay que hacer para pedir este producto por Internet? Ordena los pasos.

☐ confirmar el pedido
☐ seleccionar el producto
☐ elegir la forma de pago
☐ seleccionar la forma de entrega
☐ poner en el carro de la compra
☐ completar los datos personales

b En parejas. Comparad vuestra cronología.

Primero se selecciona el producto...

Recuerda
los conectores
Primero
Luego
Antes (de)
Después (de)
Al final

↗ 3-5

5 La ficha de un producto

En grupos. Elegid un producto del catálogo y escribid una ficha con una breve descripción y algunos argumentos de venta. Pasad después vuestra ficha a otro grupo para revisarla.

producto: _____
características: _____
argumentos de venta: *Se vende en todos los colores.*

once **11**

Inventos que hacen historia

6 Inventos del mundo hispanohablante

a Tres de estos inventos son del mundo hispanohablante. ¿Cuáles crees que son?

☐ la grapadora ☐ el pegamento ☐ el traje espacial ☐ el tren TALGO
☐ el teléfono   ☐ la calculadora ☐ la televisión   ☐ el ordenador

b Lee el texto y comprueba tus hipótesis. Después, relaciona con las imágenes.

Inventos del mundo hispanohablante

Mucha gente asocia el mundo hispanohablante con su música, su literatura o deporte, pero seguramente no con sus inventos. Esta es una selección de algunos.

El primer modelo de la serie era de los años 40. Sus diseños eran muy atractivos y modernos para la época. Se inspiraban en los trenes expreso de EE.UU. de los años 30 y 50. Su sistema técnico era completamente diferente al de los trenes convencionales. Además, tenía otras ventajas: ofrecía más confort a los viajeros, era más rápido y más seguro. Todavía hoy gran parte de los trenes de los EE.UU. son de esta marca.

Su inventor se llamaba Emilio Herrera Linares. El prototipo era muy similar al traje que llevaba Neil Armstrong en su paseo por la luna. Llevaba micrófono y tenía instrumentos para medir y obtener pruebas. Es verdad que el traje de Herrera solamente podía subir a 30 000 kilómetros, pero nadie puede negar la importancia de su invento en la carrera espacial.

El "Ajedrecista" era un invento casi mágico para su época. Su inventor se llamaba Leonardo Torres Quevedo, padre también de las calculadoras digitales. Esta máquina funcionaba por algoritmos y podía jugar al ajedrez contra una persona de forma totalmente autónoma. Calculaba los movimientos y movía las piezas. No perdía nunca.

c En parejas. Elegid uno de los inventos. Cada uno/-a completa el mapa asociativo sin consultar el texto. Después, le muestra sus notas a su compañero/-a, que las completa.

¿Cómo era?   ¿Qué podía hacer?   ¿Qué tenía de especial?

Recuerda el imperfecto

estaba	tenía
estabas	tenías
estaba	tenía
estábamos	teníamos
estabais	teníais
estaban	tenían

d En grupos de tres. ¿Cómo era tu primer teléfono? ¿O tu primer ordenador? Describid uno de estos objetos (u otro) a la clase.

1 // Productos con historia

7 Grandes inventos del siglo XX

a Un grupo de expertos ha elegido estos inventos como los más importantes del siglo XX. ¿Estás de acuerdo? Completa la lista con otros inventos importantes que faltan.

1. los SMS (1985)
2. el microondas (1947)
3. el avión (1903)
4. la tarjeta de crédito (1950)
5. el aire acondicionado (1902)

b Lee las frases y relaciónalas con los inventos.

- ☐ Desde hace más de un siglo ya no pasamos calor.
- ☐ Desde que existe, la comida se prepara enseguida.
- ☐ Desde ese año los viajes son más rápidos.
- ☐ Desde entonces es posible pagar sin monedas.
- ☐ Desde que existen, se escriben menos cartas.

c Lee las frases otra vez y completa la tabla.

desde + punto concreto	**desde hace** + período de tiempo	**desde que** + verbo
desde el domingo	desde hace 5 años	desde que existen los SMS

d ¿Recuerdas los objetos imprescindibles para tu trabajo / tus estudios? Di desde cuándo los tienes y compara después con tus compañeros.

↗ 8-9

8 La vida antes y después de Internet

a ¿Qué ha cambiado para estas personas con Internet? Escucha y toma nota de estos aspectos. ▶▶ 2

tiempo libre • educación • información

b Escucha otra vez y marca en la tabla qué dicen las personas. ¿Conoces otras expresiones?

dar una opinión	añadir información	mostrar acuerdo	mostrar desacuerdo
Creo que…	Además…	Estoy de acuerdo.	No estoy de acuerdo.
Pienso que…	También / Tampoco…	Pienso lo mismo.	Pues para mí…
En mi opinión…	No hay que olvidar…	Soy de la misma opinión.	Yo creo que no.

c En cadena. ¿En qué ha cambiado la vida con Internet? Una persona dice su opinión y da un ejemplo. La siguiente muestra acuerdo o desacuerdo.

9 Comité de expertos

En grupos de tres. Elegid de la lista de inventos el mejor. Justificad vuestra elección con una lista de los aspectos que han cambiado. Después, presentad vuestros resultados a la clase.

↗ 10

trece **13**

¿Qué sabes de Latinoamérica?

1 ¿Cuándo llegó el chocolate a Europa?
- [ ] en 1528
- [ ] en 1492
- [ ] en 1610

2 ¿Quiénes descubrieron el número 0?
- [ ] los mayas
- [ ] los aztecas
- [ ] los incas

3 ¿Qué se inventó en México?
- [ ] la píldora
- [ ] el teléfono móvil
- [ ] la televisión a color

4 ¿Dónde se usó por primera vez la huella dactilar para identificar a personas?
- [ ] en Argentina
- [ ] en México
- [ ] en Chile

5 ¿Quién inventó el calendario solar?
- [ ] los incas
- [ ] los aztecas
- [ ] los mayas

6 ¿Dónde se empezó a cultivar el tabaco?
- [ ] entre Bolivia y Ecuador
- [ ] entre Perú y Ecuador
- [ ] en Cuba

¿Cuándo sucedió?

Recuerda
el indefinido
hablé	tuve
hablaste	tuviste
habló	tuvo
hablamos	tuvimos
hablasteis	tuvisteis
hablaron	tuvieron

10 **¿Qué sabes de Latinoamérica?**
a Pon a prueba tus conocimientos sobre Latinoamérica y haz el test. Luego, compara tus resultados con tu compañero/-a.

b ¿Qué otros productos llegaron desde Latinoamérica? Haz una lista con tus compañeros. ¿Cuál es el que está más presente en tu vida?

11 **¿Cuánta Latinoamérica hay en tu vida?**
a Escribe cuándo fue la última vez que hiciste estas cosas. Luego, pregunta a varios compañeros y escribe el nombre del que tiene experiencias similares.

	yo	mis compañeros
comer chocolate		
fumar un cigarrillo		
dar las huellas dactilares		
beber ron cubano		
ir a un restaurante mexicano		
comprar un televisor		
escribir una cita en tu calendario		
escuchar música de Shakira		

¿Cuándo fue la última vez que comiste chocolate?

Recuerda
ayer
hace 1 día / mes / año
la semana pasada
en 2015

b Presenta a la clase tres coincidencias.

Paul y yo compramos un televisor el año pasado.

1 // Productos con historia

12 El origen del chicle

a ¿Con qué país asocias la palabra *chicle*? ¿Cuándo fue la última vez que mascaste uno?

b Lee el texto y busca la información para responder a estas preguntas.

¿dónde? • ¿quién? • ¿cuándo? • ¿origen del nombre?

EL CHICLE: un orgulloso legado maya

Seguramente el último chicle que mascaste fue norteamericano y de sabor a fruta exótica. Es cierto que la costumbre de mascar chicle se extendió por todo el mundo gracias a los soldados de EE.UU. en la Segunda Guerra Mundial, pero el uso de gomas de mascar es mucho más antiguo.

Sabemos, por ejemplo, que desde la prehistoria se mascan resinas de árboles y plantas con propiedades medicinales. Sin embargo, el chicle moderno nació en la región centroamericana del Gran Petén, donde hace más de 2000 años floreció la cultura maya. Los mayas fueron los primeros en usar una goma hecha de la savia del árbol zapote para limpiarse los dientes o para eliminar la sensación de hambre. Con ella comerciaron con otros pueblos mesoamericanos.

Con el tiempo, el uso de esta goma se extendió y llegó a los aztecas con el nombre de "tzictli", que significa "pegar", y de allí pasó a la lengua española como "chicle" en el siglo XVI.

En 1869 William F. Semple, un dentista de Ohio, obtuvo la primera patente para fabricar un chicle similar al que tenemos hoy. Hasta los años 50 del siglo pasado, los fabricantes usaron resinas naturales, pero después empezaron a usar goma sintética, mucho más económica. Hoy en día los tipos, las marcas y los sabores de chicles son innumerables, así como sus consumidores. Solo en España se calcula que se consume medio kilo de chicle al año por persona.

Adaptado de Ernesto Vargas, 2014, www.cancun-online.com

La base para el chicle se obtiene de un árbol centroamericano llamado zapote

c Lee otra vez y ordena cronológicamente los hechos del texto en esta línea temporal. Luego, compara con tu compañero/-a.

aprox. 100 a. C. → hoy

nace el chicle moderno

↗ 14-15

13 Un concurso de productos de tu país

a En grupos de tres, escribid en tarjetas tres preguntas sobre productos que se inventaron en vuestro país, como en el modelo de la actividad 10.

b Por turnos, cada grupo hace una pregunta a otro grupo de la clase, que tiene un máximo de 30 segundos para contestar. Si la respuesta es correcta, el equipo recibe un punto. Gana el equipo con más puntos.

quince **15**

Te toca a ti

LA EMPRESA

Menfer es una empresa familiar del sector de alimentación con una larga trayectoria. Su fundadora fue María Encina Fernández, un ama de casa de Alicante que empezó a vender sus magdalenas en los mercados. Hoy en día la empresa está en manos de la tercera generación. Sus productos se venden en casi 20 países diferentes y emplea a más de mil personas.
En cada lección te presentamos un caso en alguno de sus departamentos y algunas actividades basadas en él.

EL CASO: el catálogo

En los últimos años, las ventas de uno de los productos con más tradición de la empresa han caído. El departamento de Marketing y Ventas quiere eliminar el producto del catálogo. Para ello es necesario convencer a la dirección de la empresa de que hay que escuchar el mensaje de los consumidores y reaccionar. Están seguros de que si no se elimina el producto, al final, mantenerlo puede ser muy caro. El director de la empresa, nieto de la fundadora, siente un cariño especial por este producto y cree que los consumidores lo identifican con la marca y con la empresa. Por eso prefiere mantenerlo. Una de sus ideas es presentar el producto en un formato de lujo.

14 Tu tarea

a Haz un breve resumen del problema.

b En grupos de tres, pensad por qué antes era un producto muy demandado y ahora no (salud, nuevos productos…).

c ¿Qué decisión os parece mejor para la empresa?

d ¿Conoces otros productos que se han eliminado del catálogo de una empresa? ¿Por qué motivo?

VALORAR UNA PROPUESTA
> Me parece bien / mal.
> Es una buena / mala idea.
> Es mejor / preferible…
> Tiene más sentido…
> Lo veo / encuentro adecuado.

1 // Revista de negocios

MÉXICO
Capital Ciudad de México
Población 120,3 millones
Superficie 1.964.375 km²
PIB $1,26 billones
Moneda peso mexicano
Lengua oficial español
Temperatura máx. 26° mayo, mín. 6° enero

los mayas y aztecas, grandes civilizaciones prehispánicas

origen del cacao, chile, maíz y tomate

la comida mexicana es patrimonio de la humanidad

cuarto exportador de **vehículos**

más idiomas que en Europa
62

primer exportador de pantallas planas del mundo

// MÉXICO //
Tierra de contrastes

> Trabajo desde hace cinco años en México. He notado que aquí, el ritmo de los negocios es lento y la orientación, a largo plazo. Como en China, la confianza es la base de las relaciones comerciales. Es importante invertir tiempo en conocer a la otra parte.
>
> Cuando llegué a México, mi español era muy bueno, pero me llevó mucho tiempo entender que expresiones como *ahorita* o *ahoritita* no significan siempre *ahora*, también pueden significar *dentro de un rato*. Existe una tendencia a aplazar las tareas pendientes, pero en contra de lo que mucha gente piensa, los mexicanos de D.F. son muy puntuales, incluso, llegan antes de la hora porque toman precauciones por los grandes atascos de tráfico. Es verdad que en otras zonas del país hay menos puntualidad: cuando te invitan a una casa, lo normal es llegar una media hora tarde. Lo que no es correcto es hablar de negocios."

Yao Rui (China), ingeniero químico

¿En tu país se suele llegar puntual? ¿Cómo se expresa la idea de *ahorita* en tu lengua?

Comunicación

describir un producto

Es…	Es de…		Se vende en…	Sirve para…	
ligero ↔ pesado	cristal	cuero	caja	cortar	unir
pequeño ↔ grande	cerámica	metal	tubo	escribir	borrar
sólido ↔ líquido	cartón	plástico	paquete	corregir	imprimir
blando ↔ duro	papel	madera	bolsa	pegar	despegar

hablar de argumentos de venta

Se producen con papel 100 % reciclado.
Se fabrican con adhesivos naturales.
Solo se usa un mínimo de embalaje.
Se necesita poca tinta.
Se venden en todos los formatos.
Se producen en España.

describir procesos

Primero se selecciona el producto.
Luego se completan los datos personales.
Después de poner el producto en el carro de la compra, se selecciona la forma de entrega.
Antes de confirmar el pedido se elige el pago.
Al final se confirma el pedido.

dar una opinión

Creo que…
Pienso que…
En mi opinión…

añadir información

Además, …
También / Tampoco…
No hay que olvidar (que)…

mostrar acuerdo y desacuerdo

Estoy de acuerdo (con)…
Pienso lo mismo (que)…
Soy de la misma opinión (que)…

No estoy de acuerdo.
Pues para mí…
Yo creo que no.

hablar de circunstancias históricas

Su inventor se llamaba Emilio Herrera.
Se inspiraba en los trenes americanos.
Su diseño era muy atractivo.
Era más rápido y seguro.

hablar de hechos históricos

El chocolate llegó a Europa en 1528.
Guillermo González inventó la televisión a color.
El tabaco se empezó a cultivar en Cuba.
El chicle nació en Centroamérica hace 2000 años.

Gramática

hace, desde hace, desde, desde que > 5.2.1

Llegué **hace** diez años a Madrid.
Vivo aquí **desde hace** diez años.
Vivo aquí **desde** 2003.
Desde que existe Internet, no escribo cartas.

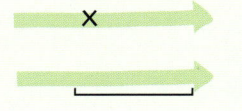

hace + período de tiempo
desde hace + período de tiempo
desde + punto concreto en el pasado
desde que + verbo

el imperfecto > 3.1

verbos en -ar	verbos en -er/-ir	ser	ir	ver
trabaj**aba**	aprend**ía**	era	iba	veía
trabaj**abas**	aprend**ías**	eras	ibas	veías
trabaj**aba**	aprend**ía**	era	iba	veía
trabaj**ábamos**	aprend**íamos**	éramos	íbamos	veíamos
trabaj**abais**	aprend**íais**	erais	ibais	veíais
trabaj**aban**	aprend**ían**	eran	iban	veían

Usamos el **imperfecto** para describir cualidades, circunstancias o hábitos en el pasado.
OJO
hay (haber) > **había**

el indefinido > 3.2

verbos en -ar	verbos en -er/-ir	ser / ir	dar	ver	otros irregulares		
trabaj**é**	aprend**í**	fui	di	vi	hacer	hic	-e
trabaj**aste**	aprend**iste**	fuiste	diste	viste	poder	pud	-iste
trabaj**ó**	aprend**ió**	fue	dio	vio	poner	pus	-o
trabaj**amos**	aprend**imos**	fuimos	dimos	vimos	querer	quis	-imos
trabaj**asteis**	aprend**isteis**	fuisteis	disteis	visteis	tener	tuv	-isteis
trabaj**aron**	aprend**ieron**	fueron	dieron	vieron	venir	vin	-ieron

Usamos el **indefinido** para hablar de experiencias en un momento concreto del pasado o en un tiempo que el hablante considera terminado. **OJO** hay (haber) > **hubo**

El Foro de Marcas Renombradas Españolas es una alianza de empresas líderes en sus sectores e instituciones públicas.

Trayectoria empresarial // 2

hablar de cambios // hablar de acontecimientos y descripciones en el pasado // contar y estructurar una historia // comentar gráficas // hacer balance // valorar una experiencia

1 Empresas líderes

a Mira la imagen durante un minuto, luego cierra el libro. ¿Qué sectores recuerdas?

b Elige las tres características más importantes de una empresa líder. Después, compara con tu compañero/-a.

- ☐ innovación
- ☐ prestigio
- ☐ beneficios
- ☐ internacionalización
- ☐ financiación sólida
- ☐ responsabilidad social
- ☐ estrategia
- ☐ cuota de mercado
- ☐ atención al cliente

Para mí, una empresa líder tiene / ofrece / destaca por…

c ¿Qué sectores son más importantes para tu región o país? Haz una lista y busca para cada sector un ejemplo de empresa líder.

diecinueve **19**

Nuevos horizontes

2 Una empresa líder en su sector

a ¿Conoces estas empresas? ¿Sabes de dónde son? ¿Cuál es su punto fuerte? Coméntalo con tus compañeros.

> Google es una empresa estadounidense.
> Creo que su punto fuerte es la innovación.

Recuerda
Creo que
Pienso que
Me parece que
Seguro que

b Lee esta entrevista con Carlos Leciñena, director de Lecitrailer, y completa la ficha de la empresa.

≫ Lecitrailer es el mayor fabricante de remolques en España y desde hace años una empresa líder en este mercado. Ahora quiere convertirse también en una empresa de referencia en toda Europa.
¿España *ha dejado de ser* su mercado principal?

> No, en absoluto, Lecitrailer *sigue liderando* el mercado español después de 13 años y nuestro objetivo es ser el número uno también en el futuro. Nuestra sede está en Zaragoza, pero hoy por hoy nos consideramos una empresa internacional y estamos abiertos a otros mercados. En estos momentos ya exportamos más del 52 % de nuestra producción. Nuestros vehículos se venden en los cinco continentes y estamos presentes en más de 60 países.

≫ ¿Cuál es la filosofía de trabajo de Lecitrailer?

> Nuestra meta es garantizar la mejor atención a nuestros clientes. Invertimos en numerosos proyectos de investigación y desarrollo (I+D) con un objetivo: ofrecer el producto que el cliente necesita. Además, el servicio postventa es uno de los valores clave de la compañía. En España, Lecitrailer dispone de cinco grandes centros de postventa y *acabamos de abrir* también un centro de servicios en Lyon (Francia) con una superficie de más de 50 000 m². Damos un servicio completo a nuestros clientes, desde que *empiezan a usar* el vehículo hasta que deciden *volver a comprar* uno nuevo.

LECITRAILER
Sede:

Director:

Sector:

Productos:

Mercados:

c Lee otra vez el texto. ¿En qué se basa el éxito de Lecitrailer?

d En parejas, escribid un pequeño resumen para presentar la empresa. Luego, comparad con otros compañeros.

2 // Trayectoria empresarial

3 Cambios en la empresa

a Busca en la entrevista con qué expresiones se ha formulado esta información.

¿España **ya no es** su mercado principal? *ha dejado de ser*
Lecitrailer **lidera todavía** el mercado.
Hace poco hemos abierto un centro de servicios.
Desde que **usan por primera vez** el vehículo…
… hasta que deciden **comprar otra vez** uno nuevo.

b ¿Cómo se dicen estas expresiones en tu idioma?

expresar comienzo, final, repetición y continuidad
empezar a hacer algo
dejar de hacer algo
volver a hacer algo
acabar de hacer algo
seguir haciendo algo

c El director de Lecitrailer presenta un nuevo remolque. Ordena las etapas desde que surgió la idea hasta que se hizo realidad. Luego, escucha y comprueba. ▶ 3

☐ Acabamos de ponerlo a la venta.
☐ Encontramos un hueco en el mercado.
☐ Construimos un prototipo.
☐ Volvimos a contactar con los clientes.
☐ Empezamos a producir.
☐ Seguimos trabajando en el prototipo.
[1] Hicimos una encuesta.

4 Cambios en el trabajo
En parejas. Piensa en una cosa que has empezado o dejado de hacer y en otra que sigues haciendo. Apunta las palabras clave. Tu compañero/-a adivina de qué se trata.

español, viajar, portátil

¿Has empezado a estudiar español?   No, he dejado de…   ¿Sigues viajando mucho?

5 Tu empresa líder

a En grupos, elegid tres empresas de vuestra ciudad o región que destacan en estas categorías: innovación, internacionalización y responsabilidad social. Luego, presentad vuestra elección a la clase.

Nosotros elegimos… porque…

b Cada persona vota por su empresa favorita en cada categoría y escribe su nombre en un papel. Al final, se recogen todos los votos. ¿Qué empresas son las ganadoras?

Emprendedores de ayer y de hoy

6 Una empresa de toda la vida

a Piensa en un producto que conoces desde tu niñez. ¿Qué recuerdos asocias con él?

> Yo recuerdo el pan Bimbo. En mi casa lo comíamos, pero no me gustaba.

b ¿Conoces los yogures Danone? Lee la historia de la empresa en España y relaciona los acontecimientos con las fotos.

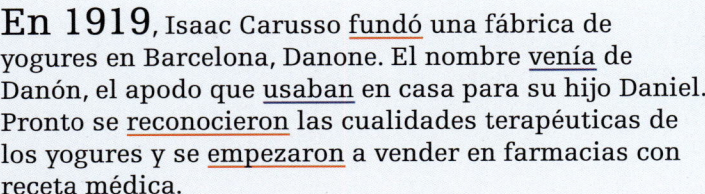

En 1919, Isaac Carusso <u>fundó</u> una fábrica de yogures en Barcelona, Danone. El nombre <u>venía</u> de Danón, el apodo que <u>usaban</u> en casa para su hijo Daniel. Pronto se <u>reconocieron</u> las cualidades terapéuticas de los yogures y se <u>empezaron</u> a vender en farmacias con receta médica.

A partir de 1949, los Danones se <u>empezaron</u> a vender en envase de cristal porque <u>era</u> más barato y práctico que el envase de porcelana. La popularidad del yogur <u>creció</u> y se <u>convirtió</u> en un alimento cotidiano.

En 1968 <u>salió</u> el primer anuncio de televisión y en 1972 se <u>lanzó</u> el Petit Suisse, que les <u>gustaba</u> a los niños por su sabor y a sus madres porque <u>era</u> sano.

A mediados de los años 80 <u>aparecieron</u> los primeros desnatados y luego el yogur "Bio". Estos productos <u>se adaptaban</u> a las nuevas necesidades de los consumidores.

A principios del nuevo siglo <u>llegaron</u> los productos para reducir el colesterol y una nueva gama 100 % vegetal a base de soja.

En la actualidad, Danone sigue innovando en productos y formas de distribución, por ejemplo, con sus más de 20 yogurterías propias.

marcadores temporales
a partir de 1949
en los años 80
a mediados de los 80
a principios de siglo
a finales del siglo XX

c Fíjate en las frases con los verbos <u>en rojo</u>. ¿En qué tiempo están?
Pon los acontecimientos más importantes de la empresa en esta línea del tiempo.

1919	1949

Carusso fundó la empresa.

d Ahora fíjate en las frases con los verbos <u>en azul</u>. ¿Qué información te dan?

e Relaciona las partes de las frases para resumir el texto. Luego, completa la regla.

tiempos del pasado
_____: acontecimientos en el pasado
_____: descripciones y circunstancias

indefinido	imperfecto
Carusso <u>fundó</u> una empresa	porque a su hijo lo <u>llamaban</u> Danón.
<u>Eligió</u> el nombre "Danone"	que <u>fabricaba</u> yogures.
Los médicos <u>empezaron</u> a recetar yogur	que <u>se adaptaban</u> a otras necesidades.
Se <u>empezó</u> a vender en envase de cristal	porque <u>era</u> bueno para la salud.
En los años 80 se <u>crearon</u> nuevos productos	porque <u>era</u> más barato y práctico.

2 // Trayectoria empresarial

7 Cuando era joven...
Combina una circunstancia y un acontecimiento para contar algo de tu vida.

ser joven	encontrar mi primer trabajo
vivir con mis padres	terminar la escuela
tener... años	hacer un intercambio / unas prácticas
estar en la escuela / universidad	comprar una moto / un coche
	recibir un premio
	conocer a...

> Cuando tenía 17 años, conocí a mi novio.

↗ 5-6

8 Jóvenes emprendedores
a Sofía de Huguet, una joven latinoamericana, va a contar cómo fundó su empresa. Antes de escucharla, lee las frases. ¿En qué orden piensas que van a aparecer?

☐ Mi primera empresa no funcionó y lo dejé.
☐ Me enseñó los productos y me gustaron.
☐ Un día, una amiga me invitó a visitar el negocio familiar.
☐ Pedí un crédito y abrí la primera tienda. Ahora ya tengo tres.
☐ En 2013 recibí el premio para jóvenes emprendedores.
☐ Entonces empecé a venderlos por facebook y nació April Store.

b Escucha y comprueba el orden. ▶▶ 4

c Vuelve a escuchar y contesta las preguntas.

¿De qué era su primera empresa? _____

¿Qué edad tenía y cómo era su situación personal? _____

¿Qué productos vendía en su segundo negocio? _____

¿Por qué quería abrir una tienda? _____

d Cuenta la historia con toda la información que tienes ahora.

↗ 7-9

9 Tu primer trabajo
a ¿Recuerdas tu primer trabajo o tus primeras prácticas? Toma notas de estos aspectos.

edad • situación personal • cómo encontraste el trabajo • tipo de empresa • actividades

18 años, estudios, oferta en el periódico, compañía de seguros, prácticas

b En grupos de tres. Habla de tu primer trabajo con tus compañeros. ¿Tenéis algo en común?

> Tenía 18 años y estudiaba en... Un día, leí una oferta de... y...

contar una historia
Un día
Entonces
Total que

Hacer balance

Recuerda la comparación
el 10 % más (que)
un 5 % menos (que)
más / menos (que)
más / menos de 500
tanto como antes

10 El balance anual

a En la reunión anual de Lecitrailer se van a presentar los siguientes resultados. En parejas, mirad la gráfica. ¿Cuándo vendieron más, cuándo menos?

b Lee las notas del director de ventas usando la forma adecuada de los verbos.

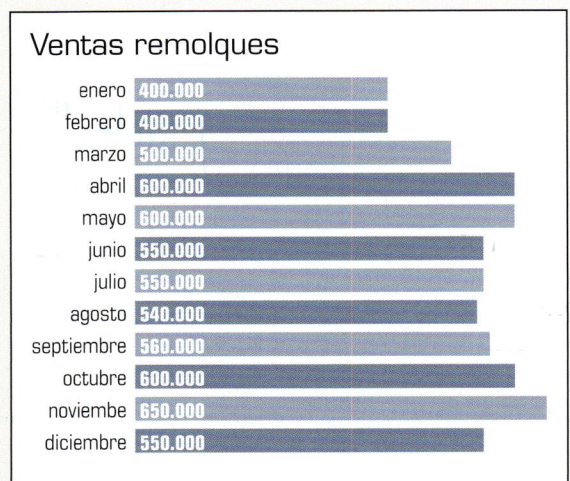

- En enero las ventas llegaron a los 400 000 €. Esto se debe probablemente a que el nuevo producto ya (estar) en todos los canales de distribución y los clientes (estar) muy satisfechos.
- En febrero presentamos nuestra nueva campaña de marketing, que era muy agresiva y (dirigirse) a un público más amplio.
- El éxito de la campaña (llevar) a una subida de las ventas en el segundo trimestre, que en abril (llegar) a los 600 000 €.
- En cambio, en los meses de verano las ventas (caer) un 10 % y oscilaron entre 540 y 550 000 €. Creemos que esto se debe a la inseguridad por la crisis económica. Es evidente que los consumidores (tener) miedo.
- En septiembre (ver) los primeros síntomas de recuperación y las ventas (subir) ligeramente.
- En noviembre (lograr) los mejores resultados: 650 000 €, una subida de más del 15 % con respecto al trimestre anterior. (Estar) muy sorprendidos con esta recuperación tan rápida.
- El último trimestre del año (acabar) mejor que el año anterior. Seguimos siendo líderes por delante de nuestros más directos competidores.

c Compara las notas con la gráfica. ¿Qué información adicional ofrecen?

d En parejas. Comenta la gráfica del año anterior. Con ayuda de la nota, tu compañero/-a completa la presentación con los acontecimientos más importantes.

📎 10 – 11

comentar gráficas
La gráfica muestra…
Se ve que…
Las cifras subieron / cayeron / llegaron a…
Las ventas oscilaron entre… y…
El año acabó bien / mal.

> más expresiones, p. 158

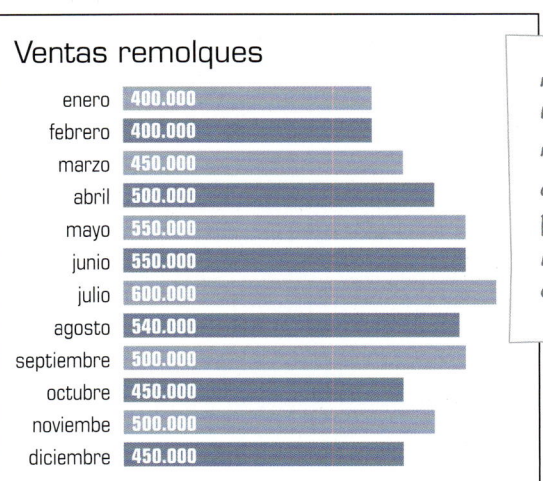

marzo: presentación nuevo remolque
mayo: premio de innovación
agosto: problemas en producción
noviembre: apertura nuevo centro de servicios

En marzo las cifras subieron ligeramente.

Esto se debe a…

2 // Trayectoria empresarial

11 El balance personal

a ¿Has tenido alguna vez una entrevista con tu jefe/-a para hacer balance del año? ¿De qué temas se suele hablar?

- ☐ sueldo
- ☐ vacaciones
- ☐ compañeros
- ☐ vida privada
- ☐ logros
- ☐ presupuesto
- ☐ problemas
- ☐ planes de futuro

b Escucha la entrevista de Juan con su jefa. ¿Qué temas mencionan? ▶▶ 5

c La jefa de Juan ha tomado estas notas. Escucha otra vez y completa la información.

EVALUACIÓN LABORAL

NOMBRE: *Juan Rodero*   FUNCIÓN: *gerente de proyectos*

1. ¿Cuáles fueron los logros más importantes?
   El proyecto "Leonardo" porque

2. ¿Qué aspecto le motivó más y por qué?

3. ¿Qué no funcionó bien? ¿Por qué?

4. ¿Cómo fue la relación con sus compañeros?

5. ¿Qué le gustaría mejorar para el próximo año?

---

12 ¿Estás satisfecho con...?

a Marca tu grado de satisfacción en cada aspecto para hacer balance del año pasado.

	trabajo	familia	amigos	tiempo libre	formación
genial	☐	☐	☐	☐	☐
bien	☐	☐	☐	☐	☐
más o menos	☐	☐	☐	☐	☐
mal	☐	☐	☐	☐	☐

↗ 12–13

b En grupos, comparad los balances y haced preguntas sobre algo que os interesa saber de los compañeros.

¿Por qué? • ¿Qué? • ¿Cómo? • ¿Cuándo? • ¿Quién? • ¿Cuál/es? • ¿Dónde?

c Reunid los resultados en una gráfica y presentadla a la clase.

La mayoría del grupo está satisfecha con…
Algunos tuvieron problemas…

valorar una experiencia
Fue una buena / mala experiencia.
Lo más fácil fue…
Lo más difícil fue…
Lo que (más / menos) me gustó fue…

veinticinco **25**

Te toca a ti

EL CASO: la página web

El departamento de Comunicación de Menfer ha decidido cambiar la página web para hacerla más atractiva y para ello ha contratado a una agencia de diseño gráfico. La primera sección que hay que modificar es "Quiénes somos". La propuesta de la agencia es reducir la historia de la empresa y destacar solo algunos momentos clave. También proponen reformular la información en frases completas. Después de realizar una encuesta entre todos los empleados, el departamento de Comunicación tiene una lista con quince momentos importantes y varias fotos del archivo. Por razones de diseño, la diseñadora les recomienda seleccionar un máximo de ocho fechas.

- 1905 Nacimiento de la fundadora
- 1924 Boda de la fundadora
- 1925 Nacimiento del primer hijo
- 1928 Venta de las primeras magdalenas a amigos de la familia
- 1940 Primeros empleados
- 1941 Primer paquete de Menferillas
- 1955 Inauguración de la primera fábrica
- 1962 Creación de una red de representantes en España
- 1970 Primeras exportaciones a países latinoamericanos
- 1981 Premio a la mejor empresa familiar
- 1990 Muerte de la fundadora
- 1995 Campaña de presentación de la nueva marca y nuevo lema
- 2000 Nueva línea de galletas bio
- 2007 Inauguración de la nueva fábrica con más de 22 000 m^2
- 2015 200 000 visitantes en facebook

13 Tu tarea

a Resume brevemente el problema del departamento de Comunicación.

b En grupos de tres, elegid las ocho fechas que os parecen más importantes.

c Escribid una frase para cada una de las fechas.

d ¿Qué información se destaca en la sección "Quiénes somos" de tu empresa o institución?

HACER UNA PROPUESTA
> ¿Qué tal si…?
> ¿Qué te / os parece si…?
> ¿Y si…?
> ¿Por qué no…?

2 // Revista de negocios

COSTA RICA
Capital San José
Población 4,8 millones
Superficie 51.100 km²
PIB $49,6 mil millones
Moneda colón costarricense
Lengua oficial español
Temperatura máx. 27° mayo, mín. 14° enero

 un país sin ejército

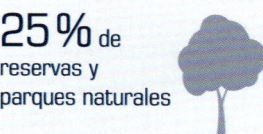 25% de reservas y parques naturales

el sol sale y se pone siempre a la misma hora

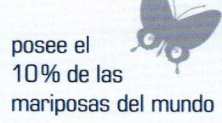 posee el 10% de las mariposas del mundo

uno de los mejores **sistemas de salud** del mundo

 112

// COSTA RICA //
Eterna primavera

" Estudié español en la universidad y por eso mi jefe decidió enviarme a negociar con una empresa costarricense con la que teníamos relaciones comerciales. Antes de irme, hice un curso intensivo de español para mejorarlo, pero no me sentía preparada. Cuando intenté explicar en mi pobre español el proyecto, sonriendo me preguntaron: *Pero usted, ¿no habla inglés?* Para mi sorpresa, la mayoría de los ejecutivos habla muy bien inglés porque muchos han estudiado en Estados Unidos. La forma de negociar está también muy influenciada por sus vecinos del norte: las reuniones son formales y es aconsejable adoptar un tono serio y evitar bromas. Los costarricenses, llamados también "ticos", son abiertos y claros en sus planteamientos y, como en EE.UU., después de una breve charla introductoria se pasa a la conversación de negocios. Las personas que tienen un negocio o forman parte de él tienen un gran prestigio social. "

Elizabeth Shanin (Australia), ingeniera industrial

¿Qué importancia tiene en tu país el dominio de lenguas? ¿Qué da prestigio social en tu cultura?

Comunicación

hablar de cambios

Lecitrailer sigue liderando el mercado español.
España no ha dejado de ser su mercado principal.
Acaban de abrir un centro de servicios en Lyon.
Dan servicio al cliente, desde que empieza a usar el vehículo hasta que vuelve a comprar otro.

contar una historia

Cuando tenía 17 años, fui a Madrid a estudiar.
Estudiaba Medicina y quería hacer unas prácticas.
Un día, leí una oferta, era de un laboratorio.
Entonces escribí mi currículum y me presenté.
Buscaban un asistente a partir de enero.
Total que encontré mi primer trabajo.

comentar gráficas

La gráfica muestra que las ventas llegaron a 10 000 €.
La campaña llevó a una subida de las ventas en abril.
En los meses de verano, las ventas cayeron un 10%.
Se ve que las ventas oscilaron entre 5000 y 10 000.
En septiembre vimos síntomas de recuperación.
En el tercer trimestre, las ventas subieron ligeramente.
En noviembre logramos los mejores resultados.

estructurar una historia

a partir de 1949
en los años 80
a mediados de los 80
a principios de siglo
a finales del siglo XX

valorar una experiencia

Fue una buena / mala experiencia.
El año pasado fue duro / no fue fácil.
No hubo problemas en el proyecto.
Lo más difícil fue el presupuesto.
Lo que más me motivó fue el equipo.
Lo que menos me gustó fue viajar.

hacer balance

Vendimos el 10% más.
Exportamos un 5% menos.
Produjimos más / menos de 5000 unidades.
Compramos más / menos que antes.
Invertimos tanto como antes.
El año empezó bien.
El trimestre acabó mal.

Gramática

perífrasis con infinitivo y gerundio > 3.13

infinitivo: comienzo, repetición, final	gerundio: desarrollo, continuidad
Empezamos a producir un nuevo remolque. **Acabamos de ponerlo** a la venta. **Volvimos a contactar** con los asesores. **Dejamos de vender** el modelo antiguo.	**Estamos buscando** un hueco de mercado. **Seguimos siendo** líderes en el sector.

Las perífrasis verbales se usan para especificar aspectos de una acción, como el comienzo, la continuidad, la repetición o el final.

el uso del imperfecto o indefinido > 3.3

el indefinido	el imperfecto
Carusso **fundó** una fábrica de yogures	que **se encontraba** en Barcelona.
Eligió el nombre "Danone"	porque a su hijo lo **llamaban** Danón.
Los médicos **empezaron** a recetar yogur	porque **era** bueno para la salud.
Se **empezó** a vender en envase de cristal	porque **era** más barato y práctico.
Con el nuevo siglo **crearon** nuevos poductos	que **se adaptaban** a las nuevas necesidades.

Usamos el **indefinido** para hablar de acontecimientos en el pasado.
Se usa también para valorar experiencias en el pasado: **Fue** una buena experiencia.
Usamos el **imperfecto** para describir situaciones y circunstancias en el pasado.

el artículo neutro *lo* > 1.2

Lo más / menos fácil fue empezar.
Lo mejor / peor fue el trabajo en equipo.
Lo primero es hacer bien el trabajo.
Lo que (menos) me gustó fue el tiempo.

Usamos **lo** seguido de adjetivos masculinos y ordinales y también con oraciones relativas introducidas por **que**.

Etapa 1

En esta sección puedes aprender a desarrollar en español una buena presentación que interese a tu público meta. Además, puedes poner en práctica lo que has aprendido con distintas dinámicas de grupo.

Presentar mejor

1 La idea
Antes de empezar, es importante pensar a quién se dirige la presentación. En grupos de tres, elegid un tema relacionado con las lecciones anteriores que os gustaría presentar. Después, tomad notas sobre estos aspectos.

- ¿Quién es el público?
- ¿Qué información conoce el público ya?
- ¿Qué información nueva queréis presentar?
- ¿Dónde podéis buscar la información?
- ¿Qué medios vais a necesitar?

> cómo seleccionar la información, p. 97

2 La estructura
a Algunos expertos en comunicación dicen que una presentación es como un viaje. Completa las etapas de la presentación con las siguientes expresiones.

con una anécdota • con una visión de conjunto • tratar el tema • preguntas • ver una estadística • interesante • recordarles algo • resumir los puntos principales • desconocido • comentarios

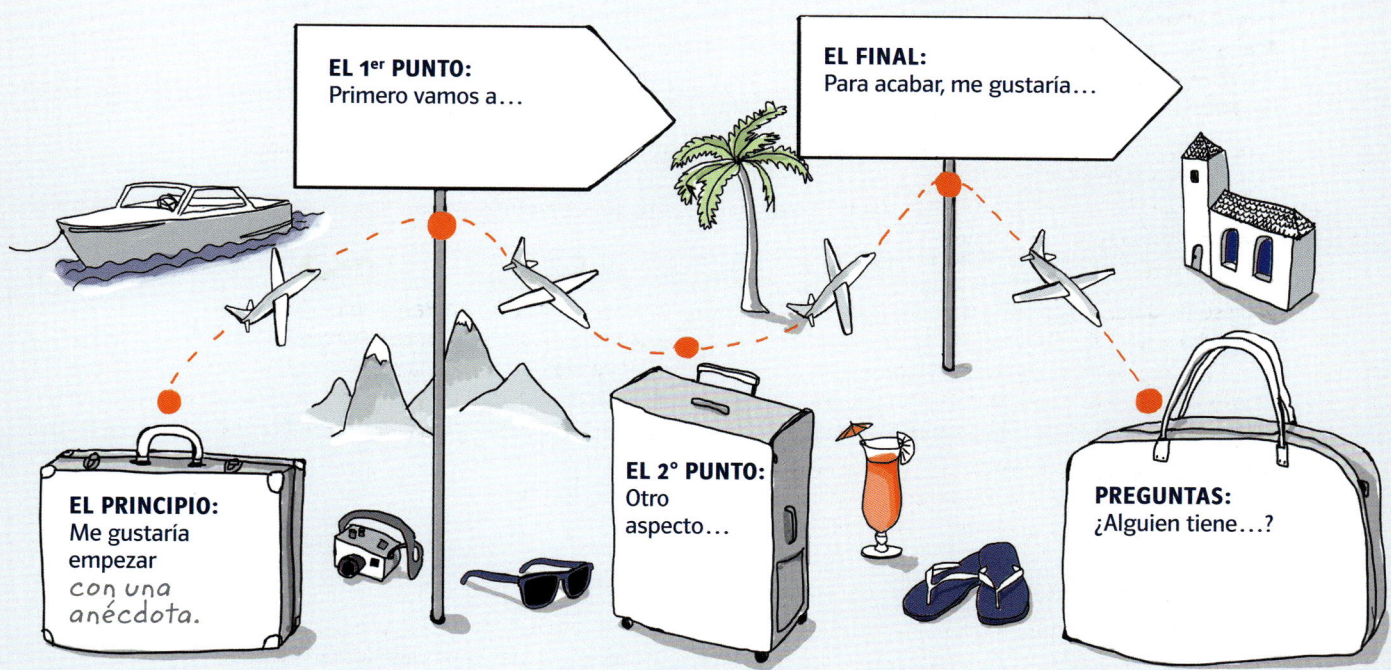

EL 1er PUNTO: Primero vamos a…

EL FINAL: Para acabar, me gustaría…

EL PRINCIPIO: Me gustaría empezar *con una anécdota.*

EL 2° PUNTO: Otro aspecto…

PREGUNTAS: ¿Alguien tiene…?

b Preparad ahora la presentación, de unos tres minutos, siguiendo el esquema de arriba. Después, grabad la presentación y escuchaos. ¿Qué os parece?

Dinámica: Biografías

GRUPO: todo el grupo
TIEMPO: 20 minutos
DINÁMICA:
> Cada uno/-a escribe cinco preguntas para conocer la vida de otra persona (lugar de nacimiento, estudios, trayectoria laboral…).
> Cada persona se sienta enfrente de un/a compañero/-a como en el esquema.
> Se hacen las preguntas del cuestionario y se anotan las respuestas.
> Después de tres minutos se cambia de pareja.
> Al final, cada uno/-a presenta a la persona que tiene la biografía más parecida.

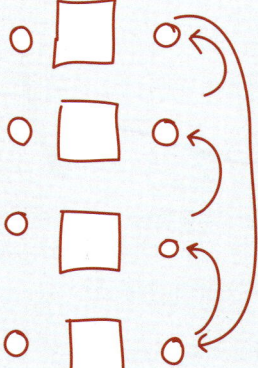

Preguntas

1.
2.
3.
4.
5.

Respuestas

Nombre:

1.
2.
3.
4.
5.

Nombre:

1.
2.
3.
4.
5.

Nombre:

1.
2.
3.
4.
5.

El mundo de las ferias // 3

hablar de los preparativos para una feria // pedir y dar consejos // pedir permiso y reaccionar // expresar cantidad indeterminada

1 Ferias internacionales

a Mira la foto. ¿De qué tipo de feria crees que se trata?

b ¿Has visitado o participado alguna vez en una feria? ¿Qué ferias conoces? Habla con tu compañero/-a.

c En grupos de cuatro. ¿Por qué creéis que es importante para una empresa participar en una feria? Completad la lista y luego elegid las tres razones más importantes.

contactos • opinión de los clientes • inversores • nuevos mercados • …

> Para una empresa es importante porque puede hacer nuevos contactos…

treinta y uno **31**

¿Vamos a la feria?

2 Preparar la feria

a ¿Qué preparativos creéis que son necesarios antes de participar en una feria? En parejas, completad este mapa asociativo.

Recuerda
Hay que…
Es necesario…
Hace falta…
Conviene…

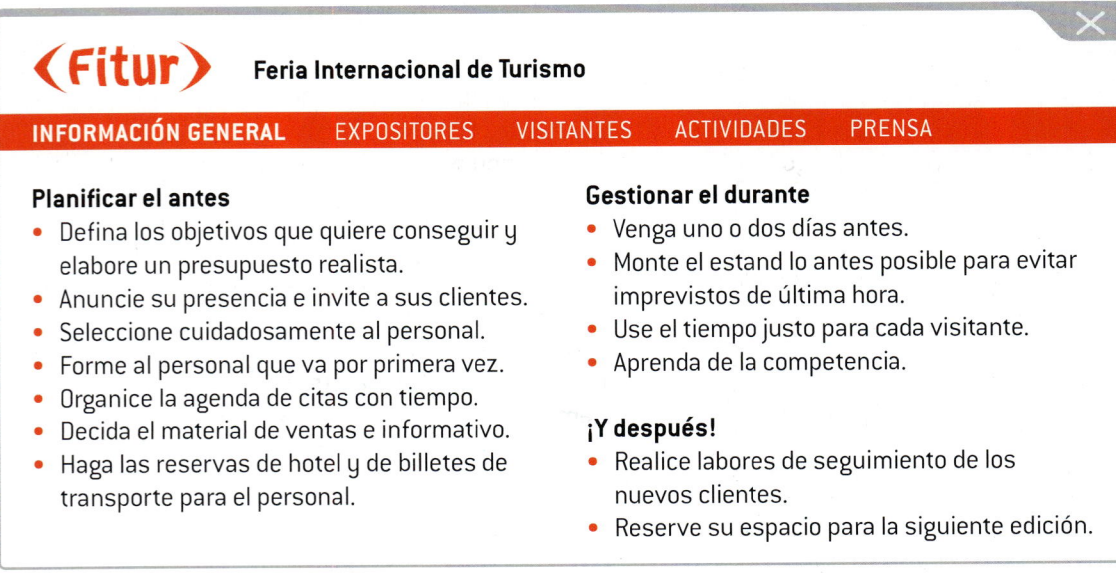

b Leed estos consejos y comparad con vuestras ideas de arriba. Añadid nuevas informaciones.

‹Fitur› Feria Internacional de Turismo

INFORMACIÓN GENERAL · EXPOSITORES · VISITANTES · ACTIVIDADES · PRENSA

Planificar el antes
- Defina los objetivos que quiere conseguir y elabore un presupuesto realista.
- Anuncie su presencia e invite a sus clientes.
- Seleccione cuidadosamente al personal.
- Forme al personal que va por primera vez.
- Organice la agenda de citas con tiempo.
- Decida el material de ventas e informativo.
- Haga las reservas de hotel y de billetes de transporte para el personal.

Gestionar el durante
- Venga uno o dos días antes.
- Monte el estand lo antes posible para evitar imprevistos de última hora.
- Use el tiempo justo para cada visitante.
- Aprenda de la competencia.

¡Y después!
- Realice labores de seguimiento de los nuevos clientes.
- Reserve su espacio para la siguiente edición.

c Para aconsejar usamos el imperativo. Completa la tabla con los verbos del texto y compara las formas de *tú* y *usted*. ¿Puedes formular una regla?

OJO
p**e**nsar > p**ie**nse
enc**o**ntrar > enc**ue**ntre
p**e**dir > p**i**da
> más verbos, p. 40

	-ar	-er	-ir
tú	us**a**	aprend**e**	defin**e**
usted			
vosotros	us**ad**	aprend**ed**	defin**id**
ustedes	us**en**	aprend**an**	defin**an**

hacer	venir
haz	**ven**
haced	venid
hagan	vengan

d Reformula los consejos utilizando la forma de *tú*.

e En parejas. Elige cinco actividades y da órdenes a tu compañero/-a, que tiene que hacer lo que dices. Luego, al revés.

escribir su nombre · cerrar el libro · cortar un papel · mascar un chicle · beber un poco de agua · mirar por la ventana · contar hasta 20 en español · dar un lápiz a un compañero · preguntar la hora a una compañera · poner el móvil en la mesa…

3 // El mundo de las ferias

3 Un mes antes de FITUR

a Ana Reverte trabaja en una empresa turística. Un mes antes de la feria está solucionando algunos problemas. Escucha y relaciona con las imágenes. ¿Cuál es el problema en cada caso? ▶▶ 6–8

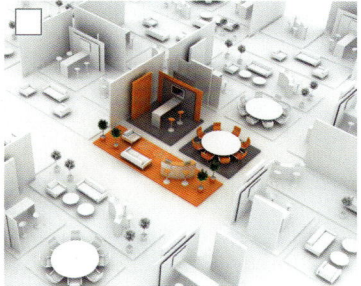  

b Escucha otra vez y marca cuál es el consejo de Ana.

pedir consejos	dar consejos
¿Qué **les** digo del presupuesto?	Di**les** que lo queremos / no lo queremos.
¿Las invitaciones, cuándo **las** envío?	Mánda**las** en una semana / el viernes.
¿Los paneles, dónde **los** pongo?	Mejor pon**los** delante / detrás del mostrador.

OJO
diga
dígame

c Lee otra vez las frases de la tabla y fíjate en los pronombres. ¿Dónde se colocan?

d En parejas. Trabajáis con Ana y falta hacer algunas tareas. Marca las tres tareas que quieres hacer y pide consejo a tu compañero/-a como en los ejemplos de 3 b.

☐ pedir los regalos promocionales
☐ pagar los gastos del estand
☐ reservar las habitaciones
☐ distribuir los muebles
☐ contratar el servicio de catering
☐ enviar los muestrarios

↗ 4–6

4 Manual para el personal del estand

a En parejas, preparad un manual para el personal del estand con diez consejos para realizar bien su trabajo.

1. Infórmate bien de los productos.
2. Muestra interés por los clientes.
3.
4.
5.
6.
7.
8.
9.
10.

b Presentad vuestra propuesta a otra pareja y elegid los cinco consejos más importantes. Después, presentadlos al resto de la clase.

¿En qué puedo ayudarle?

5 **El primer día de la feria**

a Mira la imagen de la feria. ¿De qué pueden estar hablando las personas? Escribe algunas frases y compara con tu compañero/-a.

b Lee y escucha los diálogos. Subraya las diferencias que escuchas. ▶▶ 9–13

1.
- Buenos días Marta, he traído más folletos.
- Muchas gracias, ¿por qué te has molestado?
- Quizás necesitamos más. ¿Puedo ponerlos aquí?
- Claro. Déjalos en el expositor para verlos bien.

2.
- Perdón, ¿se puede aparcar aquí?
- No, no, esta zona está reservada para taxis, pero los aparcamientos no están lejos.
- Vale, gracias.

3.
- Buenos días, ¿en qué puedo ayudarle?
- Estoy interesado en turismo rural. ¿Puedo llevarme un catálogo?
- Por supuesto, tome, tome. Si necesita más información, pregúnteme sin compromiso.

4.
- ¿Le molesta si dejo aquí mi abrigo?
- No, por favor, en absoluto.
- Gracias.

5.
- ¿Te importa si uso este ordenador? Los otros están ocupados.
- Lo siento, es que todavía necesito enviar un correo. En cinco minutos estoy listo, ¿vale?
- Claro, gracias.

c Escucha otra vez y apunta las expresiones diferentes.

d Busca en los diálogos las expresiones para pedir permiso y reaccionar.

pedir permiso	reaccionar
¿Puedo ponerlos aquí?	déjalos aquí / en el expositor
Ponerlos aquí / se puede aparcar aquí / en qué puedo ayudarle	

📎 7–8

OJO
Para dar permiso repetimos el verbo en imperativo:
Tome, tome.

e En parejas. Tu compañero/-a y tú estáis a cargo del estand. ¿Qué preguntas en estas ocasiones? Tu compañero/-a reacciona. Luego, al revés.

- Quieres subir el aire acondicionado.
- No encuentras tu bolígrafo.
- Necesitas ir al servicio.
- Quieres hacer una llamada privada.
- Tienes hambre y quieres ir a comer algo.
- Quieres llevarte un catálogo para tu madre.
- Quieres tomar otro café.
- Necesitas leer tus correos.

¿Te importa si subo el aire acondicionado?

Claro que no, súbelo.

6 Siempre hay una solución para todo

a ¿Qué puede salir mal en una feria? En parejas, pensad en tres posibles problemas y presentadlos al resto de la clase. ¿Cuáles os parecen más probables?

b En grupos de cuatro, jugad con una moneda: cara = una casilla, cruz = dos casillas. Según el problema de la casilla, cada jugador/-a da un consejo a sus compañeros. Si lo aceptan, puede quedarse en la casilla. Si no, vuelve a la casilla de origen. Gana la persona que llega primero a la SALIDA.

9–11

Si tienes un cliente muy pesado, pídele sus datos para mandarle más información.

Si tu compañero no llega, llámalo por teléfono.

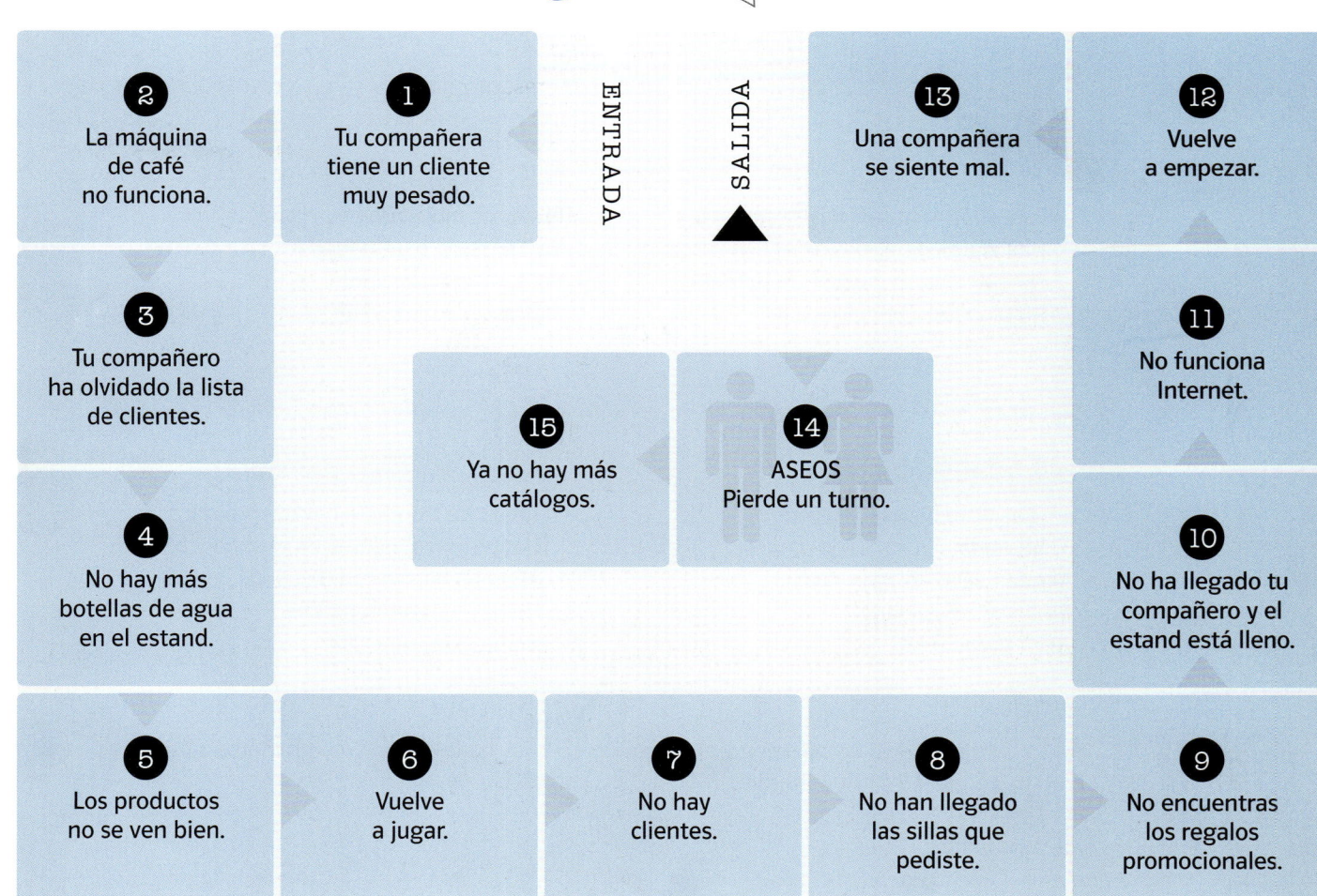

Una feria internacional

7 En el estand

a Mira la lista del material para el estand. ¿Puedes identificar los objetos y muebles en la imagen? ¿Cuáles faltan en el estand?

- [ ] estantería
- [ ] lámpara
- [x] máquina de café
- [x] mesa alta
- [x] mesa de reuniones
- [x] mostrador-expositor
- [ ] panel
- [x] papelera
- [ ] perchero
- [x] proyector
- [x] sillas
- [x] sillón
- [x] taburete
- [x] televisor de pantalla plana

Recuerda
arriba a la izquierda
abajo a la derecha
al lado de…
encima / debajo de…

> más material
y servicios, p. 157–158

b Cierra el libro. ¿Recuerdas dónde están los objetos?

c Mira la imagen y marca las frases verdaderas. Luego, corrige las falsas.

- [ ] Todos los hombres llevan corbata.
- [ ] Hay algunos folletos en el expositor.
- [ ] No hay ningún mueble de madera.
- [ ] Alguien lleva un traje azul.
- [ ] Todas las mujeres llevan gafas.
- [ ] No hay nada para beber.
- [ ] No hay ninguna planta.
- [ ] Algunas mesas son de cristal.

d Lee estas frases. ¿Qué indefinidos se refieren a personas, cuáles a cosas y cuáles a las dos?

solo, invariable	referido a un sustantivo, variable
• ¿Has visto **algo**?	**Todos** los hombres llevan corbata.
○ No, **nada**.	Hay **algunos** folletos en el expositor.
Alguien lleva un traje azul.	**Algunas** mesas son de cristal.
Nadie se ha quejado.	No hay **ningún** perchero.
¿Está **todo** bien?	No hay **ninguna** silla.

OJO
• ¿Tienes folletos?
○ No, ninguno.

e En parejas. Cierra los ojos e intenta recordar qué hay en la clase. Tu compañero/-a dice si es cierto o no y corrige la información falsa.

Algunas personas tienen el móvil encima de la mesa. Sí.

Todos tienen el libro. No, solo algunos.

12–14

3 // El mundo de las ferias

8 Después de la feria

a Es el último día en la feria y Ana escribe a su compañero. Lee el texto y di qué aspectos han sido positivos y cuáles negativos.

De: Ana Reverte
A: Ricardo Buendía
Asunto: Un par de preguntas

Hola, Ricardo:

Hemos desmontado ya el estand, pero no sé qué hacer con algunas cosas. Por ejemplo, el proyector. Normalmente lo tenemos en la sala de reuniones, pero Pablo dice que lo necesita. ¿Se **lo** envío directamente a él? ¿O se **lo** llevas tú? Y las plantas, ¿son nuestras? ¿Lo sabes tú?

Nos han sobrado algunos folletos. ¿Qué hago con ellos? ¿Los llevo al almacén o es mejor dejárte**los** en tu oficina? Y una última cosa: ¿recuerdas que nos enviaron los expositores muy tarde? El proveedor nos prometió una rebaja. ¿Puedes llamar tú para recordárse**la**?

¿El jueves nos vemos para hablar de cómo ha ido la feria? ¿Me **lo** puedes confirmar? La verdad es que este año hemos hecho nuevos contactos muy interesantes en Brasil y México. Por otra parte a algunos clientes no les ha gustado mucho el nuevo catálogo.

Saludos, Ana

---

b Lee otra vez el texto y fíjate en las palabras marcadas en negrita. ¿A qué se refieren? ¿Y las que están subrayadas?

c Aquí tienes algunas de las respuestas de Ricardo. ¿Qué pasa si los pronombres aparecen juntos? Completa la regla.

pronombres de objeto			
	me		
El proyector	te	lo	dejas en la oficina.
La rebaja	le se	la	recuerdas tú.
Los folletos	nos	los	envías directamente.
Las plantas	os	las	envías a la organización.
	les se		

dos pronombres
El pronombre indirecto va *delante* del directo.
En la 3ª persona **le** / **les** se convierten en *lo/los*:
Le compro un coche.
Se **lo** compro.

9 Regalos promocionales

a Seguro que en alguna ocasión has recibido un regalo promocional. ¿Cuál ha sido el más original? ¿El más útil o inútil? ¿El más bonito o más feo? ¿Quién te lo regaló?

> El más útil fue una memoria USB. Me la regaló un cliente.

b En grupos, elegid cinco regalos y decid a qué compañero/-a de la clase se lo dais. Justificad vuestra decisión.

15–17

Te toca a ti

EL CASO: la feria

Menfer participa desde siempre en la feria Alimentaria en Barcelona. En las pasadas ediciones establecieron muy buenos contactos para entrar con éxito en el mercado latinoamericano, adonde hoy por hoy exportan más del 50 % de su producción. Además, es la ocasión para encontrarse con sus principales clientes nacionales. El departamento de Marketing y Ventas quiere empezar a introducir los productos en nuevos mercados y tienen especial interés en el mercado asiático. Como parte de esta nueva estrategia se considera importante participar también en otras ferias. Sin embargo, por razones económicas, la empresa no puede participar en más de una feria internacional al año con un estand propio.

Feria Internacional de alimentos, bebidas y tecnologías para su procesamiento.

Por su posición estratégica es la feria líder para entrar en el mercado de Turquía y su área de influencia: Europa del Este, Asia Central, el Medio Oriente y el Norte de África.

food.conect Estambul ofrece más de 400 expositores nacionales e internacionales y 40 000 visitantes profesionales.

ALIMENTARIA BARCELONA 2016
Salón internacional de alimentación y bebidas.

Alimentaria es uno de los salones de alimentación y bebidas más importantes del mundo.

3800 empresas expositoras
140 000 visitantes (30 % extranjeros)
Pabellones nacionales y sectoriales de Sudamérica.
Países participantes: Argentina, Ecuador, Colombia, Perú, Chile, Brasil y Uruguay.

10 Tu tarea

a Resume el problema que tiene el departamento de Marketing y Ventas.

b Lee los dos folletos y busca qué ventajas ofrece cada una de las ferias. Añade un aspecto más.

c En grupos de tres, decidid en qué feria es mejor participar como expositor.

d ¿Conoces otras ferias importantes del sector de la alimentación?

PEDIR UNA OPINIÓN
> ¿Qué opinas de…?
> ¿(Tú) qué piensas de…?
> ¿A ti qué te parece…?
> Desde tu punto de vista…
> En tu opinión, ¿qué / dónde / por qué…?

3 // Revista de negocios

REPÚBLICA DOMINICANA

Capital Santo Domingo
Población 10,4 millones
Superficie 48.320 km²
PIB $59,1 mil millones
Moneda peso dominicano
Lengua oficial español
Temperatura máx. 31° agosto, mín. 19° febrero

- comparte la isla La Española con Haití
- **Cristóbal Colón** desembarcó en La Española en 1492
- primera universidad de América
- el baile nacional es el **merengue**
- **3 000 000** Santo Domingo, la ciudad más grande del Caribe
- deporte nacional: el béisbol

// REPÚBLICA DOMINICANA //
Lo tiene todo

> " Los dominicanos son gente encantadora. Su carácter es uno de los más abiertos, cálidos y hospitalarios del mundo. Es fácil sentirse bien aquí desde el primer momento. A la hora de hacer negocios es importante tener en cuenta algunos aspectos que he aprendido en este tiempo. Por ejemplo, la estructura empresarial está dominada por un grupo de empresas de origen familiar que están relacionadas entre sí. Por eso la toma de decisiones está muy jerarquizada. El ritmo de negocios es lento porque las decisiones se toman desde arriba. Además, he notado que la forma de negociar es informal y más relajada. Al principio tenía largas reuniones en las que se hablaba de todo, se contaban chistes, se hacían bromas… Pero al final me di cuenta de que no se trataban temas muy importantes para mí y que es el negociador extranjero el que debe centrar la negociación. "
>
> Sven Vogt (Holanda), director de una cadena hotelera

¿Cómo se toman las decisiones en tu país? ¿Se hacen bromas o chistes en tu entorno laboral?

Comunicación

hablar de los preparativos para una feria

Hay que diseñar un buen estand.
Es necesario elaborar un presupuesto realista.
Hace falta decidir el material de ventas.
Conviene anunciar la presencia en la feria.

Es importante formar al personal que va a la feria.
Hay que seleccionar al personal cuidadosamente.
Conviene organizar la agenda de citas antes.
Es necesario invitar a los clientes.

pedir consejos

- ¿Qué le digo del presupuesto?
- ¿Cuándo envío las invitaciones?
- ¿Dónde pongo los sillones?
- ¿Qué hago si estoy solo?

dar consejos

- Dile que no lo queremos.
- Envíalas el viernes.
- Ponlos en la entrada.
- Si tienes un problema, llámame.

pedir permiso

- ¿Puedo poner los folletos aquí?
- ¿Puedo llevarme un catálogo?
- ¿Se puede aparcar aquí?
- ¿Te importa si uso el ordenador?
- ¿Le molesta si fumo?

conceder permiso

- Claro, déjalos en el expositor.
- Por supuesto. Tome, tome.
- No, el aparcamiento está a 200 m.
- Lo siento, es que lo necesito yo.
- No, no. Claro que no.

expresar cantidad indeterminada

- ¿Has visto algo?
- ¿Tenéis un especialista en el estand?
- ¿Ha traído alguien los folletos?
- ¿Le interesa ver algún producto?

- No, nada.
- No, ninguno.
- No, nadie.
- Sí, me interesan todos.

Gramática

el imperativo afirmativo > 3.7.1

	-ar	-er	-ir	e > ie	e > i	hacer	poner	decir	tener	dar
tú	usa	aprende	define	piensa	pide	haz	pon	di	ten	da
usted	use	aprenda	defina	piense	pida	haga	ponga	diga	tenga	dé
vosotros	usad	aprended	definid	pensad	pedid	haced	poned	decid	tened	dad
ustedes	usen	aprendan	definan	piensen	pidan	hagan	pongan	digan	tengan	den

En algunos verbos cambia la ortografía: bus**c**ar > bus**qu**e, empe**z**ar > empie**c**e
Los pronombres de objeto se colocan detrás del verbo: di**me**, pon**lo**. **OJO** díga**me**

los indefinidos > 2.3

solo, invariable	referido a un sustantivo, variable
- ¿Has visto **algo**?	**Todos** los hombres llevan gafas.
- No, **nada**.	**Toda** la gente está contenta.
- ¿Está **todo** bien?	Hay **algunos** folletos en el expositor.
- No hay **nada** para comer.	**Algunas** mesas son de cristal.
Alguien lleva un traje azul.	No hay **ningún** mueble.
Nadie se ha quejado.	No hay **ninguna** silla.

Algo, **nada** y **todo** se refieren a cosas; **alguien** y **nadie** a personas.
Los indefinidos variables se refieren siempre a un sustantivo: ¿Tienes folletos? No, **ninguno**.
Alguno y **ninguno** se convierten en **algún** / **ningún** delante de un sustantivo masculino: **algún** cliente.

los pronombres de objeto > 2.1

indirecto	directo	combinados	
me	me	me	
te	te	te	
le	lo / la	**se**	lo / la / los / las
nos	nos	nos	
os	os	os	
les	los / las	**se**	

Los pronombres de objeto directo e indirecto solo se diferencian en la 3ª persona.
Cuando hay dos pronombres en la frase, el indirecto va delante del directo: ¿**Te lo** mando?
Con el imperativo y las formas no personales del verbo, los pronombres se colocan detrás de estas: Manda**melo**.
Tengo que mandár**telo**.

Campañas publicitarias // 4

expresar emociones // hablar de hábitos de consumo // analizar campañas publicitarias // hacer sugerencias // hablar de acciones habituales // expresar causa, fin y consecuencia

1 Anuncios de impacto

a Mira el anuncio y di a qué empresa o institución puede pertenecer. ¿Te gusta? ¿Por qué (no)?

b ¿Recuerdas un anuncio en especial? ¿Qué te pareció y qué emociones te produjo? Coméntalo con tus compañeros.

¿Por qué lo recuerdas?	¿Qué emoción te produjo?	¿Qué te pareció?
por su imagen	Me gustó / encantó.	interesante / divertido
por su protagonista	Me sorprendió.	diferente / original
por su eslogan	Me impactó / impresionó.	atrevido / impactante
por su música	Me molestó / indignó.	horrible / triste

Recuerdo un anuncio de… por… Me encantó porque…

cuarenta y uno **41**

El perfil del consumidor

Recuerda
lo más importante
lo que más valoro

2 Hábitos de compra

a ¿Qué importancia tienen estos criterios para ti al comprar un producto? Ordénalos de más (1) a menos (5) importante. Luego, coméntalo con tu compañero/-a.

☐ precio   ☐ diseño   ☐ marca   ☐ calidad   ☐ origen

b ¿Sabes qué es una "marca blanca"? ¿Por qué crees que se llama así? Lee el texto y comprueba. ¿Cómo se llama en tu país?

El **consumo de marcas blancas** en España ha aumentado en los últimos años y se ha puesto al nivel de otros países europeos. De hecho, según un informe presentado recientemente, el 89 % de los españoles consume este tipo de marca y el precio es el factor que más influye en su decisión de compra. A la fuerza de la marca blanca ha contribuido también la expansión de cadenas como Aldi, Lidl o Dia, que se centran en productos de empresas poco conocidas a precios muy populares.

Al principio, estas marcas se conocían con el nombre de "productos libres". Bajo este nombre, los distribuidores empezaron a presentar productos de diferentes fabricantes a un precio más bajo. El mensaje que se lanzaba al consumidor era: "igual de buenas que las grandes marcas, pero más económicas porque no hay publicidad". Los primeros envases eran blancos y muy minimalistas, de ahí el nombre de "marca blanca".

Los que están en contra de estas marcas se quejan de una menor calidad y libertad de elección para el cliente, porque la gama de productos suele ser más pequeña. Además, consideran que quitan recursos a las primeras marcas, que son las que más invierten en investigación y desarrollo.

El peso de la marca blanca varía en función del tipo de producto: supone el 35 % de todas las ventas de alimentación envasada y hasta el 41 % en droguería y limpieza. Las llamadas marcas del distribuidor permiten ahorrar entre un 18 % y un 42 % respecto al resto. Sin embargo, estas marcas no son siempre las más baratas. Muchas veces también se utilizan de gancho por parte de las cadenas para atraer al público que busca precios bajos.

41 %
droguería

Adaptado de Amanda Mars, El País, 2014

c Lee otra vez y marca los argumentos a favor y en contra. ¿Puedes añadir más?

argumentos a favor	argumentos en contra

d Dibuja el porcentaje de marcas blancas que compras en cada caso y compara con tu compañero/-a.

bebidas y alimentos   ropa y calzado   tecnología   cosmética y salud

4 // Campañas publicitarias

3 Estudios de mercado

a Una agencia de publicidad realizó esta encuesta para preparar el lanzamiento de una nueva bebida. Completa el cuestionario con las preguntas correspondientes.

¿Qué edad tiene? • ¿Cuál de estas cualidades le define mejor? • ¿En qué tipo de hogar vive? • ¿Cuáles son sus ingresos medios mensuales? • ¿En qué establecimiento compra habitualmente?

IDEX Instituto de Estadística

1. Sexo:
   - ☐ hombre
   - ☐ mujer

2. _____
   - ☐ entre 18-25
   - ☐ entre 26-45
   - ☐ entre 46-60
   - ☐ más de 60

3. _____
   - ☐ solo/-a
   - ☐ solo/-a con hijos
   - ☐ en pareja
   - ☐ en pareja con hijos

4. _____
   - ☐ menos de 800 € al mes
   - ☐ menos de 1500 € al mes
   - ☐ menos de 3000 € al mes
   - ☐ más de 3000 € al mes

5. _____
   - ☐ tienda tradicional
   - ☐ mercadillo
   - ☐ supermercado
   - ☐ cadena de descuento

6. _____
   - ☐ conservador/a
   - ☐ espontáneo/-a
   - ☐ fiel
   - ☐ ahorrador/a

b Escucha la encuesta y marca qué responde la persona. ▶▶ 14

c Fíjate en los ejemplos de la tabla. ¿Cuándo se usa *qué* y cuándo *cuál / cuáles*?

qué	cuál / cuáles
¿**Qué productos** compras por Internet?	¿**Cuál** ha sido tu compra más cara?
¿**Qué porcentaje** gastas en comida?	¿**Cuál** de los establecimientos prefieres?
¿**Qué** piensas de las marcas blancas?	¿**Cuáles** son tus marcas preferidas?

OJO
¿Cuál ~~producto~~ es?

d Añade dos preguntas más al cuestionario para conocer los hábitos de consumo de tu compañero/-a. Por turnos, haced las preguntas. ¿Tenéis algo en común?

↗ 3-4

4 El tipo de consumidor

a El anuncio de la página 41 se pensó para este coche. En grupos de tres, comentad a qué tipo de consumidor se dirige.

sexo • edad • tipo de hogar • ingresos • hábitos de compra • tipo de comprador

b Presentad vuestras conclusiones al resto de la clase. ¿Qué diferencias hay?

No lo olvides

5 Eslóganes para recordar

a Lee estos eslóganes. Luego, cierra el libro. ¿Cuáles recuerdas? ¿Por qué?

No te resistas

Reconoce el buen gusto

No te conformes con menos

Y di adiós a los problemas

Comparte tu vida

No esperes al fin de semana

Si tienes un sueño, hazlo realidad

Rechaza imitaciones

b ¿Qué productos crees que se promocionan con los eslóganes? Relaciona.

c Escucha los anuncios y comprueba tus hipótesis. ▶▶ 15 – 22

d Subraya en los eslóganes las formas del imperativo afirmativo y negativo. ¿Qué diferencias hay?

	-ar	-er/-ir	cambio vocálico	irregulares
tú	no _____	no bebas	no pienses	decir: no digas…
usted	no espere	no beba	no piense	hacer: no hagas…
vosotros	no esperéis	no bebáis	no penséis	ir: no vayas…
ustedes	no esperen	no beban	no piensen	tener: no tengas…

OJO
Bébelo. – No lo bebas.
> más verbos, p. 50

e En cadena, una persona dice un verbo en imperativo afirmativo. El / La siguiente dice el imperativo negativo correspondiente y elige otro verbo en forma afirmativa.

comprar • vivir • comer • escribir • volver • mirar • sentir • mostrar • hacer • ir • intentar • pedir • tener • decir

compra   no compres, vive   no vivas, …

f En grupos de tres. Cread un eslogan alternativo para cada uno de los productos de arriba.

4 // Campañas publicitarias

6 Consejos para una buena campaña publicitaria

a ¿Para qué se hacen campañas publicitarias? Habla con tu compañero/-a y haced una lista de los posibles objetivos.

> Muchas se hacen para informar.

> A veces solo se quiere llamar la atención…

b Lee la siguiente entrevista con el director de una agencia de publicidad. ¿Qué objetivos menciona?

Entre tus clientes cuentas con algunas de las empresas más importantes del país y tus campañas han recibido numerosos premios. ¿Nos puedes contar cuál es tu secreto para triunfar?
Todo el mundo sabe que la finalidad de una campaña publicitaria es atraer a clientes. Para lograrlo hay que tener en cuenta dos factores fundamentales. El primero es la estrategia. Necesitas tener claros tus objetivos y diseñar una estrategia para lograrlos. A veces las empresas necesitan dar a conocer un nuevo producto. Otras veces solo quieren recordar al público que están ahí. Es lo que pasa, por ejemplo, con empresas que tienen un producto consolidado. Las instituciones públicas, por su parte, intentan en general concienciar a la gente.

¿Y el segundo factor?
Cuando has decidido la estrategia, es el momento de la creatividad. Las campañas que más impacto tienen son las que presentan sus ideas de una forma diferente. Y no es ético usar las ideas de otros. Así que no las copies. Parece obvio, pero es la única receta que de verdad funciona. Si combinas estos dos factores, el éxito está garantizado.

Raúl Blanco, director de la agencia Públic@

> más expresiones de marketing, p. 159

c Vuelve a leer la entrevista y resume en una o dos frases el secreto para triunfar.

d ¿Cómo debe ser una buena campaña publicitaria? Decide qué hay que hacer y qué no y formula consejos en imperativo. Puedes añadir más consejos.

usar las ideas de otros   *No uses*
elegir mensajes claros y simples
dejar espacio a la imaginación
contar toda la historia
tardar meses en crear nuevas ideas

↗ 6-9

7 ¿Una cuestión de gustos?

a El anuncio del coche de la página 41 no ha tenido mucho éxito. ¿Qué ha podido fallar?

imagen • eslogan • información • estrategia • objetivo • público • competencia

b En grupos, comentad vuestras ideas y formulad sugerencias a la agencia de publicidad para cambiar el anuncio.

> Pensad en… No olvidéis que…

La publicidad está en todas partes

8 Todo es publicidad

a ¿En qué medios se suele presentar la publicidad? ¿En cuál te fijas más / menos? Habla con tus compañeros.

b Con los ojos cerrados. Imagina que vas por la calle de camino a tu empresa o escuela. ¿Dónde hay publicidad? Abre los ojos y escribe todo lo que recuerdas.

marquesina • valla publicitaria • cartel • letrero luminoso • banderola • …

> más soportes publicitarios, p. 159

c Mira la foto y comprueba si la publicidad está en los mismos lugares que has mencionado.

9 ¿Tiene usted un momento?

a Escucha estas llamadas comerciales y marca las reacciones que escuchas. 23 – 25

☐ Si es rápido…
☐ Lo siento, no tengo tiempo.
☐ No me interesa, gracias.
☐ ¡Otra vez! Pero si ya me llamaron ayer.
☐ Solo tengo un minuto.

b En grupos, comentad si recibís este tipo de llamadas u os llega otro tipo de publicidad. ¿Cómo soléis reaccionar?

> hablar de acciones habituales
>
> Yo normalmente cuelgo porque me molesta este tipo de llamadas.
> Generalmente no presto atención a los anuncios en Internet.
> Yo siempre borro los correos basura.
> Casi siempre leo los folletos de las tiendas de moda.
> Suelo tirar a la basura la publicidad que no me interesa.

4 // Campañas publicitarias

10 ¿Campaña en línea o no?

a Lee la infografía y relaciona los títulos con los apartados.

investigar • medir • ahorrar • personalizar • comunicar

b Relaciona las partes de frases para resumir la información sobre marketing digital.

Como la información está en Internet,	**para** comunicarse con los clientes.
Los comerciantes pueden usar Internet	**por** el bajo coste.
Los anunciantes lo eligen	**por eso** se pueden seguir bien.
Para los comerciantes es interesante	los clientes pueden investigar antes de comprar.
Es fácil medir los resultados,	**porque** pueden personalizar los mensajes.

causa, fin y consecuencia
como
porque
por + sust.
para + sust. / inf.
por eso

c ¿Qué desventajas puede tener el marketing digital? En parejas, combinad las casillas de diferentes colores y formulad frases con la ayuda de conectores.

hay mucha publicidad	los programas informáticos cambian	la estrategia de marketing se ve en la red	es necesaria una conexión a Internet
la competencia detecta fácilmente tu estrategia	no puedes llegar a todo el público	es difícil despertar el interés del consumidor	hay que actualizar la página con frecuencia

↗ 12–15

Como en Internet hay mucha publicidad, es difícil…

11 Una buena estrategia

En grupos, diseñad una campaña para este reloj. Tened en cuenta estos aspectos. Después, presentad vuestras ideas al resto de la clase. ¿Qué campaña gusta más?

perfil del consumidor • objetivos • medios • eslogan

Te toca a ti

EL CASO: la campaña de publicidad

Menfer acaba de crear una nueva línea de productos *light*, con la que quiere llegar a un público joven, entre 18 y 30 años, preocupado por su salud, que vive en grandes ciudades y compra habitualmente en supermercados. El departamento de Marketing y Ventas quiere hacer una publicidad diferente, más arriesgada y personal y se ha puesto en contacto con la agencia de publicidad ATRÉVETE para preparar la campaña.

La agencia ha propuesto enviar primero una postal anónima con un mensaje de amor de un/a admirador/a. Una semana después se envía una segunda postal en la que se presenta la nueva línea de productos.

Las reacciones a la propuesta han sido muy diferentes. Algunas personas consideran que es justo lo que estaban buscando. En cambio otras creen que es demasiado arriesgado.

1ª postal:

2ª postal:

Ayer nos vimos en el supermercado. Noté que me mirabas con interés. Estuviste a punto de invitarme a ir a tu casa, pero al final me dejaste allí. ¿Qué tengo que hacer para cambiar esto? Necesito conocerte y siento que tú también quieres conocerme. ¿Qué tal una pequeña aventura?
M.

Hola: Soy yo. Me has llamado y aquí estoy.

Menferillas light - el sabor de tu vida

12 Tu tarea

a Resume el problema que tiene el departamento de Marketing y Ventas.

b En grupos, haced una lista de aspectos positivos y negativos de la propuesta de la agencia de publicidad.

c Decidid si aceptáis la propuesta o si queréis modificarla, y justificad vuestra respuesta.

d ¿Conocéis campañas similares? ¿Tuvieron éxito?

PRESENTAR UN CONTRAARGUMENTO
> Tienes razón, pero…
> Sí, es cierto. Sin embargo…
> Sí, pero también es verdad que…
> Sí, pero por otra parte…

4 // Revista de negocios

NICARAGUA
Capital Managua
Población 6,1 millones
Superficie 130.370 km²
PIB $12 mil millones
Moneda córdoba
Lengua oficial español
Temperatura máx. 34° abril, mín. 20° diciembre

Nicaragua significa "aquí junto al agua"

el país de **mayor extensión** de Centroamérica

viejos autobuses escolares de EE. UU.

el café, principal producto de exportación

los únicos tiburones de agua dulce del mundo

el plato nacional es el **gallo pinto**

// NICARAGUA //
Tierra de lagos y volcanes

" Aquí en Nicaragua, a la hora de hacer negocios hay que buscar interlocutores en los niveles más altos de la Administración y de las empresas privadas porque son los únicos que tienen poder de decisión. También me he dado cuenta de que en la primera reunión es importante averiguar lo que realmente les interesa, porque no suelen expresar sus intereses directamente. Además, durante las negociaciones se debe mirar a los ojos de las personas para generar confianza.

Otro aspecto importante es que la forma de vestir es menos formal que en otros países centroamericanos donde también he trabajado. En las reuniones de negocios, excepto a un nivel muy elevado, no es necesario llevar chaqueta y corbata y es recomendable evitar los signos externos de riqueza como ropa de marca o relojes. "

Antonio Teixeira (Portugal), empresario

¿En tu sociedad se aceptan bien los signos externos de riqueza o deben evitarse?

Comunicación

expresar emociones

La publicidad me pareció interesante.	El anuncio me gustó / encantó.
Yo pienso que es un anuncio original / diferente.	El eslogan me sorprendió.
Me pareció divertido / atrevido / impactante.	La imagen me molestó / indignó.
Para mí, el mensaje es triste / horrible.	La música me impactó / impresionó.

describir el perfil del consumidor

Es una mujer entre 18 y 25 años.
Vive sola y gana menos de 1 500 € al mes.
Es espontánea y compra también ofertas.

hablar de hábitos de consumo

Lo más importante es el precio.
Gasta un 20 % en comida.
Compra normalmente en Internet.

analizar campañas publicitarias

Se dirige a un público joven y espontáneo.	El anuncio cuenta una historia interesante.
El eslogan logra llamar la atención.	El objetivo de la campaña está muy claro.
El mensaje es simple y llega a todo el público.	Presenta las ideas de forma diferente.
Es diferente de la competencia.	Se ha diseñado bien la estrategia.

hacer sugerencias

Elige mensajes claros y simples.
Deja espacio a la imaginación.
No copies las ideas de otros.
No cuentes toda la historia.
No tardes mucho en crear nuevas ideas.

hablar de acciones habituales

Yo normalmente no contesto las llamadas.
Yo siempre borro los correos basura.
Generalmente no presto atención a los anuncios.
Casi siempre leo los folletos.
Suelo tirar la publicidad a la basura.

Gramática

el uso de *qué* y *cuál* / *cuáles* > 6.1.1

¿**Qué edad** tienes?	¿**Cuál** ha sido tu compra más cara?
¿**Qué productos** compras por Internet?	¿**Cuál** de los establecimientos prefieres?
¿**Qué** piensas de las marcas blancas?	¿**Cuáles** son tus ingresos mensuales?
¿En **qué tipo** de hogar vives?	¿**Cuáles** de estas son tus marcas preferidas?

Qué + verbo se usa para pedir información sobre cosas o conceptos en general.
Qué + sustantivo se usa para preguntar por cosas o personas de un conjunto.
Cuál / **Cuáles** se usa si no aparece un sustantivo.
OJO ¿**Cuál** producto te gusta más?

el imperativo negativo > 3.7.2

	-ar	-er/-ir	e > ie	e > i	verbos irregulares	
tú	no esper**es**	no beb**as**	no p**ie**nses	no p**i**das	ofrecer: no ofre**zc**as…	poner: no pon**g**as…
usted	no esper**e**	no beb**a**	no p**ie**nse	no p**i**da	decir: no di**g**as…	salir: no sal**g**as…
vosotros	no esper**éis**	no beb**áis**	no pensé**is**	no pid**áis**	hacer: no ha**g**as…	tener: no ten**g**as…
ustedes	no esper**en**	no beb**an**	no p**ie**nsen	no p**i**dan	ir: no **vay**as…	venir: no ven**g**as…

La 1ª persona del presente es la base para el imperativo negativo: pr**ue**bo > no pr**ue**bes, ha**g**o > no ha**g**as.
Los pronombres se usan entre **no** y el verbo: No **lo** ofrezcas.

causa, fin y consecuencia > 5.3, 6.2.4, 6.2.5

Como la información está en Internet, los clientes pueden investigar antes.	**Como**…
Es interesante **porque** se pueden personalizar los mensajes.	**porque**…
Los anunciantes eligen el marketing digital **por** el bajo coste.	**por** + sustantivo
Los comerciantes pueden usar Internet **para** hacer publicidad.	**para** + sustantivo / infinitivo
Los resultados son fáciles de observar, **por eso** es más útil.	**por eso**…

Etapa 2

Presentar mejor

1 El principio

a ¿Cómo sueles empezar una presentación? Marca las opciones que has probado o que has visto. ¿Conoces otras posibilidades? Coméntalo con tus compañeros.

mostrar
☐ una foto
☐ un vídeo

citar
☐ a una persona
☐ una noticia

plantear
☐ una pregunta
☐ un juego

invitar
☐ a hablar con un/a compañero/-a
☐ a hacer algún gesto / movimiento

contar
☐ un chiste
☐ una anécdota

dar
☐ un cuestionario
☐ un resumen

b Escucha cómo han empezado unas personas su presentación y relaciona con los principios anteriores. ¿Cuál te ha parecido más interesante? Coméntalo con tu compañero/-a. ▶▶ 26–29

> cómo empezar, p. 97

c Escucha otra vez y marca qué expresiones se usan.

1. Creo que fue Einstein quien dijo… / Es famosa la cita de Einstein…
2. ¿Conocen este dato de Latinoamérica…? / ¿Sabían ustedes que Latinoamérica…?
3. Levanten la mano. / Levántense.
4. Fijaos en esta fotografía. / Observad por unos segundos esta imagen.

2 El final

a ¿Qué posibilidades de 1a pueden servirte también para terminar una presentación?

b Aquí tienes algunos finales para una presentación. Relaciona los que tienen la misma función.

1. resumir   2. invitar a la acción   3. invitar a reflexionar   4. crear expectativas

☐ Mostremos que esto no es una utopía.

☐ ¿Les interesa saber más? Pueden informarse en mi blog.

☐ Y ahora la decisión está en vuestras manos. ¿Vais a hacer algo?

☐ Con todo lo que hemos visto, ¿les parece ahora que es posible el cambio?

☐ ¿Piensan ustedes que esta puede ser una nueva forma de comunicarse?

☐ Y esta que les he presentado es solo una de las ventajas de nuestro producto.

☐ Me gustaría hacer un breve repaso de los puntos más importantes.

☐ Lo que he querido transmitirles en esta presentación es lo siguiente…

3 Vuestra presentación

¿Recuerdas la presentación de la página 47? Busca una alternativa para tu principio y tu final entre las opciones de arriba.

Dinámica: El cartel

GRUPO: en grupos de cuatro
TIEMPO: 15 minutos
DINÁMICA:
> Las cuatro personas se sientan en la mesa con el cartel en el medio. Cada uno/-a escribe en el cartel lo que piensa sobre el aspecto que se pregunta.
> Después de dos minutos cambia al siguiente aspecto.
> Cuando ha acabado esta ronda, los miembros del grupo se ponen de acuerdo sobre los aspectos.
> Al final, en el pleno cada grupo expone sus conclusiones.

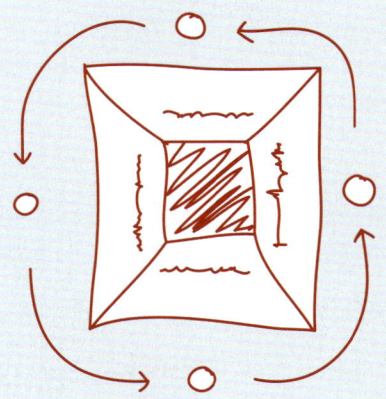

¿QUÉ PRODUCTO ES?

¿PARA QUÉ PÚBLICO ES?

¿QUÉ MENSAJE TRANSMITE?

¿CUÁL ES TU IMPRESIÓN?

Vive libre, vive SALTO

Relaciones laborales // 5

hablar de relaciones personales y laborales // valorar // transmitir mensajes // expresar acuerdo y desacuerdo // expresar una opinión // ordenar un texto

1 ¿Buenos días?

a Mira la imagen. ¿Con qué expresiones relacionas las tazas? ¿Puedes añadir más a la lista?

- ☐ cansado/-a
- ☐ contento/-a
- ☐ de buen humor
- ☐ de mal humor
- ☐ enfermo/-a
- ☐ estresado/-a
- ☐ optimista
- ☐ relajado/-a
- ☐ satisfecho/-a
- ☐ tranquilo/-a
- ☐ triste
- ☐ …

b Y tú, ¿cómo te has levantado hoy? Dibuja la taza que representa tu estado de ánimo y coméntalo con tu compañero/-a.

> Hoy me he levantado muy cansado/-a porque ayer salí con unos amigos…

cincuenta y tres **53**

Compañeros de trabajo

> más características, p. 160

2 El equipo de una agencia de diseño

a Lee lo que escribe cada persona en su página web. ¿Quién es el / la…?

perfeccionista • individualista • creativo/-a • empático/-a • exigente

---

BRANDES
NOSOTROS   PROYECTOS   CONTACTO

RITA SANDOVAL Administración
Me encargo de la contabilidad. Prefiero trabajar sola, especialmente cuando hago la facturación del mes. Me considero una persona seria y responsable.

VALERIA TRÍAS Diseñadora gráfica
Para mí, la perfección es la clave del éxito. Dicen que soy detallista, yo creo que tengo las ideas claras. Me encanta el trabajo en equipo y aprender siempre algo nuevo. De mi trabajo me molesta trabajar sola.

JAIME ESTEVE Director creativo
Imaginativo, entusiasta, ambicioso, intuitivo. Soy experto en tener ideas brillantes. Me encanta ver cómo se desarrollan los proyectos y conocer a gente nueva. No soporto los días sin humor.

MARTA SOLER Gerente
Me considero una persona capaz, organizada y responsable. Cada proyecto es un reto. ¿Si soy ambiciosa? Sí, no soporto perder un cliente o tener malos resultados. A mi equipo le exijo lo máximo.

AGUSTÍN SALA Asistente de dirección en período de prueba.
Mis puntos fuertes: soy flexible, simpático y buen mediador. Mi punto débil: soy un poco desordenado. En el trabajo hago de todo. Mi especialidad: saber escuchar.

---

b Lee otra vez las informaciones y completa la tabla. ¿Quiénes pueden formar un buen equipo?

	Rita	Valeria	Jaime	Marta	Agustín
carácter					
gustos					
manías					

c Y tú, ¿con quién te identificas? ¿Con quién te puedes llevar bien?

> Puedo llevarme bien con Valeria porque a mí también me gusta trabajar con gente.

d ¿Con qué personas te llevas bien? Coméntalo con tu compañero/-a. ¿Tenéis algo en común?

hablar de relaciones	
Me llevo bien con las personas…	Me llevo mal con las personas…
Victoria me cae bien.	Victoria me cae mal / fatal.
Me entiendo bien con…	No soporto a…
Me gusta la gente que…	Me fastidia la gente que…

5 // Relaciones laborales

3 Conflictos entre compañeros

a Lee estos comentarios. ¿A qué empleados de la agencia se refieren?

> Es una mujer muy competente, pero me fastidia que no escuche y que esté siempre en su despacho. Yo necesito tener una buena relación con mis compañeros.

> A los compañeros les cae bien. Creo que tiene potencial, pero necesita todavía aprender mucho. Me molesta que sea tan desordenado.

> Es muy profesional. Me gusta que diga lo que piensa y me encanta que sea tan segura y tan perfeccionista. Eso sí, a veces es un poco pesada.

> Es muy buena en su trabajo, pero no todos somos tan perfectos. No soporto que grite cuando las cosas no van bien.

b Escucha los diálogos y comprueba tus respuestas. ¿Qué les recomiendan en cada caso? ▶▶ 30 – 33

c En los comentarios aparece una nueva forma verbal: el presente de subjuntivo. Subraya todos los verbos en subjuntivo y las expresiones con las que se usan. Luego, completa la tabla.

valorar	-ar	-er / -ir	estar	ser
Prefiero que…	escuch**e**	escrib**a**	est**é**	sea
	escuch**es**	escrib**as**	est**és**	seas
No soporto que…	escuch**emos**	escrib**amos**	estemos	seamos
	escuch**éis**	escrib**áis**	estéis	seáis
	escuch**en**	escrib**an**	estén	sean

OJO
p**ie**nso > p**ie**nse…
di**g**o > di**g**a…
ha**g**o > ha**g**a…
ten**g**o > ten**g**a…
cono**zc**o > cono**zc**a…

> más verbos, p. 62

d En cadena. Una persona dice un verbo en infinitivo. La siguiente la dice en presente de indicativo y la tercera, en la forma correspondiente de subjuntivo.

hacer   hago   haga

e ¿Qué tipo de trabajador/a eres? Completa las frases según tus gustos. Luego, compara con tu compañero/a. ¿Qué tenéis en común?

- De mi trabajo me gusta (que)…
- En las reuniones no soporto (que)…
- En las pausas me encanta (que)…
- Antes de entregar un trabajo me molesta (que)…
- Si tengo una cita, me fastidia (que)…
- Si trabajo bajo presión, prefiero (que)…

OJO
Prefiero **ir** al cine. *(yo)*
(Yo) Prefiero **que** *(tú)* **vayas**.

↗ 3-6

4 ¿Podemos trabajar juntos?

a Escribe una descripción como la de los empleados de la agencia con información sobre tu carácter y tus gustos. Puedes firmar con tu nombre o con un pseudónimo.

b Tu profesor/a recoge los papeles y los cuelga en la clase. Todos leen las descripciones y escriben su nombre en el papel de la persona con la que piensan que pueden trabajar mejor. Luego, en el pleno, se comentan los resultados.

¿Cómo te comunicas?

1 Tienes que expresar tu opinión.
a Prefieres no decir nada para no tener problemas.
b Exiges abiertamente que la respeten.
c La defiendes y pides que los demás la respeten.

2 No estás de acuerdo con la opinión de otra persona.
a Al final piensas que tiene razón.
b Le dices que está diciendo tonterías y que tú tienes razón.
c Expresas tu opinión mostrando respeto.

3 Dos compañeros no se llevan bien, ¿qué haces para solucionarlo?
a Prefieres no intervenir.
b Te molesta su comportamiento y se lo dices.
c Les recomiendas que hablen sobre el problema.

4 Alguien no ha cumplido su compromiso.
a No le dices nada, pero te fastidia mucho.
b Te enfadas mucho y se lo dices.
c Le dices que te ha molestado y preguntas por qué lo ha hecho.

5 Propones una idea nueva, pero tu compañero la critica.
a No reaccionas, pero no vuelves a proponer ideas.
b Te enfadas y le exiges que lo haga él.
c Le dices que todos pueden proponer ideas.

6 Te niegas a hacer lo que piden.
a Te sientes muy mal por eso.
b Estás muy tranquilo. No te molesta decir que no.
c Dices que lo sientes, pero que tienes derecho a negarte.

Comunicación positiva

5 ¿Cómo te comunicas?
Haz este test para saber cuál es tu estilo de comunicación. ¿Estás de acuerdo con el resultado (p. 97)? Comentadlo en parejas.

6 Comunicarse con los compañeros

a Escucha las conversaciones de Agustín con sus compañeros. ¿De qué hablan en cada caso? ¿Cuál es el estilo de comunicación de Agustín? ▶▶ 34 – 36

b Escucha otra vez y escribe lo que dicen los compañeros.

1. Marta le pregunta cuándo va a terminar el informe: "_____"
2. Jaime le cuenta que Rita y Valeria han discutido: "_____"
3. Rita le pregunta si ha visto su calculadora: "_____"

c Compara las frases de las dos columnas. ¿Qué palabras cambian?

transmitir mensajes
decir / contar que…
preguntar si / qué…

discurso directo: lo que se dice	discurso indirecto: lo que se transmite
"¿**Has terminado tu** proyecto?"	Pregunta **si ha terminado su** proyecto.
"**Aquí trabajamos** en equipo."	Dice **que allí trabajan** en equipo.

d En parejas. Transformad estas frases de Agustín al discurso indirecto.

"Ya casi lo he terminado. Solo falta tu firma."
"No quiero saber nada de ese asunto."
"¿Has mirado en la cocina? Siempre la dejas allí."

e En grupos de tres. Una persona hace una pregunta a otra persona al oído. Esta se lo transmite a la tercera, que contesta.

5 // Relaciones laborales

7 Mensajes escritos

a ¿Qué tipos de mensajes escritos son más frecuentes en tu trabajo / escuela o con tus compañeros? Ordénalos de mayor a menor frecuencia.

notas (adhesivas) • correos electrónicos • cartas • boletín de noticias • intranet • SMS • mensajes en tablón de anuncios • …

b Lee estos mensajes entre los compañeros de la agencia. ¿Para qué los escriben en cada caso?

1. informar   2. proponer   3. pedir   4. ordenar   5. aconsejar

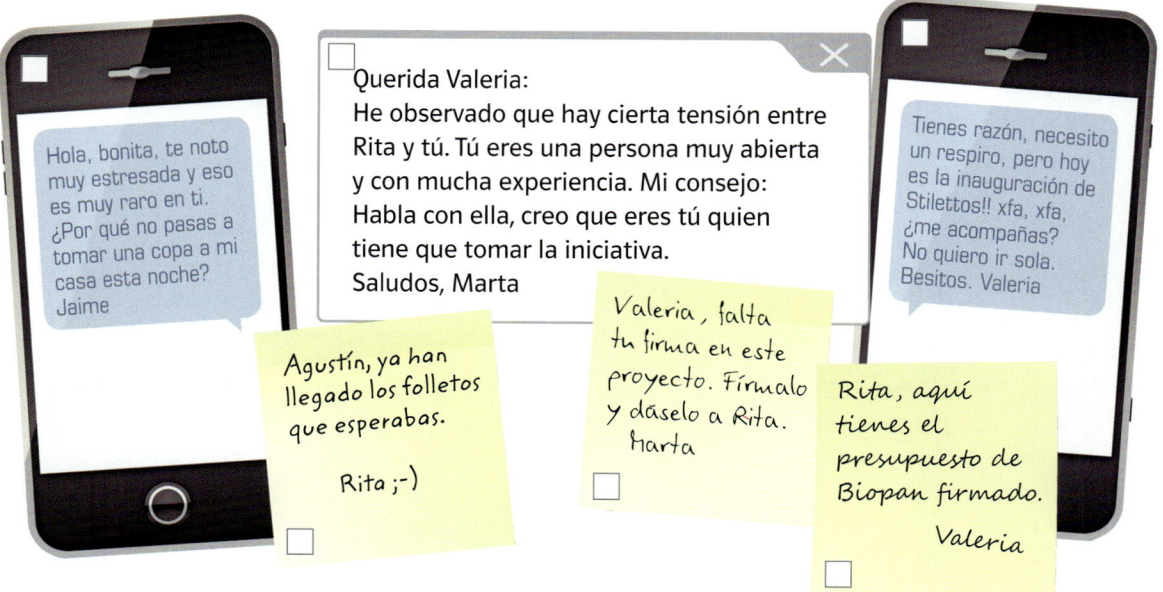

☐ Hola, bonita, te noto muy estresada y eso es muy raro en ti. ¿Por qué no pasas a tomar una copa a mi casa esta noche? Jaime

☐ Querida Valeria: He observado que hay cierta tensión entre Rita y tú. Tú eres una persona muy abierta y con mucha experiencia. Mi consejo: Habla con ella, creo que eres tú quien tiene que tomar la iniciativa. Saludos, Marta

Tienes razón, necesito un respiro, pero hoy es la inauguración de Stilettos!! xfa, xfa, ¿me acompañas? No quiero ir sola. Besitos. Valeria

☐ Agustín, ya han llegado los folletos que esperabas. Rita ;-)

☐ Valeria, falta tu firma en este proyecto. Fírmalo y dáselo a Rita. Marta

☐ Rita, aquí tienes el presupuesto de Biopan firmado. Valeria

c Lee los mensajes de la tabla y anota de quién son. ¿Cuándo se utiliza *decir* con indicativo y cuándo con subjuntivo? Completa la regla.

transmitir informaciones		transmitir órdenes, peticiones, consejos	
Dice que **ha firmado** el presupuesto.	Marta	Dice que **firme** el proyecto.	
Dice que **han llegado** los folletos.		Dice que **pase** a tomar una copa.	

Para transmitir informaciones usamos el _____.

Para órdenes, peticiones, consejos o propuestas usamos el _____.

📎 8–12

d Transmite por escrito los otros mensajes de los colegas.

8 Mensajes de la clase

Escribe en un papel una información, una propuesta, una petición y un consejo para un/a compañero/-a y firma el mensaje. Tu profesor/a recoge los papeles y los reparte. ¿Puedes transmitir la información a su destinatario/-a?

Alex:
Me voy de vacaciones. ¿Por qué no nos vemos antes? ¿Puedes mandarme los deberes a mi correo electrónico? No te estreses mucho en el trabajo, no es bueno. David

Alex, David te dice que se va de vacaciones. Te propone que…

Ambiente laboral

9 El estrés laboral

a En parejas. ¿Qué factores contribuyen a crear estrés en el trabajo? Completad el mapa asociativo.

b Lee las entradas de un foro y completa el mapa asociativo de arriba.

ASUNTO: CAUSAS DEL ESTRÉS LABORAL

El estrés: la enfermedad del siglo. ¿Cuáles crees que son las causas?

Rafael Reina: En primer lugar, creo que la estructura de algunas empresas puede ser un problema: hay empleados cargados de trabajo y sin tiempo para hacerlo, mientras que otros no tienen nada que hacer. Y esta gente no solo está aburrida, sino que además no es productiva.

Evita Díaz: Estoy de acuerdo con Rafa, pero no solo es la carga de trabajo. Pienso que si además tienes que repetir día tras día la misma tarea, al final estás siempre insatisfecha. En consecuencia, puedes llegar a odiar tu trabajo y eso provoca mal ambiente y estrés.

Eva Narvajas: Puede ser, pero por otra parte no creo que solo el aburrimiento o la carga de trabajo causen estrés. Está claro que el ambiente y los colegas también son importantes. ¿A quién no le estresa un ambiente tenso o violento? ¿Qué pasa con el acoso laboral, el *mobbing*? Eso sí es una causa de estrés laboral.

Sofía Rillo: Tenéis toda la razón. En mi caso, mis jefes no reconocen el valor de mi trabajo, y eso frustra mucho. Incluso me ha llevado a una depresión.

Carlos Artal: Bueno, eso depende de cada persona. A mí personalmente me parece que el miedo a perder el trabajo es la causa principal de estrés laboral. No pienso que se pueda trabajar bien si tienes miedo a perder tu trabajo.

María Suárez: Pues yo no pienso lo mismo. Yo no creo que el estrés sea solo negativo. Hay fases en que tienes más trabajo o un proyecto que es un desafío, y claro que tienes estrés, pero en este caso es incluso positivo y te puede motivar mucho, desde luego más que un trabajo aburrido, como ya habéis dicho antes.

c Lee otra vez. ¿Con qué entrada relacionas estas causas?

falta de reconocimiento • empleo inestable • ambiente tenso • carga desequilibrada del trabajo • tareas aburridas o monótonas

5 // Relaciones laborales

d ¿Con qué opinión te identificas más / menos? Habla con tu compañero/-a.

e Busca en las entradas del foro expresiones para…

expresar acuerdo: _____
expresar desacuerdo: _____
expresar acuerdo parcial: _____

f Participa en el foro con tu opinión y compara después con tus compañeros.

expresar una opinión			
Creo / Pienso que A mí me parece que Es verdad que Está claro / demostrado que No hay que olvidar que	+ indicativo	No creo / pienso que A mí no me parece que No es verdad que No está demostrado que No está claro que	+ subjuntivo

Cuando rechazamos una opinión contraria, usamos el subjuntivo.

🗐 14–15

10 Buen ambiente de trabajo

a Un experto de la Universidad de Buenos Aires trata el tema en una conferencia. ¿Cuáles de los siguientes aspectos crees que va a mencionar? Escucha y compara con tus hipótesis. ▶▶ 37

- ☐ igualdad
- ☐ buenos jefes
- ☐ relaciones humanas
- ☐ salario
- ☐ horario
- ☐ condiciones físicas
- ☐ gimnasio
- ☐ autonomía
- ☐ reconocimiento

ordenar un texto
en primer lugar
además / también
no solo, sino (que)
en consecuencia
en conclusión

b Escucha otra vez y toma nota sobre lo que dice de los distintos factores. Luego, haz un breve resumen de la conferencia.

c En parejas. ¿Qué aspectos causan estrés en tu trabajo / escuela? ¿Cuáles un buen ambiente? Compara con tu compañero/-a.

🗐 16–17

11 Un juego: ¿cómo se puede mejorar el ambiente de la clase?

a En grupos de tres. Cada uno/-a apunta algunas ideas para mejorar el ambiente de la clase.

b Antes de empezar el debate, cada persona apunta dos expresiones para dar una opinión, para expresar acuerdo o desacuerdo.

opinión	acuerdo	desacuerdo

c Empieza el juego. El objetivo es expresar la opinión y usar todos los recursos que habéis elegido. ¿Qué ideas os convencen más?

Te toca a ti

EL CASO: la encuesta de satisfacción

Menfer quiere expandirse y por eso, en los últimos cinco años, la dirección ha puesto en marcha un plan de cambios en la empresa para mejorar la productividad: se han creado nuevos departamentos, se ha aumentado la plantilla y renovado a la mayoría de directivos y se han modernizado muchos procesos de producción con la ayuda de la tecnología más moderna. Muchos de los antiguos empleados han tenido que cambiar de función o de departamento. La dirección de la empresa quiere saber cómo está viviendo el personal esta nueva situación para saber si es posible seguir con los cambios o si es necesario mejorar algunos aspectos. El departamento de RR. HH. realiza una encuesta de satisfacción laboral. Con los resultados de la encuesta se reúne una comisión para mejorar el ambiente laboral y aumentar la productividad.

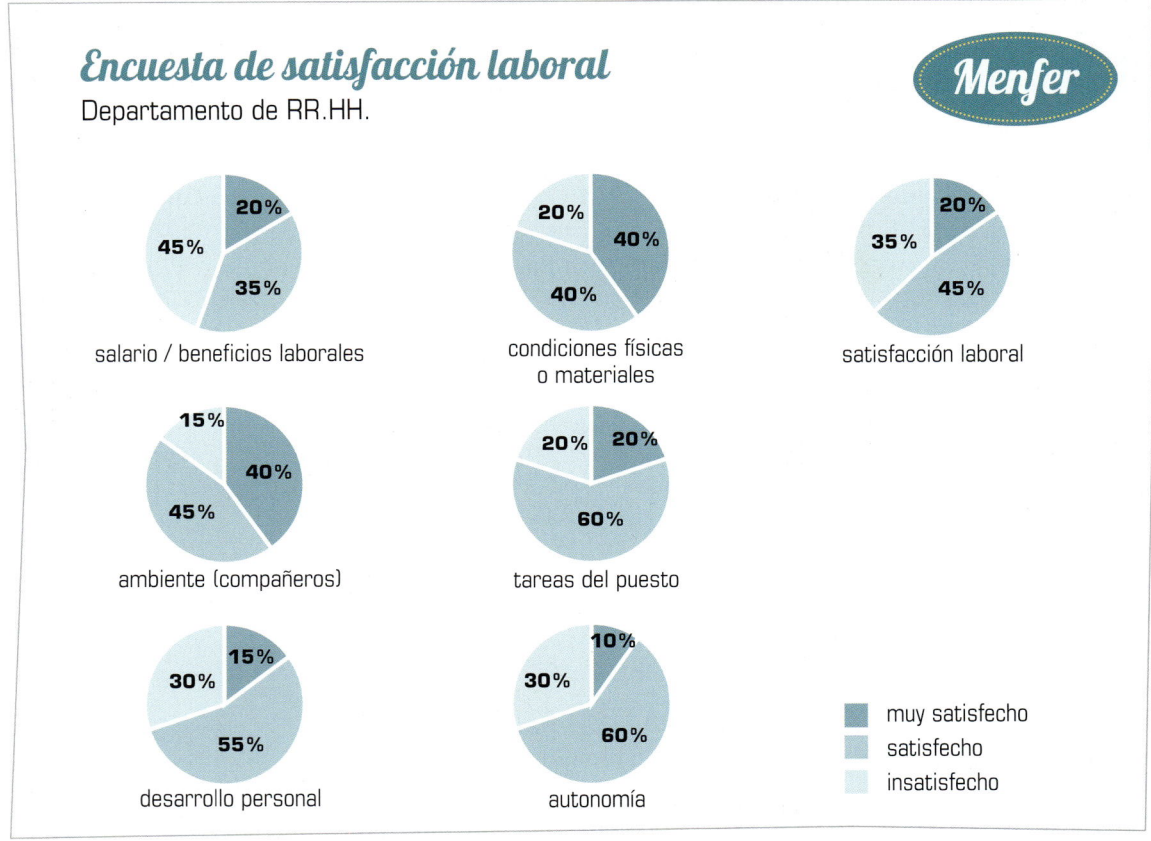

12 Tu tarea

a Haz un breve resumen del caso.

b En grupos. Cada grupo escoge un aspecto de la encuesta y piensa en una propuesta para mejorarlo.

c Presentad vuestras propuestas e intentad convencer a los demás de que son las mejores.

d Y a ti, ¿qué te motiva en el trabajo / en tus estudios? ¿Piensas que el trabajo tiene que ser siempre agradable? Habla con tus compañeros.

PEDIR ACUERDO
> ¿No cree/s que…?
> ¿No te / le parece mejor…?

5 // Relaciones laborales

PANAMÁ

Capital Ciudad de Panamá
Población 3,9 millones
Superficie 75.517 km²
PIB $40,3 mil millones
Moneda balboa
Lengua oficial español
Temperatura máx. 32° marzo, mín. 22° enero

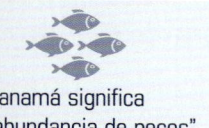 Panamá significa "abundancia de peces"

el canal de Panamá conecta el mar Caribe y el océano Pacífico

ingreso per cápita más alto de Centroamérica

más aves que en todo EE.UU. y Canadá juntos

mayor cantidad de rascacielos de Latinoamérica

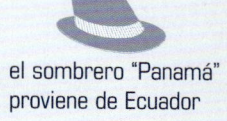 el sombrero "Panamá" proviene de Ecuador

// PANAMÁ //
Unión de océanos

"Es verdad que los países hispanohablantes comparten muchos aspectos culturales, pero siempre hay algunas pequeñas diferencias a tener en cuenta. Aquí en Panamá, por ejemplo, el tono de las reuniones de negocios me parece más formal que en otros países en los que he trabajado. La forma de saludo suele ser un apretón de manos seguido de *Buenos días* o *Buenas tardes*. Decir solo *Hola* se considera demasiado coloquial en un contexto de negocios.

Además, he notado que debe tratarse a la gente de *usted* y solo tutear o utilizar los nombres propios cuando ellos lo sugieren. En Panamá se respeta mucho también a los ejecutivos de mayor rango y a las personas mayores. Siempre se les saluda primero y se les cede el paso en las puertas."

Valeria Lombardi (Argentina), diplomática

¿En tu cultura es normal dar un trato de preferencia a la gente de mayor rango o edad? Si lo es, ¿cómo se expresa?

Comunicación

hablar de relaciones

Me llevo bien con las personas creativas.
Ana me cae bien.
Me entiendo bien con mi compañero.
Me gusta la gente que trabaja.

Me llevo mal con las personas exigentes.
Ana me cae mal / fatal.
No soporto a la gente que critica.
Me fastidia la gente que habla mucho.

valorar

Prefiero que trabajemos juntos.
Me gusta el trabajo en equipo.
Me encanta su forma de trabajar.

Me molesta la gente que no sabe escuchar.
Me fastidia que cierre la puerta del despacho.
No soporto que me griten.

transmitir informaciones

Dice que ha firmado el presupuesto.
Cuenta por qué ha llegado tarde.
Explica cómo es el proyecto.
Pregunta si tiene que reservar.

transmitir órdenes, sugerencias

Dice que firmes el proyecto.
Pide que vayas a verlo.
Le sugiero que llegue antes.
Propone que trabajemos juntos.

ordenar un texto

en primer lugar
no solo, sino (que) también
en consecuencia
en conclusión

expresar acuerdo

Estoy de acuerdo con Rafa.
Tienes (toda la) razón.

expresar desacuerdo

No pienso lo mismo.
No estoy de acuerdo con vosotros.

expresar acuerdo parcial

Bueno, eso depende de las personas.
Puede ser, pero por otra parte…

expresar una opinión

Pienso que la falta de reconocimiento causa estrés.
Está claro / demostrado que se necesita buen ambiente.
A mí me parece que el *mobbing* crea un ambiente tenso.
No hay que olvidar que los colegas son importantes.

No creo / pienso que haya mal ambiente.
No está demostrado que haya acoso laboral.
A mí no me parece que pueda causar tensión.
No es verdad que el trabajo sea aburrido.

Gramática

el presente de subjuntivo > 3.8

-ar	-er / -ir	estar	ser	ir	dar	saber
escuch**e**	escrib**a**	esté	sea	vaya	dé	sepa
escuch**es**	escrib**as**	estés	seas	vayas	des	sepas
escuch**e**	escrib**a**	esté	sea	vaya	dé	sepa
escuch**emos**	escrib**amos**	estemos	seamos	vayamos	demos	sepamos
escuch**éis**	escrib**áis**	estéis	seáis	vayáis	deis	sepáis
escuch**en**	escrib**an**	estén	sean	vayan	den	sepan

En la mayoría de los verbos, el **subjuntivo** se forma a partir de la 1ª persona del presente de indicativo:
pensar: p**ie**nso > p**ie**nse
hacer: ha**g**o > ha**g**a
OJO hay (haber) > haya

Con el subjuntivo (el modo de la posibilidad) expresamos la postura que adopta el hablante.
Se presenta, entre otros casos, en frases introducidas por verbos de valoración (gustar, preferir, molestar) y de influencia (ordenar, pedir, aconsejar, proponer…).

el uso del infinitivo o subjuntivo > 3.11

infinitivo	subjuntivo
No soporto **trabajar** bajo presión.	(Yo) No soporto **que** (ellos) me **griten**.
¿Prefieres **trabajar** sola?	¿Prefieres **que trabajemos** juntas?
Nos gusta **conocer** a gente nueva.	Nos gusta **que sepas** escuchar.

Cuando el sujeto de los dos verbos es el mismo, se usa el **infinitivo**. Cuando el segundo verbo tiene otro sujeto, se usa **que** + **subjuntivo**.

el discurso indirecto > 6.3

discurso directo: lo que se dice	discurso indirecto: lo que se transmite
"¿**Has terminado tu** proyecto?"	Pregunta **si ha terminado su** proyecto.
"**Aquí trabajamos** en equipo."	Dice **que allí trabajan** en equipo.
"¿Por qué no **pasas** por **mi** casa?"	Te propone **que pases** por **su** casa.
"**Firma** el informe, por favor."	Te pide **que firmes** el informe.

Además del verbo, en el discurso indirecto cambian los pronombres personales, demostrativos y posesivos y los adverbios de lugar.

Grandes eventos // 6

expresar finalidad // proponer y reaccionar // dejar la decisión a otros // exponer necesidades // expresar deseos // valorar una experiencia

1 Eventos para empresas

a Esta es la lista de eventos que organiza la agencia Eventura. ¿Qué eventos representan las fotos?

- [ ] una carrera
- [ ] una fiesta
- [ ] una visita guiada
- [ ] una excursión
- [ ] una yincana
- [ ] un viaje en barco
- [ ] un curso de cocina
- [ ] una cata de vinos
- [ ] un concurso de tapas

b ¿Tu empresa o escuela ha organizado alguna de estas actividades? ¿Has participado? Coméntalo con tu compañero/-a.

> El año pasado hicimos un curso de cocina.
> Fue muy divertido.

sesenta y tres **63**

Una forma de motivar

Recuerda
primer(o)
segundo
tercer(o)
cuarto
quinto
sexto

2 Eventos corporativos

a ¿Para qué se organizan eventos dentro de una empresa / escuela? Ordena estos objetivos de más (1) a menos (6) importantes para ti y compara con tu compañero/-a.

- ☐ motivar
- ☐ fidelizar
- ☐ hacer balance
- ☐ conocerse mejor
- ☐ solucionar problemas
- ☐ aumentar la productividad

> Para mí, el primer objetivo es motivar.

b Lee el texto y marca qué objetivos se mencionan. Luego, compara con la lista de arriba.

LA IMPORTANCIA DE LOS EVENTOS CORPORATIVOS

¿Por qué hacer "relaciones públicas" en una empresa?
Porque son necesarias para crear la identidad corporativa: para que los empleados se sientan parte de la empresa, para que asuman sus valores y su misión y para que sepan el grado de compromiso de la empresa con ellos.

¿Cómo lograrlo?
Las reuniones informales, los viajes de incentivo y la construcción de equipos de trabajo ayudan a romper el hielo o a salir de la rutina. Por un lado, estas actividades son importantes para mejorar el trabajo en equipo; por otro lado, sirven para descubrir el potencial de cada persona. De esta manera se pueden potenciar las mejores cualidades del equipo y minimizar los puntos débiles.

¿Qué hay que tener en cuenta?
Debemos preguntarnos qué valores queremos transmitir y qué imagen queremos que nuestros empleados tengan de la empresa. También hay que decidir si todas las tareas para la organización de un evento pueden hacerse de forma interna o es mejor pedir ayuda a profesionales.

c Busca en el texto cómo se expresan las siguientes ideas.

1. Los eventos corporativos sirven **para que** la gente se identifique con la empresa.
2. La empresa usa estos eventos **para** presentar a los empleados su filosofía.
3. Las reuniones informales son útiles **para que** los empleados se conozcan mejor.
4. Los eventos son importantes **para** desarrollar las cualidades de los empleados.

expresar finalidad
para + _____
para que + _____

d Fíjate en las palabras en negrita. ¿Cuándo se usa *para* y cuándo *para que*?

e Y tú, ¿cuándo y para qué te reúnes con tus compañeros de trabajo o de la escuela?

6 // Grandes eventos

3 Eventos originales

a En parejas, mirad estas propuestas para eventos corporativos y relacionad los nombres de los eventos con su descripción. ¿Os parecen interesantes? ¿Por qué (no)?

 Se ha escrito un crimen

 Esto es Hollywood

 Fama, el baile de las estrellas

Prepara un baile con un coreógrafo y compite en la gran final.	Supera divertidas pruebas y descubre quién es el asesino.	Haz una película: elige a tus protagonistas, escribe el guion y graba una escena.
Equipo ★★★★★	**Equipo** ★★★★☆	**Equipo** ★★★★☆
Diversión ★★★★☆	**Diversión** ★★★★★	**Diversión** ★★★★☆
Creatividad ★★★★☆	**Creatividad** ★★★★★	**Creatividad** ★★★★★
Participantes de 4 a 30	**Participantes** de 10 a 30	**Participantes** de 8 a 30
Coste desde 50 € / p.p.	**Coste** desde 30 € / p.p.	**Coste** desde 50 € / p.p.
Duración 4 horas	**Duración** 3 – 4 horas	**Duración** 3 horas

b Escucha la conversación entre dos compañeros. ¿Qué taller eligen y qué decisiones toman sobre el lugar, la fecha y el coste? ▶▶ 38

c Escucha otra vez y completa la tabla con las respuestas que escuchas.

proponer y preguntar	reaccionar	dejar la decisión a otros
• ¿Qué tal / te parece si…?	○ Buena idea. / De acuerdo.	○ Como quieras.
• ¿Por qué no…?	○ Me parece / Está bien.	○ Lo que tú _____
• ¿Qué taller elegimos?	○ Creo que es mejor…	○ El que tú _____
• ¿Dónde lo hacemos?	○ Me gusta más…	○ Donde te parezca mejor.
• ¿Cuándo lo organizamos?	○ No está mal, pero…	○ Cuando tú _____

Usamos el subjuntivo cuando dejamos la decisión a otros.

d En parejas. Imaginad que estáis organizando una fiesta en vuestra empresa o escuela. Proponed actividades y contestad dejando la decisión a la otra persona.

decorar la sala • imprimir invitaciones • hacer la fiesta entre semana o el fin de semana • ofrecer un menú o un bufet • invitar también a la familia • contratar a una agencia • …

↗ 5

4 Nuestro evento original

a En grupos de tres, pensad en un evento original para hacer con la clase y poneos de acuerdo sobre el tema, las actividades, el lugar, la fecha y el coste aproximado.

b Presentad vuestra propuesta. Los otros la valoran según estos criterios: construcción de equipo, diversión, creatividad. ¿Qué propuesta es la mejor?

sesenta y cinco **65**

Dinos qué necesitas

5 De preparativos

a Relaciona cada evento con su explicación.

1. jubilación
2. aniversario
3. fiesta de Navidad
4. jornada de puertas abiertas
5. ceremonia de entrega de premios
6. acto de lanzamiento de un producto

☐ Fiesta que tiene lugar a finales de año y a la que invita la empresa.
☐ Evento en el que se presenta un objeto o un servicio nuevo.
☐ Fiesta en la que se despide a una persona que deja de trabajar por su edad.
☐ Evento para celebrar el día en el que se cumplen años de un acontecimiento.
☐ Evento en el que personas interesadas o familiares pueden conocer la empresa.
☐ Evento para reconocer el trabajo de una persona o el resultado de un concurso.

> **oraciones relativas con preposición**
> Voy **a la** fiesta **que** se celebra hoy.
> La fiesta **a la que** voy se celebra hoy.

> más eventos, p. 160

b ¿Has organizado alguna vez uno de estos eventos? ¿Has contratado a una agencia para organizarlo?

c Lee el texto de una agencia de eventos y subraya los servicios que ofrece.

Eventura INICIO ++ QUIÉNES SOMOS ++ SERVICIOS ++ CONTACTO ++ BLOG

EVENTOS CORPORATIVOS

Congresos y conferencias

Programas de incentivos

Es noticia...
Claves para un evento con éxito

Organizar un evento para clientes

¿Es el aniversario de tu empresa, necesitas una fiesta especial, temática o quieres dar una sorpresa?

Nuestro equipo de profesionales se adapta siempre a tus necesidades y cuida hasta el más mínimo detalle para que todo salga a la perfección.

Disponemos de una amplia gama de espacios y una gran oferta de servicios adicionales para que a tu fiesta o evento no le falte nada: invitaciones, decoración, personal, catering, regalos. Todo lo que necesites.

Rellena el formulario de contacto para consultar presupuestos sin ningún compromiso para ti.

d En parejas, pensad en más servicios que puede ofrecer la agencia para ampliar su oferta.

e ¿Qué tareas te gusta hacer a ti cuando organizas una fiesta? ¿Cuáles prefieres delegar? Compara tus respuestas con tu compañero/-a. ¿Formáis un buen equipo?

6 // Grandes eventos

6 Háblanos de tu proyecto

a La agencia Eventura ha recibido la siguiente consulta. ¿Qué información adicional crees que le falta para organizar el evento?

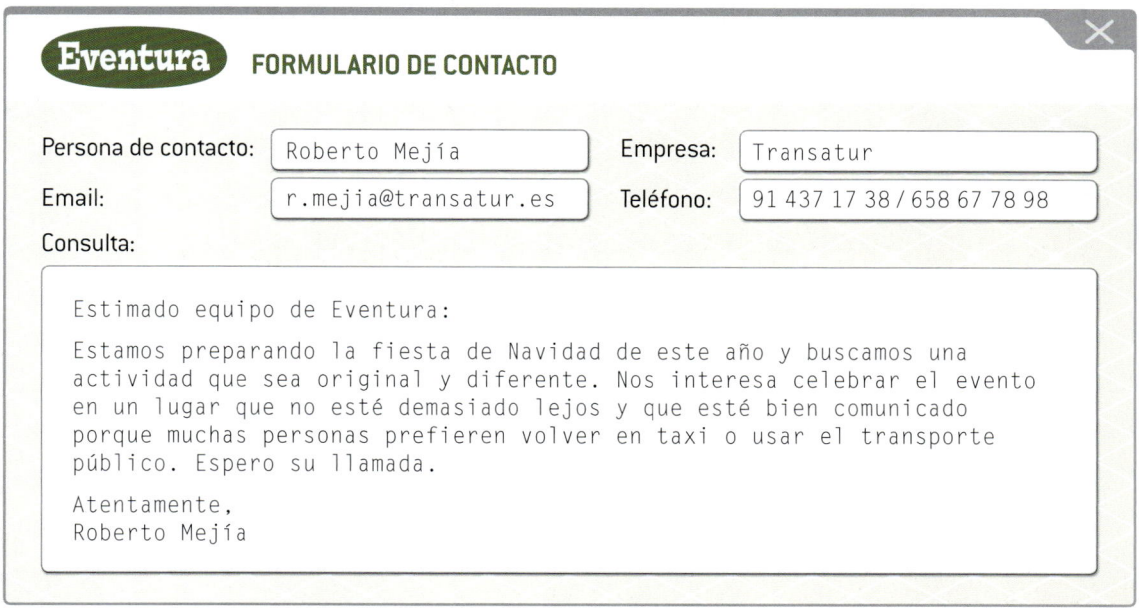

Eventura — FORMULARIO DE CONTACTO

Persona de contacto: Roberto Mejía
Empresa: Transatur
Email: r.mejia@transatur.es
Teléfono: 91 437 17 38 / 658 67 78 98
Consulta:

Estimado equipo de Eventura:

Estamos preparando la fiesta de Navidad de este año y buscamos una actividad que sea original y diferente. Nos interesa celebrar el evento en un lugar que no esté demasiado lejos y que esté bien comunicado porque muchas personas prefieren volver en taxi o usar el transporte público. Espero su llamada.

Atentamente,
Roberto Mejía

b Escucha la conversación con una empleada de la agencia y toma notas sobre los siguientes aspectos. ▶ 39

actividad · presupuesto · lugar · fecha · número de personas

c Mira estas frases y completa la regla. ¿Cuándo se usa indicativo o subjuntivo en las oraciones relativas?

hablar de algo ya identificado	hablar de algo no identificado todavía
Ofrecemos actividades **que son** originales.	Buscamos una actividad **que sea** original.
Tenemos un lugar **que está** muy cerca.	Nos interesa un lugar **que** no **esté** lejos.
Le mando una oferta **que incluye** todo.	¿Hay una oferta **que incluya** también la cena?

indicativo / subjuntivo

_____: algo que conocemos o existe

_____: algo que no existe o no sabemos todavía si existe

d ¿Quién encuentra primero a una persona del grupo para cada aspecto?

¿Hay alguien en el grupo…?
- que nunca celebre su cumpleaños
- que odie bailar en las fiestas
- que le guste cantar en un karaoke
- que organice fiestas con sus vecinos
- que llore de emoción en las bodas
- que haga vídeos de las fiestas

↗ 9–10

7 Nos ponemos en contacto con usted para…

a En grupos de tres. Estáis organizando la fiesta de Navidad de vuestra empresa o escuela. Escribid un correo a la agencia de eventos y pedid ayuda para organizarla.

b Pasad vuestro correo a otro grupo, que os hace preguntas para aclarar detalles.

sesenta y siete **67**

Me gustó muchísimo

8 Después del evento

a ¿Cuáles de estos consejos te parecen más importantes? Coméntalo con tu compañero/-a. ¿Podéis añadir otro consejo?

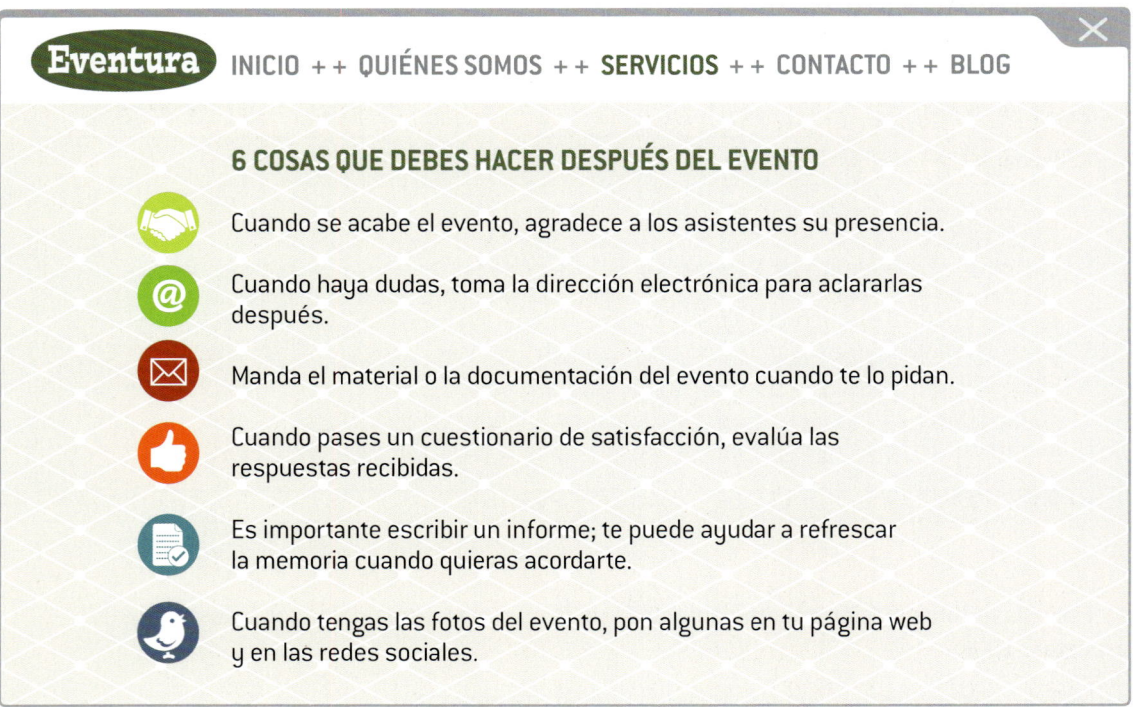

6 COSAS QUE DEBES HACER DESPUÉS DEL EVENTO

- Cuando se acabe el evento, agradece a los asistentes su presencia.
- Cuando haya dudas, toma la dirección electrónica para aclararlas después.
- Manda el material o la documentación del evento cuando te lo pidan.
- Cuando pases un cuestionario de satisfacción, evalúa las respuestas recibidas.
- Es importante escribir un informe; te puede ayudar a refrescar la memoria cuando quieras acordarte.
- Cuando tengas las fotos del evento, pon algunas en tu página web y en las redes sociales.

b Vuelve a leer el texto. ¿En qué tiempo están los verbos en las frases con *cuando*? ¿Se refieren a algo habitual o al futuro? Completa la tabla.

referirse a algo habitual:	referirse al futuro:
Cuando **hay** dudas, las aclaramos.	Cuando **haya** dudas, tienes que aclararlas.
Cuando me **piden** material, lo mando.	Cuando te **pidan** material, mándalo.

c ¿Qué quieren decir estas frases? Marca la explicación correcta.

1. Cuando voy a una fiesta, me visto bien.
   - ☐ En cada fiesta me visto bien.
   - ☐ Todavía no sé si voy a ir a una fiesta.

2. Te llamo cuando tenga una pregunta.
   - ☐ Cada vez que tengo una pregunta, te llamo.
   - ☐ Si tengo una pregunta, te llamo.

d Completa estas frases según tus ideas. Luego, comparad los resultados en parejas.

Cuando hago una fiesta…
Cuando organice mi próxima fiesta…
Cuando salgo del trabajo…
Cuando acabe el curso de español…
Cuando tengo mucho estrés…
Cuando me jubile…

11–13

6 // Grandes eventos

9 ¿Qué tal fue?

a Mira las fotos. ¿Qué situaciones representan? ¿Qué expresiones puedes decir en cada caso? ¿Conoces alguna más?

¡Felicidades!

¡Enhorabuena!

¡Te deseamos todo lo mejor en esta nueva etapa!

¡Ojalá tengáis mucha suerte!

¡Que lo pase muy bien!

¡Bienvenidos!

expresar deseos
que + subjuntivo
ojalá + subjuntivo

b Escucha a esta persona y di en qué evento participó. ▶▶ 40

c Vuelve a escuchar y completa este cuestionario de satisfacción.

CUESTIONARIO DE SATISFACCIÓN

Su opinión y sus sugerencias son importantes para nosotros porque nos permiten conocer su grado de satisfacción, sus necesidades y expectativas con respecto al servicio que ofrecemos y por eso le pedimos que conteste las siguientes preguntas.

1. ¿Cómo valora el lugar?
   ☐ excelente
   ☐ bueno
   ☐ regular
   ☐ malo

2. ¿Cómo valora el servicio de catering?
   ☐ excelente
   ☐ bueno
   ☐ regular
   ☐ malo

3. ¿Qué es lo que más y lo que menos le ha gustado?

valorar un evento
Me gustó muchísimo.
El vino fue buenísimo.
El servicio fue bueno.
No estuvo mal.
Fue aburridísimo.

↗ 14–16

10 ¿Qué tal tu última fiesta?

En grupos de tres, se juega con una ficha y una moneda (cara = 1 casilla, cruz = 2 casillas). Se puede mover la ficha en todas las direcciones. Cada persona piensa en su última fiesta o evento y contesta la pregunta de la casilla.

¿Qué tiempo hacía?

¿Qué fue lo que más te gustó?

¿Con quién estabas?

¿Qué se celebró?

¿Dónde fue?

¿Cuándo fue?

¿Hubo algo que no te gustó?

¿Qué comiste o bebiste?

Te toca a ti

EL CASO: la celebración del 80 aniversario

Menfer quiere celebrar su 80 aniversario. La dirección quiere aprovechar esta oportunidad para organizar un gran evento y recompensar públicamente a todos los empleados que han contribuido en este tiempo al éxito de la empresa. Su presupuesto no es demasiado grande, pero quieren que sus empleados tengan algún tipo de recuerdo de esta fecha. El departamento de Comunicación se ha puesto en contacto con una agencia de eventos, que les ha enviado ya algunas propuestas.

LA FIESTA

Organizamos su fiesta dependiendo del presupuesto. Puede ser una cena formal para empleados y clientes o algo sencillo como una barbacoa. Les recomendamos también que no olviden a las familias.

UN GESTO SOLIDARIO

Para que la fiesta sea memorable, puede colaborar con una organización sin ánimo de lucro para recaudar dinero con la venta de un producto o con un evento especial.

UN LOGOTIPO

Se puede crear un logotipo del aniversario e imprimirlo en una camiseta o taza para regalar a los empleados. También se puede crear un libro o folleto con la historia de la empresa.

11 Tu tarea

a Resume la tarea que tiene el departamento de Comunicación.

b En grupos de tres, analizad las ventajas y desventajas de las propuestas.

c Tomando como base este análisis, decidid qué es mejor hacer y presentadlo a la clase.

d ¿Qué otras posibilidades tiene una empresa para recompensar a sus empleados?

CONTRAPONER
> Por un lado…
> Por otro lado…
> En cambio…
> Sin embargo…
> Aunque…

6 // Revista de negocios

CUBA
Capital La Habana
Población 11,2 millones
Superficie 110.860 km²
PIB $78,7 mil millones
Moneda peso cubano y peso convertible
Lengua oficial español
Temperatura máx. 32° agosto, mín. 18° enero

primer ferrocarril de Latinoamérica (1837)

segundo país del mundo en emitir **en color**

el país **más grande** del Caribe

los habanos, los mejores puros del mundo

en las fábricas de puros se leen libros en voz alta

la madera balsa es la más ligera del mundo

// CUBA //

Más que son, cigarros y ron

" Llegué a La Habana en pleno verano cubano. Era mi primera visita como representante de mi empresa y era muy importante para mí causar una buena impresión. En mi maleta llevaba un par de mis mejores trajes y compré nuevas corbatas en el *Duty free*. Cuando llegué a la reunión, me sorprendió la cordialidad y amabilidad de la gente. En Cuba el trato es educado, pero informal. En las presentaciones se dirigían a mí como *compañero Ignacio* y para mi sorpresa, nadie llevaba corbata. La forma de vestir es mucho más relajada que en Europa y en otros países latinos. Los ejecutivos cubanos no usan nunca corbata y no se espera que el ejecutivo extranjero la lleve. Como prenda de vestir usan la guayabera, una elegante camisa hecha de lino, algodón o seda, que es realmente bonita y muy adecuada para su clima. Así que al final casi no usé la ropa que llevaba en mi maleta. "

Ignacio Sierra (España), gerente de relaciones internacionales

¿Cómo viste la gente en tu entorno laboral? ¿Qué se considera adecuado o no para una visita de negocios?

setenta y uno

Comunicación

expresar finalidad

La empresa usa los eventos corporativos para presentar su filosofía.
Estos eventos son importantes para desarrollar las cualidades de los empleados.

Las relaciones públicas sirven para que la gente se identifique con la empresa.
Las reuniones informales son útiles para que los empleados se conozcan mejor.

proponer y reaccionar

- ¿Qué tal una yincana?
- ¿Qué le parece un viaje en barco?
- ¿Qué te parece si hacemos una barbacoa?
- ¿Por qué no hacemos una cata de vinos?

○ Buena idea. / De acuerdo. / Me parece bien.
○ Creo que es mejor una visita guiada.
○ Prefiero un curso de cocina.
○ No está mal, pero es un poco caro.

preguntar y dejar la decisión a otros

- ¿Qué hacemos?
- ¿Cómo lo hacemos?
- ¿Qué taller elegimos?
- ¿Dónde lo organizamos?
- ¿Cuándo lo hacemos?

○ Lo que tú quieras.
○ Como quieras.
○ El que tú decidas.
○ Donde te parezca mejor.
○ Cuando tú veas.

expresar deseos

¡Felicidades!
¡Enhorabuena!
¡Te deseamos todo lo mejor!
¡Que lo paséis muy bien!
¡Ojalá tengas suerte!

exponer necesidades

Buscamos a una persona que sepa organizar.
¿Hay una agencia que nos pueda ayudar?
¿Conoces a alguien que haga vídeos de las fiestas?

valorar una experiencia

El servicio fue muy bueno. / Fue buenísimo.
Me gustó mucho. / No estuvo mal.
La conferencia fue muy aburrida.

Gramática

algunos usos del subjuntivo > 3.11

para que	que	el / la / lo que	adverbio
Trabajamos **para que** la empresa funcione.	¡**Que** tenga suerte! ¡**Que** lo pases bien!	Haz **lo que** quieras. Elige **las que** veas.	Ponlas **donde** te parezca mejor. Organízalo **como** tú quieras.

cuando con indicativo o subjuntivo > 3.11.6, 6.2.2

indicativo	subjuntivo
Cuando **hay** dudas, las aclaramos. Cuando me **piden** material, lo mando.	Cuando **haya** dudas, acláralas. Cuando te **pidan** material, mándalo.

Se usa el **indicativo** para referirse a cosas habituales y el **subjuntivo** para referirse al futuro.

oraciones relativas con indicativo o subjuntivo > 3.11.5

indicativo	subjuntivo
Ofrecemos actividades **que son** originales. Tenemos un lugar **que está** muy cerca. Le mando una oferta **que incluye** la cena.	Busco actividades **que sean** originales. Nos interesa un lugar **que esté** cerca. ¿Hay una oferta **que incluya** la cena?

En las oraciones relativas usamos el **indicativo** para hablar de algo que conocemos o existe, y el **subjuntivo** para algo que no existe o no sabemos si existe.

oraciones relativas con preposición > 6.2.1

La fiesta **a la que** voy empieza a las ocho.
Organizo eventos **en los que** todos hacen algo.
La mujer **con la que** voy es mi nueva jefa.
Es el evento **del que** todos hablan.

Voy **a** una fiesta **que** empieza a las ocho.
> La fiesta **a la que** voy empieza a las ocho.

el superlativo absoluto > 1.1

bueno/-a	buenísimo/-a
mucho/-a	muchísimo/-a
fácil	facilísimo/-a
tarde	tardísimo

El sufijo **-ísimo** expresa el grado más alto de un adjetivo o adverbio.
OJO ri**c**o/-a > ri**qu**ísimo/-a

los ordinales > 2.6.2

primero/-a
segundo/-a
tercero/-a
cuarto/-a
quinto/-a
sexto/-a

OJO el **primer** año

Etapa 3

Presentar mejor

1 Las diapositivas

a En parejas. Tenéis que hacer una presentación sobre el mercado hispanohablante para unos empresarios italianos interesados en comercio electrónico. Mirad la estadística sobre usuarios de Internet. Luego, con la ayuda de las preguntas decidid cómo van a ser vuestras diapositivas.

País	2014	2015
Islandia	96,2	96,5
Noruega	94,6	95,1
Suecia	93,2	94,8
Dinamarca	92,3	94,6
Países Bajos	92,9	94,0
Luxemburgo	91,9	93,8
Finlandia	89,9	91,5
Reino Unido	87,5	89,8
Suiza	85,2	86,7
Japón	86,3	86,3
Canadá	83,0	85,8
Corea	84,1	84,8
EE. UU.	79,3	84,2
Alemania	82,3	84,0

País	2014	2015
Australia	79,0	83,0
Bélgica	80,7	82,2
Francia	81,4	81,9
Austria	80,0	80,6
Irlanda	76,9	78,2
Puerto Rico	69,0	73,9
España	69,8	71,6
Chile	61,4	66,5
Portugal	60,3	62,1
Argentina	55,8	59,9
Italia	55,8	58,5
Uruguay	54,5	58,1
Venezuela	49,1	54,9
Colombia	49,0	51,7

País	2014	2015
Brasil	48,6	51,6
Turquía	45,1	46,3
Costa Rica	47,5	46,0
República Dominicana	41,2	45,9
China	42,3	45,8
México	39,8	43,5
Panamá	40,3	42,9
Ecuador	35,1	40,4
Bolivia	35,5	39,5
Perú	38,2	39,2
Paraguay	29,3	36,9
Cuba	25,6	25,7

Usuarios de Internet (por 100 habitantes)

Fuente: Unión Internacional de Telecomunicaciones

1. Pensando en el público, ¿cuánta información creéis que hay que mostrar?
2. ¿Qué tipo de gráfica es la más adecuada? ¿De barras, circular, de líneas?
3. ¿Necesitáis ayuda visual (fotos, vídeos…)?

> cómo elaborar diapositivas, p. 97

b Escucha dos veces diferentes momentos de una presentación y marca en la tabla las expresiones que dicen. ¿Puedes añadir otras? ▶ 41

cambiar de diapositiva	**interpretar datos**	**destacar la información clave**	**aclarar el contexto**
• Vamos a pasar a… • Vamos a seguir con… • …	• La gráfica muestra que… • Las cifras han bajado / subido. • …	• Quiero destacar… • Fíjense en que… • …	• Como ya saben… • Para que puedan entender de qué estoy hablando… • …

2 Vuestra presentación

En parejas. Preparad vuestras diapositivas para la presentación de 1a. Luego, presentadla a dos compañeros. ¿Qué les ha gustado? ¿Qué se puede mejorar?

Dinámica: El puente

GRUPO: en grupos de tres
TIEMPO: 30 minutos
DINÁMICA:
> El / La profesor/a lee la historia dos veces y aclara las dudas. (p. 97)
> Cada persona clasifica a los personajes según su grado de responsabilidad y apunta sus razones.
> En el grupo se discuten las opiniones intentando llegar a una conclusión común.
> Se presentan las conclusiones a la clase.

¿Quién?	+ / − responsable	razones
el joven ejecutivo		
el cliente		
el jefe		
el policía		
el barquero		
la empleada de Correos		

CREEMOS EN TI Y EN TU PROYECTO

En Caja Azul creemos en los jóvenes de nuestro país. Por ello, apoyamos la Estrategia de Emprendimiento y Empleo Joven del Gobierno de España con 5 millones de euros, que se destinarán a ayudar a más de 10.000 jóvenes autónomos.

◆ CAJAAZUL

Proyectos de futuro // 7

hablar de la trayectoria profesional // hacer sugerencias // mostrar cortesía // dar ejemplos // hablar de acciones futuras // expresar condiciones // hacer hipótesis // hablar de planes

1 Mis planes de futuro

a Mira este anuncio. ¿Qué tipo de proyecto crees que quieren hacer estas personas?

b ¿Qué proyectos o planes se pueden tener en la vida privada? ¿Y en la profesional? Completa con tus ideas y después compara tus resultados con tu compañero/-a.

conseguir — un premio, un ascenso
hacer — un viaje, un curso de formación
tener — un contrato indefinido, hijos

c Y tú, ¿qué proyectos tienes para el próximo año?

> A mí me gustaría...

setenta y cinco **75**

Un proyecto de éxito

2 Financiar un proyecto

a En parejas. Explica los diferentes tipos de financiación relacionando las columnas. ¿Conoces otras formas de obtener dinero para financiar un proyecto?

tipo	de quién lo recibes
crédito	gobierno / institución pública
préstamo	familia / amigos
subvención	inversores privados
	banco / entidad de crédito

> Puedes pedir una subvención al gobierno…

> más financiación, p. 161

b Lee el texto sobre la empresa Bamboocycles y completa la ficha. ¿Qué tres formas de financiación han usado?

Necesitaba: 2858,20 € Recibió: 3509,12 € Inversores: 30 ¡Exitoso!

FICHA DE EMPRESA
Nombre:
Fecha de creación:
Productos:
Financiación:

¿QUÉ ES BAMBOOCYCLES? Somos una empresa que se dedica a diseñar y construir bicicletas con bambú, un material ligero, flexible y fuerte. Todas nuestras bicicletas están hechas a mano y se adaptan a los gustos y necesidades de cada cliente. Queremos ofrecer al consumidor una alternativa de transporte más ecológica y saludable, con un diseño atractivo y sostenible.

LA BICINIÑO Cuando me puse en contacto con la plataforma de financiación Fondeadora, ya había desarrollado dos modelos de bicicletas para adultos, la URO2 y la UCO2. Sin embargo, me había olvidado de un público muy importante: los niños. La biciniño está diseñada para que los chaparritos de 2 a 5 años aprendan a usar una bici. Aunque ya había diseñado un prototipo, necesitaba ayuda para pasar del prototipo al producto final y mostrar que es útil y atractivo. Por eso pedí ayuda económica en la Fondeadora para crear el producto final y para empezar a producirlas en serie. A cambio del dinero, los inversores pueden ser los primeros en tener esta bicicleta en exclusiva y a un precio especial.

EL CREADOR Soy Diego Cárdenas. En 2007, cuando todavía estudiaba Diseño industrial en la UNAM, recibí una beca para participar en un taller de usos industriales del bambú en Poitiers, Francia. Después, regresé a México y empecé a trabajar en el primer modelo. A la gente le gustó y, con ayuda de mi familia y luego de un crédito, creé la empresa en 2009.

c Y tú, ¿has pedido dinero a alguna institución o a tu familia para financiar algún proyecto personal?

7 // Proyectos de futuro

d En parejas, con la ayuda de estas preguntas resumid la información más importante sobre Bamboocycles en un texto de 30 palabras.

¿Quién? • ¿Qué hace? • ¿Para quién? • ¿Por qué es diferente?

e Decide si estas informaciones sobre Bamboocycles son verdaderas o falsas.
1. Diego había terminado su carrera cuando fue a Francia.
2. Antes de pedir financiación, ya había hecho un prototipo de la biciniño.
3. Cuando creó la biciniño, ya había tenido éxito con otros modelos.
4. Antes de pedir el crédito, Diego había pedido ya ayuda a su familia.

f En el texto y en las frases anteriores hay un tiempo nuevo del pasado: el pluscuamperfecto. Busca las formas y completa la tabla.

	haber	participio
yo	había	
tú	habías	trabajado
él / ella / usted	_____	tenido
nosotros/-as	habíamos	pedido
vosotros/-as	habíais	hecho
ellos / ellas / ustedes	había	

el pluscuamperfecto
Primero creó la bici.
Luego pidió el crédito.
Ya **había creado** la bici cuando pidió el crédito.

↗ 3-4

3 Antes del éxito

a Los emprendedores suelen seguir los mismos pasos para crear su empresa. Ordénalos y compara con tu compañero/-a. Hay varias posibilidades.

☐ crear una empresa
☐ mejorar el prototipo
☐ buscar financiación
☐ convencer a los inversores
☐ hacer un prototipo
☐ compartir la idea
☐ hacer un plan de negocio
☐ tener una idea original

b En cadena, contad el proceso desde el final hasta el principio.

Al final creamos la empresa.   Antes de crear la empresa, habíamos…

↗ 5-6

4 Vender una idea en tres minutos

a En grupos, pensad en un producto o servicio que os gustaría ofrecer. Después, preparad la descripción de vuestro proyecto. Tened en cuenta estos aspectos.

¿Quiénes sois?	formación / experiencia / habilidades
¿Qué ofrecéis y para quién?	producto / sector / público
¿Qué os diferencia?	idea / tecnología / filosofía
¿Cómo pensáis financiarlo?	importe / crédito / …

Recuerda
hablar de habilidades, p. 8

b Cada grupo tiene tres minutos para "vender" su proyecto al resto de la clase. Después de cada presentación, los otros grupos hacen al menos una pregunta.

setenta y siete **77**

Momentos de cambio

5 Nuevas metas

a Lee primero el mensaje de María en un foro para profesionales. ¿Cuál es su problema? ¿Es buena idea para ella cambiar de profesión? En parejas, pensad en aspectos a favor y en contra.

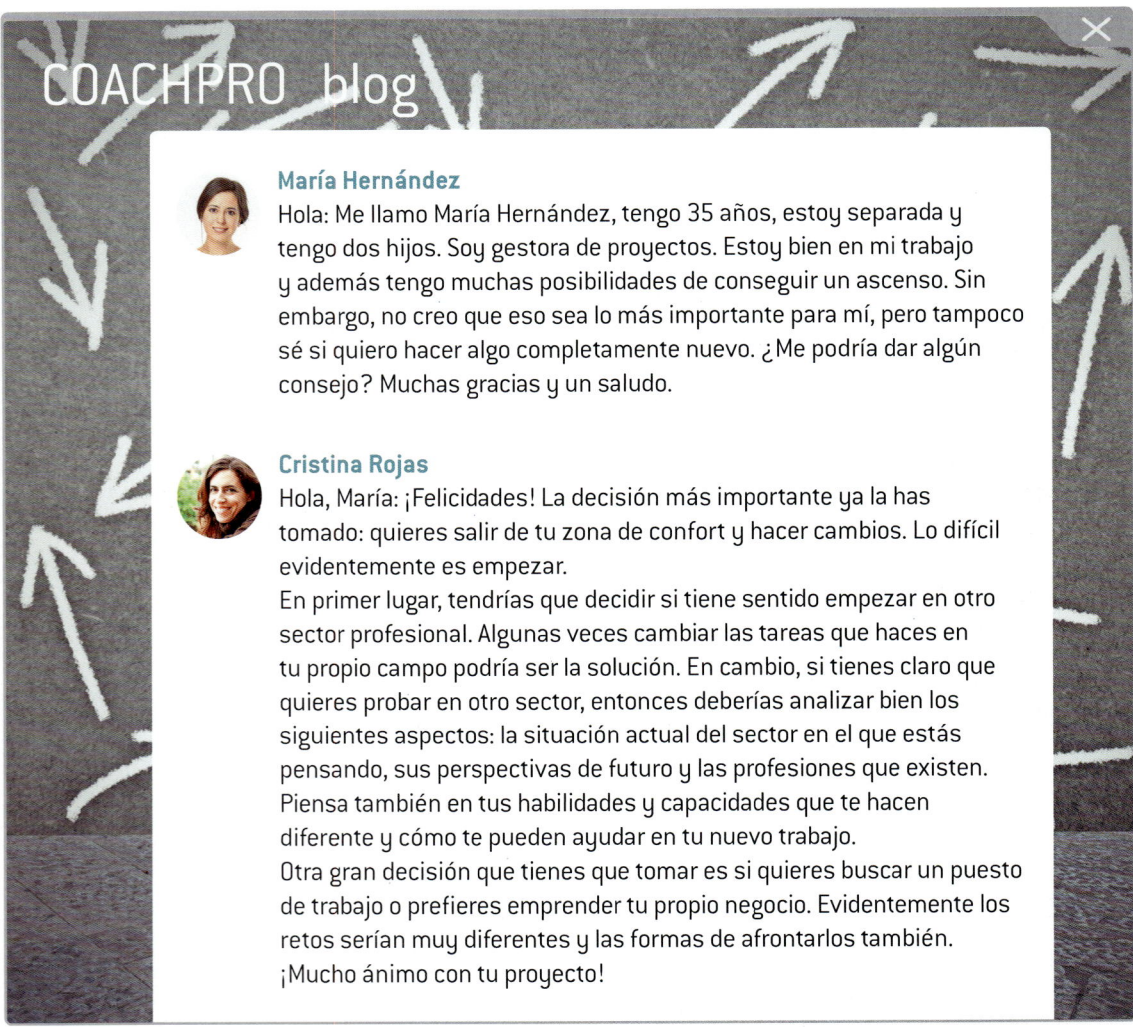

COACHPRO blog

María Hernández
Hola: Me llamo María Hernández, tengo 35 años, estoy separada y tengo dos hijos. Soy gestora de proyectos. Estoy bien en mi trabajo y además tengo muchas posibilidades de conseguir un ascenso. Sin embargo, no creo que eso sea lo más importante para mí, pero tampoco sé si quiero hacer algo completamente nuevo. ¿Me podría dar algún consejo? Muchas gracias y un saludo.

Cristina Rojas
Hola, María: ¡Felicidades! La decisión más importante ya la has tomado: quieres salir de tu zona de confort y hacer cambios. Lo difícil evidentemente es empezar.
En primer lugar, tendrías que decidir si tiene sentido empezar en otro sector profesional. Algunas veces cambiar las tareas que haces en tu propio campo podría ser la solución. En cambio, si tienes claro que quieres probar en otro sector, entonces deberías analizar bien los siguientes aspectos: la situación actual del sector en el que estás pensando, sus perspectivas de futuro y las profesiones que existen. Piensa también en tus habilidades y capacidades que te hacen diferente y cómo te pueden ayudar en tu nuevo trabajo.
Otra gran decisión que tienes que tomar es si quieres buscar un puesto de trabajo o prefieres emprender tu propio negocio. Evidentemente los retos serían muy diferentes y las formas de afrontarlos también.
¡Mucho ánimo con tu proyecto!

b Lee ahora la respuesta de la asesora y subraya en el texto los consejos que da.

c En la respuesta de Cristina hay una nueva forma verbal: el condicional. Marca las formas en el texto. ¿Qué significan las frases de la tabla en tu idioma?

verbos regulares	irregulares	hacer sugerencias
informar**ía**	decir > diría	
informar**ías**	hacer > haría	Deberías analizar varios aspectos.
informar**ía**	poder > podría	Podría ser la solución.
informar**íamos**	poner > pondría	Sería mejor ampliar tu experiencia.
informar**íais**	tener > tendría	Yo (que tú) haría un curso de formación.
informar**ían**	haber > habría	

forma de cortesía
¿Me **podría** dar algún consejo?

7 // Proyectos de futuro

d Decide qué frases **no** se corresponden con los consejos que da Cristina en el foro.

1. Sería buena idea decidir qué quieres ser.
2. Deberías analizar qué te diferencia de los demás.
3. Sería recomendable volver a la universidad para estudiar otra carrera.
4. Sería más fácil emprender un negocio que buscar otro puesto.

e En cadena. ¿Qué recomendarías para sentirse mejor en el trabajo? Cada uno/-a da una idea, pero sin repetir los verbos.

cantar • hacer • decir • poner • reír • trabajar • ir • hablar • tomar • salir • tener

f Contesta a estas preguntas y después pregunta a dos personas más. Al final, elige una información que te ha sorprendido y cuéntasela al resto de la clase.

¿En qué empresa / sector te gustaría trabajar?
¿Sin qué objeto no podrías hacer tu trabajo?
¿Qué no harías nunca por tu empresa?
¿Qué consejos darías a alguien que empieza a trabajar?
¿Adónde te gustaría llegar profesionalmente?

↗ 7-10

6 Prepararse para el cambio

a María decide asistir a un encuentro para emprendedores. Escucha la charla de un experto sobre cómo emprender un negocio. ¿Cuáles de estos temas crees que va a mencionar? ▶ 42

☐ habilidades ☐ responsabilidad ☐ clientes ☐ riesgo
☐ competencia ☐ financiación ☐ equipo ☐ formación

b Escucha otra vez y comprueba. Luego, relaciona los ejemplos con los temas.

1. Pongamos, por ejemplo, la habilidad para trabajar en equipo.
2. Un ejemplo típico: quieres crear una revista, pero ya hay demasiadas.
3. Un ejemplo de esto son las tensiones cuando un socio hace más que otros.
4. El clásico ejemplo es el empleado que piensa que es capaz de llevar una empresa.

dar ejemplos
Un ejemplo de esto…
Un típico ejemplo…
El clásico ejemplo es…
Pongamos, por ejemplo…

c En grupos de cuatro, elegid una de las siguientes afirmaciones. Después, dos personas preparan argumentos a favor y las otras dos, en contra. Al final, intercambiad vuestras ideas.

↗ 11-12

> Si no puedes cambiar las cosas, cambia tu actitud.

> Solo tienen éxito los que emprenden un negocio solos.

7 Hablar de cambios

Piensa en un aspecto que mejorarías en tu empresa o escuela y busca argumentos para defender tu idea. Después, en grupos, intercambiad vuestras ideas y elegid la mejor. Al final, se presentan las propuestas de cada grupo y se elige una.

Planes de futuro

8 Invertir en el futuro

a ¿En qué deberían invertir más las empresas? En parejas, ordenad estos aspectos según os parezcan más (1) o menos (5) importantes para el futuro de una empresa.

formación • responsabilidad social • innovación • atención al cliente • internacionalización

b Lee el siguiente artículo. ¿Qué aspectos de 8a se mencionan?

Un nuevo "cerebro" para gestionar el futuro de Mercadona

Una de las claves del sector de la alimentación y distribución es atender lo más rápido posible las demandas de los consumidores. Por esa razón, es vital gestionar casi en tiempo real la información entre las tiendas y los centros de distribución.

La cadena de supermercados Mercadona, fiel a su política de I+D (investigación y desarrollo), es una de las empresas de este sector que más está innovando en la gestión de la información. Dentro de su plan estratégico su objetivo más importante es mejorar la comunicación entre las 1500 tiendas que tiene en todo el país y sus centros logísticos.

Para ello invertirá 126 millones de euros en un sistema informático para la transformación digital de toda la empresa. De este presupuesto, 45 millones de euros serán solo para el nuevo "cerebro" informático. Con este sistema se podrán gestionar en tiempo real todas las tiendas las 24 horas del día. Gracias a este gran "cerebro", por ejemplo, los responsables de cada uno de los supermercados se podrán comunicar con los proveedores, tanto grandes como pequeños, en cualquier momento y desde cualquier lugar. De esta forma se tendrá la posibilidad de coordinar los pedidos al día con los múltiples productores según las necesidades reales de los consumidores.

Según el presidente de Mercadona, Juan Roig Alfonso, "es algo que puede salir mal por su complejidad técnica, pero estoy convencido de que será un triunfo."

Adaptado de Fernando Sanz, www.cincodias.com, 2014

c Busca en el texto la información sobre estos aspectos del plan estratégico de Mercadona.

objetivos: _____
acciones: _____
recursos: _____

d En el texto hay una nueva forma verbal: el futuro. Busca las formas y escribe su infinitivo. ¿A qué otra forma verbal te recuerda? ¿Qué es igual? ¿Qué es diferente?

futuro	hablar de acciones futuras
trabajar**é**	
trabajar**ás**	Mercadona invertirá 126 millones de euros en un nuevo sistema.
trabajar**á**	45 millones de euros serán para el "cerebro" informático.
trabajar**emos**	Con este sistema se podrán gestionar todas las tiendas.
trabajar**éis**	Si sale bien, será un triunfo.
trabajar**án**	

13–14

> verbos irregulares, p. 84

7 // Proyectos de futuro

e Completa estas frases con la información del texto y con tus propias palabras.

1. Si buscas el éxito en el sector de la alimentación, …
2. Para cumplir los objetivos de su plan estratégico, Mercadona…
3. Si los proveedores contactan en tiempo real con las tiendas, los pedidos…
4. Si el programa funciona, la inversión…

> **OJO**
> Si ~~saldrá~~ sale bien, es / será un éxito.

9 Así será el futuro

a ¿Cómo será el mundo laboral en diez años? Combina las partes de frases usando la forma correcta del verbo.

En el futuro	mucha gente	dedicarse al sector de las nuevas tecnologías.
Quizás	muchas empresas	ser más especializado.
A lo mejor	el trabajo	cambiar de profesión.
Probablemente	algunas personas	salir de su país para estudiar y trabajar.
		tener menos empleados fijos.

> **hacer hipótesis**
> quizá(s)
> a lo mejor
> probablemente

b ¿Cómo será tu vida en diez años? Cierra los ojos e imagina tu lugar de residencia, tu familia y tus actividades de tiempo libre. Después, haz dibujos para representar cada uno de los aspectos. Al final, muéstraselos a tu compañero/-a que intenta adivinar cuáles son tus planes.

c Escucha a estas personas que hablan de sus planes profesionales y toma notas de estos aspectos. Luego, haz un breve resumen de cada uno. ▶▶ 43–44

	MARIANA ÁLVAREZ	SERGIO SOTO
situación actual:		
meta profesional:		
aprendizaje:		
dinero:		
relaciones personales:		

15–17

10 Mi plan de carrera

a ¿Dónde te ves profesionalmente en cinco años? Completa tu plan.

EN CINCO AÑOS…

1º **META PROFESIONAL:** qué haré y dónde estaré

2º **INGRESOS DESEADOS:** dinero que quiero y necesito ganar

3º **HABILIDADES E INTERESES ACTUALES:** qué sé hacer y qué me gusta

4º **REQUISITOS:** qué formación, habilidades y contactos necesitaré

5º **AMENAZAS:** qué problemas podrán aparecer

b Muéstrale el plan a tu compañero/-a. ¿Tiene algún consejo?

Te toca a ti

EL CASO: nuevos proyectos

La Dirección general tiene que aprobar los presupuestos generales para el próximo año y cada uno de los departamentos ha estado trabajando en su plan estratégico. El presupuesto para este año ha aumentado gracias a los buenos resultados obtenidos. Por ese motivo, además de cubrir los gastos previstos, la Dirección les ha pedido que presenten propuestas para invertir un total de 50 000 €. A la Dirección le preocupa especialmente la inversión en tecnología e investigación y desarrollo. Al final, estas son las propuestas que han presentado los departamentos de RR. HH., Producción y Logística, Finanzas, Marketing y Ventas.

RECURSOS HUMANOS
programa de coaching para empleados destacados
20 000 €

PRODUCCIÓN Y LOGÍSTICA
renovación de flota
50 000 €

MARKETING Y VENTAS
programa para gestionar redes sociales y de fidelización de clientes
15 000 €

FINANZAS
nuevo programa de contabilidad
10 000 €

11 Tu tarea

a Resume la tarea de la Dirección general.

b En grupos, decidid qué inversión es más importante para la empresa y por qué.

c Por turnos, presentad vuestra decisión al resto de la clase.

d Y tú, ¿sabes exactamente en qué gastas tu dinero? ¿Has elaborado alguna vez un presupuesto personal para saber cuánto ganas y cuánto gastas?

LLEGAR A CONCLUSIONES
> En resumen, …
> Para resumir, …
> Para concluir, …
> En pocas palabras, …

7 // Revista de negocios

GUATEMALA
Capital Ciudad de Guatemala
Población 15,5 millones
Superficie 108.889 km²
PIB $53,8 mil millones
Moneda quetzal
Lengua oficial español
Temperatura máx. 29° mayo, mín. 12° enero

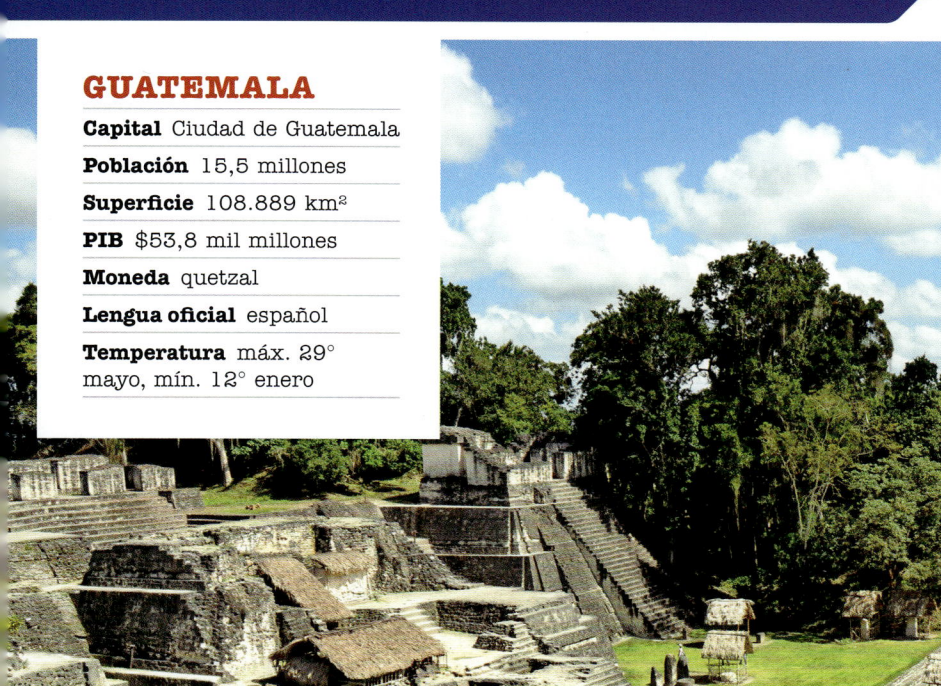

Guatemala significa "lugar de muchos árboles"

se hablan **23** dialectos mayas

principal exportador de cardamomo y quinto de azúcar

quetzal, el símbolo del país

Tikal, uno de los centros más importantes del imperio Maya

Izabal, una cascada de agua caliente

// GUATEMALA //
Cultura viva y milenaria

"Lo primero que tuve que aprender para hacer negocios aquí es a regatear. Para los negociadores guatemaltecos el elemento esencial es el precio, por eso el regateo es una costumbre muy habitual. Además, he notado que las negociaciones se realizan de manera bastante general y no punto por punto y, al final, el aspecto más importante es siempre el precio.

Al principio no sabía que a los guatemaltecos les cuesta mucho decir *no* directamente en sus negocios con empresas extranjeras. En lugar de un *no* usan expresiones indirectas como *la verdad es que*… o *fíjese que*…, *va a ser difícil*… Solo al final entendí que estas expresiones deben entenderse como un *no* claro."

Michael Lotz (Alemania), director de comunicación

¿Regatear es una costumbre habitual en tu país? ¿Has regateado alguna vez?

Comunicación

hablar de la trayectoria profesional

Estudié Diseño industrial en la UNAM.
Ya había terminado mi carrera cuando fui a Francia.
Aunque había creado el prototipo, necesitaba más dinero.
Antes de pedir el crédito, mi familia me había ayudado.

hacer sugerencias

Deberías analizar varios aspectos.
Yo que tú haría un curso de formación.
Sería mejor ampliar tu experiencia.

hablar de acciones futuras

En el futuro mucha gente cambiará de profesión.
La empresa invertirá en un proyecto informático.
La inversión será un éxito.

hacer hipótesis

Muchas empresas tendrán quizás menos empleados fijos.
A lo mejor mucha gente saldrá del país para trabajar.
Probablemente el trabajo será más especializado.

dar ejemplos

Pongamos, por ejemplo, …
Un ejemplo típico: un antiguo empleado…
El clásico ejemplo es un equipo que se lleva mal.
Un error, como por ejemplo, calcular mal…

mostrar cortesía

¿Podría darme un consejo?
¿Le importaría si cierro la ventana?
Yo diría que no es así.

expresar condiciones

Si la inversión sale bien, será un triunfo.
Si aprendo otro idioma, tendré más posibilidades.
Si quieres tener éxito, tienes que tener buenas ideas.

hablar de planes

En cinco año quiero vivir en Perú.
Me gustaría trabajar en una empresa pequeña.
Haré un curso de formación.

Gramática

el pluscuamperfecto > 3.4

	haber (imperfecto)	+ participio
yo	había	
tú	habías	trabajado
él / ella / usted	había	tenido
nosotros/-as	habíamos	pedido
vosotros/-as	habíais	hecho
ellos / ellas / ustedes	habían	

Usamos el **pluscuamperfecto** para hablar de acciones que sucedieron antes de otra acción en el pasado.

el condicional > 3.6

	regular	irregulares
yo	informaría	decir > diría
tú	informarías	hacer > haría
él / ella / usted	informaría	poder > podría
nosotros/-as	informaríamos	poner > pondría
vosotros/-as	informaríais	tener > tendría
ellos / ellas / ustedes	informarían	hay > habría

Las terminaciones del **condicional** se añaden al infinitivo y son iguales para todas las conjugaciones.
Usamos el condicional para expresar cortesía y hacer sugerencias.

el futuro > 3.5

	regular	irregulares
yo	trabajaré	decir > diré
tú	trabajarás	hacer > haré
él / ella / usted	trabajará	poder > podré
nosotros/-as	trabajaremos	poner > pondré
vosotros/-as	trabajaréis	tener > tendré
ellos / ellas / ustedes	trabajarán	hay > habré

Las terminaciones del **futuro** se añaden al infinitivo y son iguales para todas las conjugaciones.

las oraciones condicionales reales > 6.2.7

oración subordinada	oración principal
Si no contesta,	llame más tarde.
Si reciben la subvención,	pueden / podrán expandirse.

OJO La condición nunca se expresa en futuro:
Si ~~lloverá~~ llueve, iremos de excursión.

Visitas de empresa // 8

describir las actividades de una empresa // hablar de cantidades y pesos // expresar deseos y sentimientos // valorar una información // negociar

1 Una tarjeta de visita, una oportunidad

a Mira las tarjetas. ¿Qué datos aparecen? ¿Qué otra información puede aparecer?

nombre, dirección, ...

b ¿Qué tarjeta te gusta más? ¿Por qué?

c ¿Tienes tarjeta de visita? ¿Cómo es? Imagina cómo sería tu tarjeta ideal.

d ¿Crees que son necesarias hoy en día las tarjetas de visita? ¿Qué haces con las tarjetas que recibes? Comenta estos aspectos con tus compañeros.

ochenta y cinco **85**

Bienvenidos

2 De visita a una empresa

a ¿Has ido de visita a una empresa alguna vez? Comenta con tu compañero/-a la visita y si recuerdas algo en especial sobre ella. ¿Qué empresa os gustaría conocer?

b En grupos de tres, comentad qué motivos pueden tener estas personas para ir de visita a una empresa.

un/a estudiante • un/a empresario/-a • un/a compañero/-a de otra filial

c En la empresa Carmencita reciben a unos posibles clientes. Mira las fotos y relaciona con estos lugares.

☐ almacén ☐ tienda ☐ laboratorio ☐ planta de empaquetado

d ¿En qué orden crees que harán la visita? Escucha y comprueba tus hipótesis. ▶ 45

e Escucha otra vez y completa las frases con los datos correspondientes.

1. En estas instalaciones de unos _____ m² se preparan las especias.
2. Aquí se producen anualmente más de _____ de azafrán.
3. En nuestros casi _____ años de historia no hemos dejado de innovar.
4. Del almacén salen más de _____ de tarros de especias.
5. Estas especias se distribuyen a más de _____ países.
6. Hoy por hoy, tenemos más de _____ referencias de productos.

cantidades
mil
un millón
mil millones
un billón

pesos
gramo
kilo(gramo)
tonelada

f Comenta con tu compañero/-a qué lugares de tu empresa o escuela mostrarías durante una visita.

Yo primero mostraría…

Pues yo los llevaría primero a…

8 // Visitas de empresa

3 Ha sido un placer tenerlos aquí...

a Lee lo que dice el director de Carmencita. ¿En qué situación saluda a los clientes y en cuál se despide de ellos?

" Confío en que la visita **haya sido** de su agrado. Si tienen alguna pregunta o desean que les **demos** más información, no duden en ponerse en contacto con nosotros. "

" Espero que **hayan tenido** un buen viaje. Es un placer para mí darles la bienvenida y me alegro de que **podamos** conocernos personalmente. "

b Fíjate en los verbos en negrita y decide cuáles se refieren a una acción pasada, una acción presente o futura.

c Completa la tabla con las expresiones de los textos.

deseos y sentimientos	acción presente o futura	acción pasada
	la visita sea de su agrado.	_____ de su agrado.
Espero que	tengan un buen viaje.	_____ un buen viaje.
	_____ conocernos.	hayamos podido conocernos.
Siento que	no tengamos más tiempo.	no hayamos tenido más tiempo.

el perfecto de subjuntivo
haya
hayas
haya   + participio
hayamos
hayáis
hayan

d Imagina que hoy llegan a tu empresa unos clientes muy importantes. ¿Qué piensas en cada una de estas situaciones?

1. Los clientes se retrasan. *Espero que llamen... / que no hayan tenido...*
2. El proyector no funciona.
3. Los clientes quieren hablar con tu jefe/-a directamente.
4. La sala que habías reservado para la reunión está ocupada.

↗ 4-6

4 El juego de la conversación social

En grupos de tres, jugad con una moneda (cara = una casilla, cruz = dos casillas). Por turnos, una persona tira la moneda y reacciona a la situación de la casilla, expresando un deseo o sentimiento.

1. Te despides de un cliente al que le has hecho una oferta.
2. Tu jefa ha vuelto de vacaciones.
3. Tu compañero ha entregado su proyecto.
6. Recibes a una clienta que viene a la empresa.
5. Tu compañera ha tenido su evaluación del año.
4. Haces un regalo a una compañera.
7. Tu compañero se va de tu fiesta.
8. Tu compañero ha vuelto después de estar una semana de baja.
9. Tu compañera se ha olvidado en casa de unos documentos.

1. Espero que la oferta haya sido de su agrado.

El arte de negociar

5 **Cada persona, un estilo**

a En grupos, haced una lista con las habilidades que son necesarias para negociar con éxito. Después, comparad vuestros resultados con el resto de la clase.

> Es importante saber escuchar bien.

> Pues para mí…

b Leed el siguiente texto y comparad los consejos con vuestras ideas.

CÓMO NEGOCIAR BIEN

1 Es fundamental que el proceso de comunicación sea fluido. El negociador tiene que escuchar a todas las partes interesadas, pero también ofrecer un discurso convincente y adecuado para la ocasión.

2 Es imprescindible que el negociador prepare su discurso antes de reunirse con la otra parte. De esta forma no olvidará ningún punto importante que desee tratar en el encuentro.

3 Es esencial que el negociador dé sensación de seguridad. Si no cree en su propio proyecto o en su potencial, difícilmente convencerá a otros.

4 La otra parte de la negociación no tiene que ser considerada como enemiga, sino como aliada. Cuando se estudia y analiza a otros negociadores, se pueden aprender muchos trucos y formas efectivas para negociar.

5 Un buen negociador es un especialista en su área y, por lo tanto, debe estar siempre al día, leyendo literatura especializada, periódicos, revistas u otros recursos informativos que proporcionen datos sobre su sector.

Adaptado de Raquel Ballesteros, www.uncomo.com, 2015

c Relaciona cada uno de los títulos con el párrafo correspondiente.

☐ observación   ☐ autoconfianza   ☐ preparación   ☐ información   ☐ comunicación

d Busca en el texto tres sinónimos de *es importante que*. Después, fíjate en las frases que se introducen con estas expresiones. ¿En qué tiempo están?

e Tu compañero/-a tiene que negociar las condiciones de un contrato con un nuevo cliente y te pide consejo. ¿Qué le dices? Forma frases con los siguientes elementos.

	Es conveniente	tú	buscar información sobre los clientes.
	Es fundamental	el jefe / la jefa	establecer una estrategia.
(No)	Es buena idea	vosotros	decidir de antemano qué puedes ofrecer.
	Es imprescindible	el / la asistente	basarse en un acuerdo escrito.
	Es esencial	—	hacer un protocolo.

↗ 7–9

Recuerda
Es importante **ir**. *(en general)*
Es importante **que vaya**. *(él)*

8 // Visitas de empresa

6 Nuestras condiciones

a La empresa Textiles Aliaga ha encontrado un nuevo proveedor. Hoy tienen una reunión para hablar del contrato. ¿Qué temas crees que se van a tratar?

- ☐ garantía
- ☐ plazos de entrega
- ☐ precio por unidad
- ☐ transporte
- ☐ condiciones de pago
- ☐ descuentos

b Escucha y comprueba. Luego, completa el acta con las condiciones que se acuerdan. ▶▶ 46

ACTA

LUGAR: Textiles Aliaga S.A.
FECHA Y HORA: 28 de febrero, de 15:00 a 17:00

ASISTENTES: Ismael Peral, Isabel Sotomayor (Sotomayor S.L.)

ORDEN DEL DÍA:
1. Presentación
2. Condiciones del contrato

ASUNTOS TRATADOS Y ACUERDOS:
Las dos partes llegaron a los siguientes acuerdos.
a) Precio por unidad y descuentos:
   El precio por unidad es de _____
   El comprador recibirá un descuento del _____ si hace un pedido de _____

b) Plazos de entrega, condiciones de pago y transporte:
   El proveedor se compromete a entregar la mercancía en _____
   El comprador puede pagar la mercancía en _____
   El comprador expresa su deseo de _____

> más abreviaturas, p. 162

c Vuelve a escuchar y marca las expresiones que escuchas. ¿Cómo se dicen en tu idioma?

referirse a temas	pedir la palabra	aclarar y pedir aclaraciones
En cuanto a…	Yo quería comentar que…	Es decir… / O sea…
Respecto a…	Déjeme decir algo.	Eso quiere decir que…
Por lo que se refiere a…	Perdone que interrumpa.	Si he entendido bien…
Eso de que…	Solo una cosa (más).	¿A qué se refiere con eso?

d En los países hispanohablantes es normal interrumpir a las otras personas. ¿Y en tu país? ⬈ 10

7 Preparar una visita

a En parejas, imaginad que una persona muy importante va a ir de visita a vuestra empresa o escuela. Haced una lista con algunas ideas sobre los siguientes aspectos.

fecha • lugar • asistentes • orden del día • hotel • cena

b Explicad a otra pareja vuestros planes. Ellos os interrumpen constantemente e intentan convenceros de que sus ideas son mejores. Al final, intentad llegar a un acuerdo.

Mereció la pena

8 Cada cultura, un mundo

a A la hora de organizar una visita o un encuentro con personas de otros países es importante observar las posibles diferencias culturales. Marca las respuestas según tu opinión. No hay respuestas correctas o falsas.

¿SOMOS TODOS IGUALES?

1 Si tengo que tomar una decisión,
☐ no lo pienso mucho.
☐ necesito mucho tiempo.

2 Normalmente las reuniones en mi país son
☐ muy formales y ordenadas.
☐ desordenadas y con interrupciones.

3 Los títulos universitarios
☐ hoy en día no son tan importantes.
☐ dan una idea del estatus de la persona.

4 En las reuniones
☐ me gusta decir claramente lo que pienso.
☐ me cuesta hablar abiertamente.

5 Si un cliente o un compañero me invita a un acto informal,
☐ evito absolutamente hablar de trabajo.
☐ aprovecho para hablar de trabajo.

6 En una reunión se saluda primero
☐ a la persona de mayor rango.
☐ a la persona de mayor edad.

---

adverbios en -mente
normal > normalmente
abierto/-a > abiertamente

OJO
El objetivo es **claro**.
Habla **claramente**.

b Compara los resultados con tu compañero/-a. ¿Hay muchas diferencias?

9 Experiencias en el extranjero

a Estos profesionales nos hablan de sus experiencias en México, Holanda, Marruecos y China. Lee los textos y di a qué país crees que se refieren.

Me llamó la atención que en las reuniones todos dieran siempre su opinión. Cada uno dice abiertamente lo que piensa. Soledad García

Fue muy difícil que nos aceptaran al principio y que confiaran en nosotros. Preferían que en las reuniones tuviéramos un intérprete del país. Juan Martínez

No esperaba que los títulos universitarios fueran tan importantes. Es fundamental que preguntes qué título tiene la persona con la que vas a hablar. Lorena Hermoso

Me sorprendió que necesitaran tanto tiempo para tomar una decisión. Firmar un acuerdo es un proceso muy lento y burocrático. David Uribe

b Escucha la entrevista y comprueba tus hipótesis. ¿Fue una experiencia positiva para todos? ¿Te ha sorprendido alguna información? ▶▶ 47–50

8 // Visitas de empresa

c En el texto aparece una nueva forma verbal, el imperfecto de subjuntivo. Completa.

	-ar	-er / -ir	irregulares	
yo	acept**ara**	exist**iera**	ser / ir	> fu**era**
tú	acept**aras**	exist**ieras**	dar	> d**iera**
él / ella / usted	acept**ara**	exist**iera**	estar	> estuv**iera**
nosotros/-as	acept**áramos**	exist**iéramos**	poder	> pud**iera**
vosotros/-as	acept**arais**	exist**ierais**	tener	> tuv**iera**
ellos / ellas / ustedes		exist**ieran**	haber	> hub**iera**

OJO
indefinido: fue**ron**
imp. de subj.: fu**era**

↗ 11

d Subraya en los textos de 9a con dos colores diferentes los verbos que están en presente o imperfecto de subjuntivo. ¿Has notado cuándo se usa cada tiempo? Completa la tabla con otros ejemplos.

expresar deseos y valorar	
presente	Si te invitan a casa, **es** mejor que no **hables** de negocios.
pasado	**Fue** muy difícil que nos **aceptaran** al principio.

concordancia de tiempos
presente + _____
pasado + _____

e En parejas, completad estas frases con la información de las entrevistas.
1. A David le llamó la atención que…
2. Según Lorena, en México es importante que en los encuentros informales…
3. Soledad no esperaba que en Holanda la gente en las reuniones…
4. Juan comentó que sus compañeros en China querían que…

10 Tu último viaje
Piensa en el país donde estuviste en tu último viaje. Apunta algunos aspectos que te sorprendieron o te llamaron la atención.

 comida _____

 saludos _____

ropa _____

 horarios _____

 transporte _____

 ocio _____

↗ 12–14

11 Tus experiencias por el mundo
a ¿Qué debería saber una persona que quiere trabajar o hacer negocios en tu país? En parejas, comentad los siguientes aspectos. Podéis añadir otros.

¿Hay muchas o pocas normas? • ¿Qué es más importante para los empresarios? •
¿Qué valor tienen los acuerdos verbales? • ¿Cómo debe prepararse la agenda? • …

b Comparad los resultados con dos compañeros. Al final, escribid una lista de recomendaciones para publicar en una revista de negocios.

Te toca a ti

EL CASO: la internacionalización

Menfer, en su proceso de internacionalización, quiere empezar a exportar sus productos a China. El problema es que no tiene experiencia en este país y por eso, el departamento de Ventas pide asesoramiento a INTEC, una asesoría especializada en los mercados asiáticos. Esta asesoría les ofrece varios servicios y les recomienda, para empezar, organizar una visita a los posibles socios o clientes. Durante este viaje de una semana tendrían la oportunidad de comprobar si hay suficiente interés por sus productos en este país. Como el departamento de Ventas dispone ya de algunos contactos por las ferias a las que han asistido, tiene que decidir si es mejor contratar todos los servicios o solo algunos. Tienen un presupuesto de 2500 € para invertir en la preparación del viaje, gastos de transporte y alojamiento.

INTEC ASESORES

Quiénes somos Nuestros servicios Exportación Inversión exterior

Asesoría integral para la internacionalización

TIPO DE SERVICIO	TARIFA
Identificación de posibles socios o clientes	500 €
Estudio de mercado	500 €
Presentación de empresa	500 €
Agenda de visitas	750 €
Seminario intercultural	750 €
Contratación de intérprete	500 €
Reserva de viajes	250 €

12 Tu tarea

a Resume la tarea del departamento de Ventas.

b En grupos de tres, decidid los servicios que debería contratar Menfer y buscad argumentos para justificar vuestra propuesta.

c Presentad vuestra propuesta a los otros y discutid qué propuesta es la mejor.

d ¿Has trabajado o visitado alguna empresa en el extranjero? ¿Cómo fue la experiencia?

CONTRAARGUMENTAR
> Puede ser, pero…
> En cierto modo sí, pero…
> Tal vez, pero…
> Sí, aunque…

8 // Revista de negocios

HONDURAS
Capital Tegucigalpa
Población 8,5 millones
Superficie 112.492 km²
PIB $18,6 mil millones
Moneda lempira
Lengua oficial español
Temperatura máx. 30° abril, mín. 14° enero

Copán, las ruinas mayas mejor conservadas del mundo

 más del 80% del territorio es montañoso

la segunda mayor barrera coralina del mundo

 mayor emigración de Centroamérica

uno de los mayores exportadores de bananas del mundo

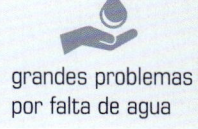 grandes problemas por falta de agua

// HONDURAS //
Tierra de cielos abiertos

" Para el empresario hondureño la relación personal es muy importante, y para hacer negocios se recomienda una visita personal o llamar por teléfono y no usar solo el correo electrónico. La toma de decisiones puede resultar lenta porque no les gusta correr riesgos y en general son muy cuidadosos a la hora de realizar nuevas inversiones. En la mayoría de los casos se delega la decisión a las personas de mayor edad. Aquí son muy importantes los grados académicos y títulos profesionales, por eso se recomienda mencionarlos cuando te presentas y tratar a las personas con las que negocias utilizando los títulos de *doctor*, *ingeniero*, *abogado*, etc. Si alguien no tiene título, se utiliza *señor* o *señora*. En las reuniones es normal hablar de la familia y los hijos, pero es mejor evitar temas como la religión, la política, las diferencias raciales o el tráfico de drogas. "

Santiago Morales (Chile), profesor de Economía

**¿Qué importancia tienen los grados académicos en tu entorno laboral?
¿Y qué temas de conversación es mejor evitar?**

Comunicación

describir las actividades de una empresa

En nuestras instalaciones se preparan las especias.
Aquí se producen más de dos toneladas de azafrán.
En el laboratorio se hacen los análisis de calidad.
En la planta de empaquetado se envasa todo a mano.
Del almacén salen 20 millones de tarros de especias.
En la tienda encontrarán todos nuestros productos.

hablar de cantidades y pesos

mil	gramo
un millón	kilo(gramo)
mil millones	tonelada
un billón	
mil billones	
un trillón	

expresar deseos y sentimientos

Me alegro de que podamos conocernos personalmente.
Deseamos que nos den más información.
Siento que no tengamos más tiempo.

Espero que hayan tenido un buen viaje.
Me encanta que todo haya salido bien.
Confío en que la visita haya sido de su agrado.

valorar una información

Es importante saber escuchar bien.
Es conveniente establecer una estrategia.
Es buena idea hacer un acta.

Es fundamental que el proceso de comunicación sea fluido.
Es imprescindible que el negociador prepare su discurso.
Es esencial que el negociador dé sensación de seguridad.

negociar

referirse a temas	pedir la palabra	aclarar y pedir aclaraciones
En cuanto a…	Yo quería comentar que…	Es decir… / O sea…
Respecto a…	Déjeme decir algo.	Eso quiere decir que…
Por lo que se refiere a…	Perdone que interrumpa.	Si he entendido bien…
Eso de que…	Solo una cosa (más).	¿A qué se refiere con eso?

Gramática

el perfecto de subjuntivo > 3.9

	haber	+ participio
yo	haya	
tú	hayas	
él / ella / usted	haya	visitado
nosotros/-as	hayamos	ido
vosotros/-as	hayáis	vuelto
ellos / ellas / ustedes	hayan	

El **perfecto de subjuntivo** se usa en los mismos casos que el **presente de subjuntivo**, pero para referirse al pasado:
Espero que **tenga** un buen viaje.
Espero que **haya tenido** un buen viaje.

adverbios en -mente > 4.1.1

claro/-a > cla**ra**mente
normal > normal**mente**
triste > triste**mente**

Estos adverbios se forman a partir de un adjetivo añadiendo **-mente** a la forma femenina.
OJO fácil > fácilmente

el imperfecto de subjuntivo > 3.10

	-ar	-er / -ir	irregulares	
yo	acept**ara**	exist**iera**	ser / ir	> fuera
tú	acept**aras**	exist**ieras**	dar	> diera
él / ella / usted	acept**ara**	exist**iera**	estar	> estuviera
nosotros/-as	acept**áramos**	exist**iéramos**	poder	> pudiera
vosotros/-as	acept**arais**	exist**ierais**	tener	> tuviera
ellos / ellas / ustedes	acept**aran**	exist**ieran**	haber	> hubiera

Para formar el **imperfecto de subjuntivo** partimos de la 3ª persona del plural del indefinido:
ellos aceptaron > aceptara
ellos existieron > existiera
ellos fueron > fuera

la concordancia de tiempos > 3.12

presente	pasado
Espero que nos **acepten**.	**Esperaba** que nos **aceptaran**.
Me sorprende que **necesiten** tanto tiempo.	**Me sorprendió** que **necesitaran** tanto tiempo.
Es importante que **haya** un intérprete.	**Fue importante** que **hubiera** un intérprete.

Cuando las expresiones que exigen el subjuntivo están en presente, se usa el **presente** o **perfecto de subjuntivo**.
Cuando las expresiones están en indefinido o imperfecto, se usa el **imperfecto de subjuntivo**.

Etapa 4

Presentar mejor

1 Saber reaccionar

a Lee la lista de problemas que se pueden dar en una presentación y relaciónalos con los aspectos de la derecha.

1. El público no puede seguir.
2. El público no ha entendido algo.
3. La conexión a Internet no funciona.
4. El / La ponente se queda en blanco.
5. El / La ponente no sabe responder a una pregunta.
6. El / La ponente se pasa del tiempo.

a. estructura
b. gestión del tiempo
c. contenido
d. actuación
e. medios

b Lee cómo han reaccionado unas personas a problemas que han surgido. ¿A qué situaciones de 1a se refieren?

- ☐ "Son cosas de la técnica, pero no importa porque…"
- ☐ "Lo siento, quizá no me he expresado bien."
- ☐ "Como no nos queda mucho tiempo, me gustaría acabar con… "
- ☐ "Es una pregunta muy interesante. Me voy a informar para poder dar una respuesta."

c ¿Te ha sucedido alguna vez algo similar? ¿Cómo reaccionaste?

2 Vuestra presentación

a Es la hora de poner a prueba lo que habéis aprendido hasta ahora. En grupos de tres, elegid una presentación que ya habéis hecho (por ejemplo, en la página 77). Reelaboradla o preparad una nueva sobre un tema que os interese.

> ensayar, p. 97

b Unos voluntarios hacen la presentación. El resto valora cómo lo hacen con ayuda de esta tabla. (Si os parece necesario, podéis añadir más criterios o eliminar alguno.)

En general, la presentación me ha parecido:

☐ divertida   ☐ interesante   ☐ correcta   ☐ larga   ☐ _____

		SÍ	NO
estructura	¿La estructura es clara?	☐	☐
	¿Hay una secuencia lógica entre las partes?	☐	☐
gestión del tiempo	¿Han repartido bien el tiempo entre las partes?	☐	☐
	¿Han respetado el tiempo permitido?	☐	☐
contenido	¿Dominan el tema?	☐	☐
	¿Pueden contestar a todas las preguntas?	☐	☐
actuación	¿Hablan con fluidez y no leen?	☐	☐
	¿Interactúan con el público?	☐	☐
medios	¿Han usado distintos medios?	☐	☐
	¿Las diapositivas están bien elaboradas?	☐	☐

Dinámica: Valores

GRUPO: individual y en dos grupos
TIEMPO: 30 minutos
DINÁMICA:
> Marca los valores con los que estás de acuerdo y ordénalos por su importancia. Luego, tacha los valores que rechazas.
> Se divide la clase en dos grupos con características comunes, por ejemplo hombres y mujeres. Se comparan los cuestionarios y se escriben en una hoja los valores que todos han aceptado y rechazado.
> Se cuelgan las hojas en la pared y se leen sin discutirlas.
> En el pleno, cada persona dice qué le ha sorprendido de su grupo y del otro.

- ser leal y sincero/-a
- cumplir las leyes o normas sociales
- ganar mucho dinero
- correr riesgos
- ser el primero / importante
- ser famoso/-a
- ayudar a los demás
- disfrutar de los placeres de la vida
- tener libertad para hacer lo que quiero
- ser autosuficiente o independiente
- ser feliz
- trabajar duro
- ser creativo y productivo
- tener muchos amigos

Estrategias y dinámicas

ETAPA 1
cómo seleccionar la información: es recomendable identificar primero el vocabulario que vas a necesitar. En Internet existen muchos diccionarios en línea: bilingües (PONS), monolingües (Real Academia Española), pero también combinatorios (REDES). Piensa en todos los materiales que puedes usar: vídeos, programas de televisión, revistas…

ETAPA 2
cómo empezar: el principio de una presentación debe cumplir una de estas funciones: captar la atención del público, mostrar la importancia del tema, demostrar la credibilidad del ponente o explicar en qué dirección nos va a llevar la presentación. Piensa que en los primeros segundos, por las transparencias y por tu lenguaje verbal y corporal, el público ya sabe cómo eres, cómo va a ser la charla y si les va a interesar o aburrir.

ETAPA 3
cómo elaborar diapositivas: cuando vayas a presentar, piensa que menos es más. Las preguntas de la actividad te ayudan a concentrarte en lo más importante. Usa también distintos tipos de gráficas según la información que presentes:

- de barras: comparar valores

- circular: mostrar porcentajes y proporciones

- de líneas: mostrar cómo cambia el valor de algo

ETAPA 4
ensayar: es conveniente ponerse de pie y repetir en voz alta lo que quieres decir en cada diapositiva. El ensayo debe durar tanto como la presentación final, así podrás controlar si te ajustas al tiempo. Es recomendable no agotar más del 80 % del tiempo. La mejor manera de comprobar que lo haces bien es grabarte en vídeo.

DINÁMICA La historia
Después de una reunión en un país extranjero, un joven ejecutivo, poco experimentado y con gran motivación, se deja convencer por su cliente para salir por la noche y bebe demasiado.

Al día siguiente se encuentra en un hotel al otro lado del río. Para llegar a su hotel y evitar que lo descubra su jefe (que es muy estricto y no soporta a la gente que bebe alcohol) tiene que cruzar un puente, pero un policía se lo impide porque van a pasar por allí los participantes en una maratón. El ejecutivo corre hacia un barquero que pasa gente con una barca, e intenta explicarle su situación, pero este se niega a pasarlo si no paga de antemano. Entonces el ejecutivo vuelve al hotel y le pide al cliente dinero, pero este se niega sin dar más explicaciones.

El ejecutivo va entonces a pedir ayuda a una oficina de Correos que hay al lado del hotel. Le cuenta todo a una empleada y le pide dinero, pero ella no le entiende nada y no le ayuda.

El ejecutivo intenta de nuevo ir en barca, pero el barquero no le deja. Entonces, desesperado, decide cruzar el puente, en el que el policía no está porque se ha ido a comprar un bocadillo. Empieza a correr, pero cuando está en la mitad, como va demasiado rápido, se cae, se da un golpe en la cabeza y acaba en el hospital.

RESULTADOS DEL TEST DE COMUNICACIÓN

Mayoría de A: tu estilo de comunicación es más bien pasivo. Pero recuerda: tú eres importante. Para conseguir tus objetivos, tienes que tener más confianza en ti mismo/-a.

Mayoría de B: estás muy seguro/-a de tus opiniones y tratas de imponerlas. Sin embargo, deberías escuchar un poco más, porque quien sabe escuchar, es capaz también de comunicarse de manera más eficaz.

Mayoría de C: tienes un estilo de comunicación positivo con un gran control sobre tus palabras y además sabes escuchar, los otros se sienten cómodos hablando contigo.

Gramática

1. Das Substantiv und seine Begleiter S. 99
1.1 Wortbildung
1.2 Der neutrale Artikel *lo*
1.3 Steigerung und Vergleich des Adjektivs
Der absolute Superlativ auf *-ísimo*

2. Pronomen und Begleiter S. 100
2.1 Die Personalpronomen
Die Objektpronomen
Die Verdoppelung des Objektpronomens
Zwei Objektpronomen im Satz
Die Reflexivpronomen
Der Gebrauch von *se*
2.2 Die Possessiv- und Demonstrativbegleiter
2.3 Die Indefinitpronomen und -begleiter
Unveränderliche Indefinitpronomen und -begleiter
Veränderliche Indefinitpronomen und -begleiter
2.4 Die Fragepronomen und -begleiter
2.5 Die Relativpronomen
2.6 Die Zahlen
Die Grundzahlen
Die Ordnungszahlen
Bruchzahlen und Prozente
Maße und Gewichtsangaben

3. Das Verb S. 105
3.1 Das Imperfekt
Formen
Der Gebrauch des Imperfekts
3.2 Das Indefinido
Formen
Der Gebrauch des Indefinido
3.3 Der Gebrauch von Imperfekt und Indefinido
3.4 Das Plusquamperfekt
Formen und Gebrauch
3.5 Das Futur
Formen
Der Gebrauch des Futurs
3.6 Das Konditional
Formen
Der Gebrauch des Konditionals
3.7 Der Imperativ
Der bejahte Imperativ
Der verneinte Imperativ
Der Imperativ mit Pronomen
Der Gebrauch des Imperativs

3.8 Das Präsens des Subjuntivo
Regelmäßige Verben
Unregelmäßige Verben
3.9 Das Perfekt des Subjuntivo
3.10 Das Imperfekt des Subjuntivo
3.11 Der Gebrauch des Subjuntivo
3.12 Die Zeitenfolge in Nebensätzen mit Subjuntivo
3.13 Verbale Periphrasen
Modalperiphrasen
Temporalperiphrasen
3.14 Die infiniten Verbformen
Der Infinitiv
Das Partizip Perfekt
Das Gerundium
3.15 Der Gebrauch von *ser* und *estar*

4. Das Adverb S. 119
4.1 Modaladverbien
Abgeleitete Adverbien auf *-mente*
4.2 Andere Adverbien und adverbiale Bestimmungen

5. Konnektoren S. 121
5.1 Diskursmarker
5.2 Temporale Konnektoren
Der Gebrauch von *hace, desde hace, desde, desde que*
5.3 Kausale und konsekutive Konnektoren
5.4 Adversative und konzessive Konnektoren

6. Der Satz S. 123
6.1 Der Fragesatz
Der Gebrauch von *qué* und *cuál / cuáles*
6.2 Die Nebensätze
Der Relativsatz
Der Temporalsatz
Der Finalsatz
Der Kausalsatz
Der Konsekutivsatz
Der Konzessivsatz
Der Bedingungssatz
6.3 Die indirekte Rede
Die Wiedergabe von Aussagen und Fragen
Die Wiedergabe von Bitten und Aufforderungen

Verbtabelle S. 127

Gramática

1 // Das Substantiv und seine Begleiter

> Das Wichtigste über das Substantiv, den Artikel und das Adjektiv haben Sie bereits in *Meta profesional A1 – A2* (S. 124 – 126) gelernt.

1.1 Wortbildung

> Neue Wörter entstehen unter anderem, indem man vorhandene mit einer Vorsilbe (Präfix) oder Nachsilbe (Suffix) erweitert und ihnen damit eine neue Bedeutung verleiht. Dies ist sowohl bei Substantiven als auch bei Adjektiven, Verben oder Adverbien möglich:

Präfixe	**anti-**	antipático		**i-, in-, im-**	insatisfecho, imposible
	co(n)-	coincidencia, conseguir		**pre-**	prehistoria
	contra-	contraargumento		**re-**	reciclado
	des-	desacuerdo		**su(b)-**	suponer, subordinado

		aus Adjektiven			aus Verben	
Suffixe	**-dad**	igual	igualdad	**-aje**	embalar	embalaje
	-ez/a	fluido	fluidez	**-ción**	organizar	organización
	-ía	cortés	cortesía	**-dor/a**	comprar	comprador/a
	-ura	loco	locura	**-imiento**	conocer	conocimiento

> Verkleinerungsformen können u. a. durch das Anhängen der Endung **-ito/-ita** an Substantive, Adjektive oder Adverbien gebildet werden:
> beso > bes**ito**
> gordo/-a > gord**ito/-a**
> ahora > ahor**ita**

1.2 Der neutrale Artikel *lo*

> Neben dem bestimmten Artikel (**el**, **la**, **los**, **las**) und dem unbestimmten Artikel (**un**, **una**, **unos**, **unas**), die Sie aus *Meta profesional A1 – A2* (S. 125) kennen, gibt es im Spanischen den neutralen Artikel **lo**.

> Der neutrale Artikel **lo** wird nie vor Substantiven gebraucht, da es im Spanischen keine sächlichen Substantive gibt. **Lo** dient zur Substantivierung von Adjektiven und anderen Wortarten:
> **Lo primero** es hacer bien el trabajo.   *Das Erste / Wichtigste ist, gute Arbeit zu leisten.*
> **Lo más difícil** fue empezar.   *Das Schwierigste war der Anfang.*

> **Lo que** entspricht dem deutschen Relativpronomen *(das,) was*:
> **Lo que** (más) me motiva es el sueldo.   *Das, was mich (am meisten) motiviert, ist das Gehalt.*
> Viajar es **lo que** menos me gusta.   *Das Reisen ist das, was ich am wenigsten mag.*

1.3 Steigerung und Vergleich des Adjektivs

> Das Wichtigste über die Bildung und Stellung des Adjektivs sowie über die Steigerung kennen Sie bereits aus *Meta profesional A1 – A2* (S. 126).

1.3.1 Der absolute Superlativ auf -ísimo

> Der absolute Superlativ auf **-ísimo** drückt einen sehr hohen Grad einer Eigenschaft aus, ohne dass ein Bezug oder Vergleich zu einer anderen Sache hergestellt wird:

muy bueno/-a	buen**ísimo/-a**	Conozco a un experto **buenísimo**. *(ausgezeichnet)*
muy aburrido/-a	aburrid**ísimo/-a**	La fiesta fue **aburridísima**. *(besonders langweilig)*
muy simpático/-a	simpatiqu**ísimo/-a**	Tengo unos clientes **simpatiquísimos**. *(äußerst nett)*
muy fácil	facil**ísimo/-a**	Estas tareas son **facilísimas**. *(kinderleicht)*

> Endet ein Adjektiv auf Konsonant, so hängt man die Endung **-ísimo/-a/-os/-as** an. Endet es auf Vokal, so wird dieser durch **-ísimo/-a/-os/-as** ersetzt. Manchmal ergeben sich dabei Änderungen in der Rechtschreibung: ri**c**o > ri**qu**ísimo, lar**g**o > lar**gu**ísimo.

> Beachten Sie: Adjektive, die auf **-ble** enden, bilden den Superlativ auf **-bilísimo**: ama**ble** > ama**bilísimo**.

> Es gibt einige spezielle Formen: antiguo > **antiquísimo**, bueno > **óptimo**, malo > **pésimo**.

> Adjektive, die schon in ihrer Grundbedeutung einen sehr hohen Grad ausdrücken, wie **enorme**, **fantástico**, **excelente**, können weder mit **muy** noch mit **-ísimo** verstärkt werden. Stattdessen kann man sie mit **realmente**, **verdaderamente** verstärken:
> La presentación fue ~~muy fantástica~~ / ~~fantastiquísima~~ **realmente** fantástica.

> Beachten Sie: Auch Adverbien können den absoluten Superlativ bilden: tarde > **tardísimo**.

2 // Pronomen und Begleiter

2.1 Die Personalpronomen

> Das Wichtigste über die Personalpronomen kennen Sie bereits aus *Meta profesional A1–A2* (S. 129).

Subjektpronomen	indirekte Objektpronomen	direkte Objektpronomen	Reflexiv-pronomen	betonte Pronomen (mit Präposition)	
yo	me	me	me		mí
tú	te	te	te		ti
él / ella / usted	le (se)	lo / la	se	a	él / ella / usted
nosotros/-as	nos	nos	nos	para	nosotros/-as
vosotros/-as	os	os	os		vosotros/-as
ellos/-as / ustedes	les (se)	los / las	se		ellos/-as / ustedes

> Die indirekten und direkten Objektpronomen unterscheiden sich nur in der 3. Person.

> Das Pronomen **lo** kann nicht nur ein männliches Akkusativobjekt ersetzen, sondern auch einen ganzen Satz:
> Llevar una empresa con éxito no es una tarea fácil. – No, no **lo** es. *(es)*
> ¿Sabes si el Sr. Ruiz pudo comprar los productos? – No **lo** sé. *(es)*

2.1.1 Die Objektpronomen

> Die Objektpronomen ersetzen ein Objekt im Dativ *(wem?)* oder im Akkusativ *(wen oder was?)*:
> ¿**Te** gustan estas botas? *(dir)* ¿**Las** quieres? *(sie)*

> Die Objektpronomen stehen normalerweise direkt vor dem Verb:
> Mañana **lo** hago. **Te** he escrito un correo.

> Beim Gerundium und bei Konstruktionen mit Infinitiv können sie vorangestellt oder angehängt werden:
> **Te** estamos buscando. / Estamos buscándo**te**.
> **Me** quiero duchar. / Quiero duchar**me**.

> Beim bejahten Imperativ werden die Pronomen angehängt: haz**lo**, di**me**, lláma**me**.
> Beim verneinten Imperativ werden die Pronomen vorangestellt: No **se** preocupe.

> Beachten Sie: Wenn bei Formen mit angehängtem Pronomen die Betonung auf die drittletzte Silbe fällt, ist ein Akzent erforderlich: ll**á**ma**me**, si**é**nten**se**.

> In verneinten Sätzen steht **no** vor dem Pronomen:
> **No nos** gustan los museos. **No te** he visto.

2.1.2 Die Verdoppelung des Objektpronomens

> Anders als im Deutschen kann ein spanischer Satz neben dem Objekt auch das entsprechende unbetonte Objektpronomen enthalten:
> **A los clientes les** gusta la puntualidad.   *Den Kunden (ihnen) gefällt die Pünktlichkeit.*
> **Los precios los** he cambiado varias veces.   *Die Preise (sie) habe ich mehrmals geändert.*

> Steht das Objekt **vor** dem Verb, so muss es durch ein Pronomen wiederholt werden:
> **Al consumidor** no **le** gusta el eslogan.   *Dem Verbraucher (ihm) gefällt der Slogan nicht.*

> Steht das Objekt **hinter** dem Verb, so wird es häufig durch ein Pronomen angekündigt:
> ¿Qué **les** gusta **a tus compañeros**?   *Was gefällt deinen Kollegen (ihnen)?*

> In der 3. Person wird das indirekte Objekt (**le**, **les**) oft durch ein Pronomen angekündigt oder wiederholt:
> **Le** expliqué mi situación **a mi jefe**.   *Ich habe meinem Chef (ihm) die Situation erklärt.*

> Um Missverständnisse zu vermeiden oder die Person besonders hervorzuheben, kann zusätzlich zu einem unbetonten Pronomen (**me**, **te**, **le**, …) noch ein betontes Pronomen mit Präposition (**a mí**, **a ti**, **a él**, …) verwendet werden:
> **Me** gusta salir. – **A mí** no **me** gusta.   *Ich gehe gerne aus. – Mir gefällt es nicht.*

> Beachten Sie: Ein betontes Pronomen kann das unbetonte in einem Satz nicht ersetzen:
> ~~A mí gusta salir con amigos.~~

> Ist kein Verb im Satz, so kann das betonte Pronomen allein stehen:
> ¿Te gusta este proyecto? **A mí** no.   *Gefällt dir dieses Projekt? Mir nicht.*

2.1.3 Zwei Objektpronomen im Satz

> Stehen ein direktes und ein indirektes Objektpronomen im selben Satz, so steht – anders als im Deutschen – das indirekte (Dativ) vor dem direkten (Akkusativ):
> ¿El informe? **Te lo** he dado ya.   *Den Bericht? Ich habe ihn dir schon gegeben.*

> Wenn ein Dativpronomen der 3. Person (**le**, **les**) mit einem Akkusativpronomen der 3. Person (**lo**, **la**, **los**, **las**) zusammenkommt, so wird **le / les** zu **se**:
> ~~Le lo digo.~~ > **Se lo** digo.   *Ich sage es ihm.*
> Las bolsas? ~~Le las he dado.~~ > **Se las** he dado.   *Die Tüten? Ich habe sie ihm gegeben.*

2.1.4 Die Reflexivpronomen

> Die Reflexivpronomen kennen Sie bereits aus *Meta profesional A1–A2* (S. 136).

2.1.5 Der Gebrauch von *se*

> **Se** kann verschiedene Funktionen haben:

Als Dativpronomen ersetzt es **le**, **les** vor **lo**, **la**, **los**, **las** (s. 2.1.3)	**Se** lo he dicho a mis empleados. *(ihnen)* Dí**se**lo también a la jefa. *(ihr)*
Als Reflexivpronomen steht **se** + Verb in der 3. Person (s. 2.1.4)	Juan **se** ducha siempre a las seis. *(sich)* Después **se** lava los dientes. *(sich)*
Als Teil einer unpersönlichen Konstruktion steht **se** + Verb in der 3. Person (s. *Meta profesional A1–A2*, S. 137)	**Se** puede pagar con tarjeta. *(man)* **Se** presentarán los resultados. *(man)*

2.2 Die Possessiv- und Demonstrativbegleiter

> Die Possessiv- und Demonstrativbegleiter kennen Sie bereits aus *Meta profesional A1–A2* (S. 131).

2.3 Die Indefinitpronomen und -begleiter

2.3.1 Unveränderliche Indefinitpronomen und -begleiter

> Diese Pronomen und Begleiter haben nur eine Form:

algo	*etwas*	¿Tienes **algo** que comentar?
nada	*nichts*	Aquí no funciona **nada**.
todo	*alles*	¿Está **todo** bien en casa?
alguien	*jemand*	¿Conoces a **alguien** en la empresa?
nadie	*niemand*	Aquí no conozco a **nadie**.
cada	*jede/r/s*	**Cada** día aprendemos algo nuevo.

> **Algo**, **nada**, **todo**, **alguien** und **nadie** werden als Pronomen verwendet. **Algo**, **nada** und **todo** beziehen sich auf Sachen, **alguien** und **nadie** auf Personen.

> **Cada** steht als Adjektiv vor einem Substantiv im Singular und bezieht sich auf Sachen oder Personen.

> **Nada** und **nadie** können vor oder hinter dem Verb stehen. Wenn sie hinter dem Verb stehen, so steht vor dem Verb **no**:
> **No** me preocupa **nada**. Aber: **Nada** me preocupa.
> **No** conozco a **nadie**. Aber: **Nadie** trabaja en pijama.

Gramática

2.3.2 Veränderliche Indefinitpronomen und -begleiter

> Diese Pronomen und Begleiter richten sich in Geschlecht und Zahl nach dem Substantiv, das sie näher bestimmen bzw. ersetzen:

alguno/-a	irgendein/e/r/s	¿Tiene **alguna** pregunta?
alguno/-as	einige	Hay **algunos** folletos en el expositor.
ninguno/-a	kein/e/r/s	No hay **ninguna** oferta que me interese.
poco/-a/-os/-as	wenig/e	Hay **pocos** empleados eficaces.
mucho/-a/-os/-as	viel/e	Hay **muchas** ofertas interesantes.
todo el / toda la	der / die ganze	**Toda la** familia trabaja en la empresa.
todos los / todas las	alle	**Todos los** trabajadores llegan puntuales.
cada uno/-a	jede/r/s	**Cada uno** hace su trabajo.
bastante/s	ziemlich viel/e	Tenemos **bastantes** interesados.
suficiente/s	genügend	Hay **suficientes** sillas en la sala.
demasiado/-a/-os/-as	zu viel/e	No hay **demasiada** gente.
otro/-a/-os/-as	noch ein/e / noch welche	¿Hay **otro** estand en la feria?
mismo/-a/-os/-as	gleiche/r/s	Vendemos el **mismo** producto.

> Diese Pronomen und Begleiter beziehen sich immer auf ein Substantiv, auch wenn es nicht im selben Satz genannt wird:
> ¿Cuántos clientes hay aquí? – **Pocos**.   *Wie viele Kunden sind hier? – Wenige.*
> ¿Tienes folletos? – No, no tengo **ninguno**.   *Hast du Broschüren? – Nein, ich habe keine.*

> **Alguno** und **ninguno** werden vor einem männlichen Substantiv zu **algún / ningún** verkürzt:
> No tengo **ningún** problema.   *Ich habe kein Problem.*

> Beachten Sie: Steht **ninguno/-a** hinter dem Verb, so muss vor dem Verb **no** stehen:
> **No** me gusta **ningún** proyecto. Aber: **Ningún** proyecto me gusta.

> **Mismo/-a/-os/-as** als Begleiter richtet sich nach dem Substantiv und wird mit dem bestimmten Artikel benutzt:
> Siempre compramos **los mismos** productos.   *Wir kaufen immer die gleichen Produkte.*

> Steht **mismo/-a/-os/-as** nach einem Substantiv oder Pronomen, so hat es eine verstärkende Funktion:
> Yo **mismo** voy a elegir el programa.   *Ich werde das Programm selbst aussuchen.*
> Tú **misma** me lo has dicho.   *Du selbst hast es mir gesagt.*

> Beachten Sie: Nach einem Adverb ist **mismo** unveränderlich und verstärkt dessen Bedeutung (**ahora mismo**, **hoy mismo**, **aquí mismo**):
> Necesito el catálogo de precios **ahora mismo**.   *Ich brauche die Preisliste sofort.*

> **Lo mismo** ist ein Komparativ und bedeutet *das Gleiche / dasselbe*:
> Pienso **lo mismo** (que tú).   *Ich denke dasselbe (wie du).*

2.4 Die Fragepronomen und -begleiter (s. Der Fragesatz 6.1)

2.5 Die Relativpronomen (s. Der Relativsatz 6.2.1)

2.6 Die Zahlen

> Das Wichtigste über die Grundzahlen, Ordnungszahlen, Bruchzahlen und Prozente kennen Sie schon aus *Meta profesional A1–A2* (S. 133).

2.6.1 Die Grundzahlen

1 000	mil	(ein)tausend
1 000 000	un millón	eine Million
1 000 000 000	mil millones (un millardo)	eine Milliarde
1 000 000 000 000	un billón	eine Billion
1 000 000 000 000 000	mil billones	eine Billiarde
1 000 000 000 000 000 000	un trillón	eine Trillion

> Die Grundzahlen werden in der Regel als Adjektive gebraucht:
> Tengo **dos** preguntas.
> He leído **cinco** informes.

> Einige Grundzahlen (**millón**, **millardo**, **billón**, **trillón**) sind Substantive und werden mit einem Begleiter benutzt:
> Tenemos un presupuesto de **un millón**. *Wir haben ein Budget von einer Million.*

> Beachten Sie: Zwischen **millón**, **millardo**, **billón**, **trillón** und dem nachfolgenden Substantiv steht die Präposition **de**:
> La nueva sede cuesta **un billón de** pesos. *Der neue Firmensitz kostet eine Billion Pesos.*

> **Mil** wird immer als Adjektiv und ohne Begleiter benutzt: **mil** paquetes, **mil** personas. Der Plural (**miles**) kann als männliches Substantiv benutzt werden und beschreibt eine unbestimmte Menge:
> Tenemos **miles de** euros de reserva. *Wir haben Tausende Euro als Reserve.*

2.6.2 Die Ordnungszahlen

> Die Ordnungszahlen geben eine bestimmte Stelle in einer geordneten Reihe an:

1º (1er), 1ª	primer(o)/-a
2º, 2ª	segundo/-a
3º (3er), 3ª	tercer(o)/-a
4º, 4ª	cuarto/-a
5º, 5ª	quinto/-a
6º, 6ª	sexto/-a
7º, 7ª	séptimo/-a
8º, 8ª	octavo/-a
9º, 9ª	noveno/-a
10º, 10ª	décimo/-a

> Die Ordnungszahlen richten sich in Geschlecht und Zahl nach dem Substantiv, auf das sie sich beziehen: **primero/-a/-os/-as**, **décimo/-a/-os/-as** usw.

> Normalerweise sind die Ordnungszahlen Adjektive und stehen meist vor einem Substantiv:
> Vivo en el **segundo** piso.

> Sie können aber auch als Pronomen benutzt werden:
> He llegado la **primera** al despacho.

> **Primero** und **tercero** werden vor männlichen Substantiven im Singular verkürzt: el **primer** punto, el **tercer** punto.

> Bei höheren Zahlen benutzt man im Spanischen anstelle der Ordnungszahlen oft die Grundzahlen:
> Celebramos el **vigésimo quinto** / **veinticinco** aniversario de la empresa.

> Anders als im Deutschen verwendet man Grundzahlen, um das Datum anzugeben:
> el **uno** de abril, el **cuatro** de julio.

> Beachten Sie: In Lateinamerika benutzt man **primero** für den Monatsersten: el **primero** de abril.

> Bei Jahrhunderten werden ab der Zahl 11 die Grundzahlen bevorzugt: s. III (siglo **tercero** oder **tres**), aber s. XX (siglo **veinte**).

2.6.3 Bruchzahlen und Prozente

> Die Prozentzahlen können im Spanischen mit dem bestimmten oder unbestimmten Artikel stehen. Das Komma wird mitgesprochen:
> **El** 22 % (veintidós por ciento) de los españoles puede trabajar desde casa.
> **Un** 5,3 % (cinco coma tres por ciento) no puede concentrarse en casa.

2.6.4 Maße und Gewichtsangaben

> Maße und Gewichtsangaben sind **la tonelada**, **el kilo(gramo)** und **el gramo**. Die Zeichen sind **t**, **kg**, **g**. Wie alle Zeichen im Spanischen haben sie keinen Plural und werden ohne Punkt geschrieben:
> 1 t = 1000 kilogramos
> 1 kg = 1000 gramos

> Beachten Sie: Vor Substantiven benutzt man diese Angaben mit der Präposition **de**:
> Hemos comprado **una tonelada de** azafrán. *Wir haben eine Tonne Safran gekauft.*

3 // Das Verb

> Das Präsens und das Perfekt haben Sie bereits in *Meta profesional A1 – A2* (S. 135, 138) kennen gelernt.

3.1 Das Imperfekt

3.1.1 Formen

> Die Verben auf **-er** und **-ir** haben im Imperfekt dieselben Endungen. Außer **ser**, **ir** und **ver** folgen alle Verben diesem Modell:

	Verben auf **-ar**	Verben auf **-er**	Verben auf **-ir**	ser	ir	ver
yo	tom**aba**	aprend**ía**	consum**ía**	era	iba	veía
tú	tom**abas**	aprend**ías**	consum**ías**	eras	ibas	veías
él / ella / usted	tom**aba**	aprend**ía**	consum**ía**	era	iba	veía
nosotros/-as	tom**ábamos**	aprend**íamos**	consum**íamos**	éramos	íbamos	veíamos
vosotros/-as	tom**abais**	aprend**íais**	consum**íais**	erais	ibais	veíais
ellos / ellas / ustedes	tom**aban**	aprend**ían**	consum**ían**	eran	iban	veían

> Das Imperfekt von **hay** (haber) ist **había**.

3.1.2 Der Gebrauch des Imperfekts

> Das Imperfekt wird verwendet, um Zustände, Gewohnheiten und sich wiederholende Handlungen in der Vergangenheit zu beschreiben, und steht häufig mit Ausdrücken wie **antes**, **entonces**, **cuando era joven**, **en los años 50**:
> Antes, los trenes **eran** menos rápidos. *Früher waren die Züge nicht so schnell.*
> Cuando era joven, **bailaba** todos los días. *Als ich jung war, habe ich jeden Tag getanzt.*
> Se vendió bien porque **era** muy barato. *Es wurde gut verkauft, weil es sehr billig war.*

> Mit dem Imperfekt kann man auch einen Wunsch höflich formulieren:
> **Quería** reservar una habitación. *Ich wollte (= würde gern) ein Zimmer reservieren.*

3.2 Das Indefinido

3.2.1 Formen

> Das Indefinido wird gebildet, indem man die Infinitivendung durch die des Indefinido ersetzt.
> Die Verben auf **-er** und **-ir** haben dieselben Endungen:

	Verben auf **-ar**	Verben auf **-er**	Verben auf **-ir**
yo	trabaj**é**	aprend**í**	viv**í**
tú	trabaj**aste**	aprend**iste**	viv**iste**
él / ella / usted	trabaj**ó**	aprend**ió**	viv**ió**
nosotros/-as	trabaj**amos**	aprend**imos**	viv**imos**
vosotros/-as	trabaj**asteis**	aprend**isteis**	viv**isteis**
ellos / ellas / ustedes	trabaj**aron**	aprend**ieron**	viv**ieron**

> Beachten Sie: Bei den Verben auf **-ar** und **-ir** ist die 1. Person Plural identisch mit dem Präsens, aber durch den Zusammenhang wird klar, um welche Zeit es sich handelt:
> ¿Qué hicisteis ayer? – **Trabajamos** hasta las 10.

> Bei der 1. und 3. Person Singular liegt die Betonung auf der letzten Silbe: aprendí, aprendió. Bei den anderen Personen liegt sie auf der vorletzten Silbe: aprendiste, aprendimos, aprendisteis, aprendieron.

> Bei einigen Verben ändert sich in der 1. Person Singular die Schreibweise, damit die Aussprache erhalten bleibt: bus**c**ar > bus**qu**é, pa**g**ar > pa**gu**é, reali**z**ar > reali**c**é.

> Beachten Sie: Bei einigen Verben auf **-er** und **-ir** wird in der 3. Person Singular und Plural das **e** bzw. **i** zu **y**:
> caer > ca**y**ó / ca**y**eron, construir > constru**y**ó / constru**y**eron.

> Folgende Verben sind unregelmäßig:

sentir (**e > ie**)	pedir (**e > i**)	dormir (**o > ue**)
sentí	pedí	dormí
sentiste	pediste	dormiste
s**i**ntió	p**i**dió	d**u**rmió
sentimos	pedimos	dormimos
sentisteis	pedisteis	dormisteis
s**i**ntieron	p**i**dieron	d**u**rmieron

> Verben auf **-ir**, bei denen sich im Präsens der Stammvokal ändert (**e > ie**) bzw. (**e > i**), haben im Indefinido in der 3. Person Singular und Plural ein **i**: s**i**ntió / p**i**dieron.

> Analog dazu steht bei Verben der Gruppe (**o > ue**) an dieser Stelle ein **u**: d**u**rmió / d**u**rmieron.

ir / ser	dar	ver
fui	di	vi
fuiste	diste	viste
fue	dio	vio
fuimos	dimos	vimos
fuisteis	disteis	visteis
fueron	dieron	vieron

> Die Verben **ir** und **ser** haben im Indefinido dieselben Formen.

> Das Indefinido von **hay** (haber) ist **hubo**.

> Einige Verben haben im Indefinido einen unregelmäßigen Stamm. Die Endungen sind für alle gleich:

Infinitiv	Stamm	Endung
hacer	hic-	-e
poder	pud-	-iste
poner	pus-	-o
querer	quis-	-imos
tener	tuv-	-isteis
venir	vin-	-ieron

estar	decir	producir
estuve	dije	produje
estuviste	dijiste	produjiste
estuvo	dijo	produjo
estuvimos	dijimos	produjimos
estuvisteis	dijisteis	produjisteis
estuvieron	dijeron	produjeron

> Beachten Sie: Bei **hacer** ändert sich in der 3. Person Singular die Schreibweise: él hi**z**o.
> Bei **decir**, **traer** und allen Verben auf **-ucir** entfällt in der 3. Person Plural das **i**: ellos dij*i*eron, produj*i*eron.

3.2.2 Der Gebrauch des Indefinido

> Das Indefinido steht bei Handlungen und Ereignissen innerhalb eines Zeitraums der Vergangenheit, den der Sprecher als abgeschlossen betrachtet. Daher steht es häufig mit Zeitangaben wie **ayer**, **el domingo**, **la semana pasada**, **el año pasado**, **en 1998**:
> El chicle **nació** hace 2000 años.   *Der Kaugummi entstand vor 2000 Jahren.*
> En 2004 **empecé** a trabajar.   *2004 fing ich an zu arbeiten.*

> Es dient auch dazu, vergangene Ereignisse abschließend zu bewerten:
> **Fue** una buena experiencia.   *Es war eine gute Erfahrung.*

3.3 Der Gebrauch von Imperfekt und Indefinido

> Innerhalb einer Erzählung in der Vergangenheit beschreibt das **Imperfekt** den Hintergrund und die Begleitumstände, während das **Indefinido** den Fortgang der Handlung erzählt:

Imperfekt: Was war schon? (Hintergrund)	Indefinido: Was geschah neu? (Handlung)
Mientras **visitaba** la ciudad,	**tuvo** una idea de negocio.
Cuando **estaba paseando** por la playa,	**pensó** en vender helados de yogur.
Como no **era** muy caro fabricarlos,	**decidió** empezar con la producción.

3.4 Das Plusquamperfekt

3.4.1 Formen und Gebrauch

	haber	Partizip Perfekt
yo	**había**	
tú	**habías**	
él / ella / usted	**había**	trabajado
nosotros/-as	**habíamos**	tenido
vosotros/-as	**habíais**	escrito
ellos / ellas / ustedes	**habían**	

> Das Plusquamperfekt wird mit dem Imperfekt von **haber** und dem Partizip Perfekt des Hauptverbs gebildet. Dabei ist das Partizip Perfekt unveränderlich.

> Man verwendet das Plusquamperfekt für vergangene Ereignisse und Handlungen, die bereits vor einer anderen Handlung in der Vergangenheit abgeschlossen wurden. Zeitangaben wie **antes**, **ya**, **todavía no**, **nunca** können einen Satz im Plusquamperfekt einleiten:
> Cuando llegué, Raúl ya **se había ido**.   *Als ich ankam, war Raúl schon gegangen.*
> Antes de irse, **había enviado** el paquete.   *Bevor er ging, hatte er das Paket geschickt.*

3.5 Das Futur

3.5.1 Formen

> Die für das Futur typischen Endungen (**-é**, **-ás**, **-á**, **-emos**, **-éis**, **-án**) werden an den Infinitiv angehängt. Sie sind für alle drei Konjugationsgruppen (**-ar**, **-er**, **-ir**) gleich:

	Endung		trabajar
Infinitiv +	-é	yo	trabajar**é**
	-ás	tú	trabajar**ás**
	-á	él / ella / usted	trabajar**á**
	-emos	nosotros/-as	trabajar**emos**
	-éis	vosotros/-as	trabajar**éis**
	-án	ellos / ellas / ustedes	trabajar**án**

> Bei einigen Verben ändert sich im Futur der Wortstamm, an den jedoch die regelmäßigen Endungen angehängt werden:

Infinitiv	Stamm	Endung		decir
hacer	**har-**		yo	diré
poder	**podr-**	-é	tú	dirás
poner	**pondr-**	-ás	él / ella / usted	dirá
querer	**querr-**	-á	nosotros/-as	diremos
saber	**sabr-**	-emos	vosotros/-as	diréis
salir	**saldr-**	-éis	ellos / ellas / ustedes	dirán
tener	**tendr-**	-án		
venir	**vendr-**			

> Das Futur von **hay** (haber) ist **habrá**.

3.5.2 Der Gebrauch des Futurs

> Man verwendet das Futur, um Vorhersagen über zukünftige Handlungen und Ereignisse zu treffen:
> Mañana **trabajaré** todo el día.   *Morgen werde ich den ganzen Tag arbeiten.*
> Creo que **venderemos** mucho.   *Ich glaube, dass wir viel verkaufen werden.*

> Das Futur kann auch Vermutungen über ein gegenwärtiges Geschehen zum Ausdruck bringen:
> Hay un nuevo director. ¿Quién **será**?   *Es gibt einen neuen Direktor. Wer wird es wohl sein?*

> Beachten Sie: In Verbindung mit einer Zeitbestimmung der Zukunft wird häufig das Präsens benutzt:
> La presentación **es** el sábado a las diez.   *Die Präsentation ist am Samstag um 10 Uhr.*

> Oft wird auch anstelle des Futurs die Umschreibung **ir a** + Infinitiv verwendet, besonders wenn die zukünftige Handlung als offensichtlich angesehen oder eine Absicht zum Ausdruck gebracht wird:
> No sé si **vamos a terminar** a tiempo.   *Ich weiß nicht, ob wir rechtzeitig fertig werden.*
> ¿Qué **vas a hacer** en las vacaciones?   *Was wirst du in den Ferien machen?*

3.6 Das Konditional

3.6.1 Formen

> Die für das Konditional typischen Endungen (**-ía**, **-ías**, **-ía**, **-íamos**, **-íais**, **-ían**) werden an den Infinitiv angehängt. Sie sind für alle drei Konjugationsgruppen (**-ar**, **-er**, **-ir**) gleich:

	Endung		comer
Infinitiv +	-ía	yo	comería
	-ías	tú	comerías
	-ía	él / ella / usted	comería
	-íamos	nosotros/-as	comeríamos
	-íais	vosotros/-as	comeríais
	-ían	ellos / ellas / ustedes	comerían

> Bei einigen Verben ändert sich im Konditional der Wortstamm, an den jedoch die regelmäßigen Endungen angehängt werden:

Infinitiv	Stamm	Endung		decir
hacer	har-		yo	diría
poder	podr-	-ía	tú	dirías
poner	pondr-	-ías	él / ella / usted	diría
querer	querr-	-ía	nosotros/-as	diríamos
saber	sabr-	-íamos	vosotros/-as	diríais
salir	saldr-	-íais	ellos / ellas / ustedes	dirían
tener	tendr-	-ían		
venir	vendr-			

> Der Wortstamm der unregelmäßigen Verben ist derselbe wie beim Futur.

> Das Konditional von **hay** (haber) ist **habría**.

3.6.2 Der Gebrauch des Konditionals

> Man verwendet das Konditional für höfliche Bitten, Wünsche und Ratschläge:

Me **gustaría** empezar por el punto uno. *Ich würde gern mit Punkt 1 anfangen.*
¿**Podría** darme un consejo? *Könnten Sie mir einen Rat geben?*
Yo que tú **aclararía** primero las dudas. *An deiner Stelle würde ich zuerst die Fragen klären.*

3.7 Der Imperativ

> Der Imperativ hat nur zwei eigene Formen: die 2. Person Singular (**tú**) und Plural (**vosotros**) des bejahten Imperativs. Alle anderen Formen sind dieselben wie beim Präsens des Subjuntivo (s. 3.8).

3.7.1 Der bejahte Imperativ

	Verben auf **-ar**	Verben auf **-er**	Verben auf **-ir**	e > ie	o > ue	e > i
tú	tom**a**	beb**e**	abr**e**	c**ie**rra	pr**ue**ba	p**i**de
vosotros	tom**ad**	beb**ed**	abr**id**	cerrad	probad	pedid
usted	tom**e**	beb**a**	abr**a**	c**ie**rre	pr**ue**be	p**i**da
ustedes	tom**en**	beb**an**	abr**an**	c**ie**rren	pr**ue**ben	p**i**dan

> Der Imperativ der 2. Person Singular (**tú**) ist identisch mit der 3. Person des Indikativ Präsens:
¡**Toma, toma**! Elena **toma** un café. *Nimm, nimm! Elena nimmt einen Kaffee.*

> Beim Imperativ der 2. Person Plural (**vosotros**) wird das **-r** des Infinitivs durch ein **-d** ersetzt:
> ¡Hace**d** lo que queráis! *Macht, was ihr wollt!*

> Der Imperativ der Höflichkeitsform (**usted**, **ustedes**) hat die „umgekehrten" Vokale der Infinitivendung: Verben auf **-ar** haben die Endung **-e**, Verben auf **-er** und **-ir** haben die Endung **-a**:
> Tomo un café. – ¡Tom**e**, tom**e**! *Ich nehme einen Kaffee. Nehmen Sie, nehmen Sie!*
> ¿Puedo abrir la ventana? – Sí, abr**a**, abr**a**. *Kann ich das Fenster öffnen? – Ja, bitte, öffnen Sie es.*

> Manchmal ergeben sich Änderungen in der Rechtschreibung, um die Aussprache zu erhalten:
> to**c**ar > to**qu**e, pa**g**ar > pa**gu**e, diri**g**ir > diri**j**a, empe**z**ar > empie**c**e.

> Verben mit unregelmäßiger 1. Person Präsens leiten den bejahten Imperativ für **usted** und **ustedes** hiervon ab: di**g**o > di**g**a/n, ha**g**o > ha**g**a/n, pon**g**o > pon**g**a/n, ofre**zc**o > ofre**zc**a/n.

	decir	estar	hacer	ir	poner	saber	salir	ser	tener	ver
tú	**di**	**está**	**haz**	**ve**	**pon**	**sabe**	**sal**	**sé**	**ten**	ve
vosotros	decid	estad	haced	id	poned	sabed	salid	sed	tened	ved
usted	diga	esté	haga	vaya	ponga	sepa	salga	sea	tenga	vea
ustedes	digan	estén	hagan	vayan	pongan	sepan	salgan	sean	tengan	vean

3.7.2 Der verneinte Imperativ

> Der verneinte Imperativ wird von der 1. Person des Indikativ Präsens abgeleitet. Die Formen für **usted** und **ustedes** sind beim bejahten und verneinten Imperativ dieselben.

> Der verneinte Imperativ hat dieselben Formen wie der Subjuntivo, nämlich die „umgekehrten" Vokale der Infinitivendung: Verben auf **-ar** haben die Endung **-e**, Verben auf **-er** und **-ir** haben die Endung **-a**:

	Verben auf **-ar**	Verben auf **-er**	Verben auf **-ir**
tú	no tom**es**	no beb**as**	no abr**as**
vosotros	no tom**éis**	no beb**áis**	no abr**áis**
usted	no tom**e**	no beb**a**	no abr**a**
ustedes	no tom**en**	no beb**an**	no abr**an**

> Verben mit Vokalwechsel verändern sich in den gleichen Fällen wie im Präsens: yo c**ie**rro > no c**ie**rres / no cerréis, yo pr**ue**bo > no pr**ue**bes / no probéis:

	cerrar (e > ie)	probar (o > ue)	sentir (e > ie)	pedir (e > i)	dormir (o > ue)
tú	no c**ie**rres	no pr**ue**bes	no s**ie**ntas	no p**i**das	no d**ue**rmas
vosotros	no cerréis	no probéis	no sintáis	no pidáis	no durmáis
usted	no c**ie**rre	no pr**ue**be	no s**ie**nta	no p**i**da	no d**ue**rma
ustedes	no c**ie**rren	no pr**ue**ben	no s**ie**ntan	no p**i**dan	no d**ue**rman

> Beachten Sie: Verben auf **-ir**, bei denen sich im Präsens der Stammvokal ändert (**e > ie**) bzw. (**e > i**), haben in der 2. Person Plural ein **i**. Bei Verben der Gruppe (**o > ue**) steht an dieser Stelle ein **u**:
> yo s**ie**nto > no s**i**ntáis, yo p**i**do > no p**i**dáis, yo d**ue**rmo > no d**u**rmáis.

> Verben mit unregelmäßiger 1. Person Präsens leiten den verneinten Imperativ hiervon ab: di**g**o > no di**g**as, pon**g**o > no pon**g**as, sal**g**o > no sal**g**as, ofre**zc**o > no ofre**zc**as:

	decir	hacer	tener	ofrecer	ver	ir	ser
tú	no digas	no hagas	no tengas	no ofrezcas	no veas	no vayas	no seas
vosotros	no digáis	no hagáis	no tengáis	no ofrezcáis	no veáis	no vayáis	no seáis
usted	no diga	no haga	no tenga	no ofrezca	no vea	no vaya	no sea
ustedes	no digan	no hagan	no tengan	no ofrezcan	no vean	no vayan	no sean

3.7.3 Der Imperativ mit Pronomen

> Objekt- und Reflexivpronomen werden beim bejahten Imperativ an das Verb angehängt: **ábrela**, **ponlo**. Die Betonung des Verbs wird beibehalten. Daher fällt die Betonung oft auf die drittletzte Silbe und sie erhält einen Akzent: **dímelo**.

> Beachten Sie: Reflexive Verben verlieren beim Imperativ von **vosotros** das **d**:
> **Levantados** pronto.   *Steht früh auf!*

> Beim verneinten Imperativ werden die Pronomen immer vorangestellt:
> ¡No **lo** hagas!   *Mach es nicht!*

3.7.4 Der Gebrauch des Imperativs

> Man verwendet den Imperativ für Befehle oder Bitten, häufig in Verbindung mit **por favor**:
> **Dame** el libro.   *Gib mir das Buch.*
> **Abra** la ventana, **por favor**.   *Öffnen Sie bitte das Fenster.*

> Man verwendet den Imperativ auch für Ratschläge oder Vorschläge oder um Erlaubnis zu erteilen:
> **Presenta** las ideas de manera clara.   *Präsentiere deine Ideen klar.*
> **No** lo **cuentes** todo.   *Erzähl nicht alles.*
> ¿Puedo decírselo? – Sí, **díselo**.   *Kann ich es ihm sagen? – Ja, sag es ihm.*

> Beachten Sie: Um Erlaubnis zu erteilen, wird der Imperativ wiederholt: **Pasa**, **pasa**.

> Beachten Sie: Ähnlich wie im Deutschen verwendet man statt des Imperativs manchmal den Infinitiv. Dies ist besonders der Fall bei Gebrauchsanweisungen, Geboten oder Verboten:
> No **entrar**.   *Zutritt verboten.*

3.8 Das Präsens des Subjuntivo

> Der Subjuntivo drückt eine subjektive Haltung des Sprechers bzw. eine Möglichkeit aus.

> Zum Gebrauch des Subjuntivo siehe 3.11 und 3.12.

3.8.1 Regelmäßige Verben

> Die Konjugation des Präsens des Subjuntivo ist beinahe identisch mit der des Indikativ Präsens, es werden nur die für jede Verbgruppe typischen Vokale in der Endung ausgetauscht: Verben auf **-ar** erhalten ein **-e**, Verben auf **-er** und **-ir** erhalten ein **-a**:

	tom**ar**	aprend**er**	consum**ir**
yo	tom**e**	aprend**a**	consum**a**
tú	tom**es**	aprend**as**	consum**as**
él/ella/usted	tom**e**	aprend**a**	consum**a**
nosotros/-as	tom**emos**	aprend**amos**	consum**amos**
vosotros/-as	tom**éis**	aprend**áis**	consum**áis**
ellos/ellas/ustedes	tom**en**	aprend**an**	consum**an**

> Beachten Sie: Verben auf **-er** und **-ir** haben dieselben Endungen.

> Manchmal ändert sich die Rechtschreibung, damit die Aussprache erhalten bleibt:
> expli**c**ar > expli**qu**e, lle**g**ar > lle**gu**e, diri**g**ir > diri**j**a, organi**z**ar > organi**c**e.

3.8.2 Unregelmäßige Verben

> Verben, die im Indikativ Präsens den Stammvokal ändern, tun dies auch im Subjuntivo: Bei Verben auf **-ar** oder **-er** der Gruppen (**e > ie**), (**o > ue**) bzw. (**u > ue**) ändert sich der Stammvokal in den Formen, bei denen die Betonung auf dem Wortstamm liegt:

	pensar (**e > ie**)	entender (**e > ie**)	poder (**o > ue**)
yo	piense	entienda	pueda
tú	pienses	entiendas	puedas
él / ella / usted	piense	entienda	pueda
nosotros/-as	pensemos	entendamos	podamos
vosotros/-as	penséis	entendáis	podáis
ellos / ellas / ustedes	piensen	entiendan	puedan

> Beachten Sie: Verben auf **-ir**, bei denen sich im Indikativ Präsens der Stammvokal ändert (**e > ie**) bzw. (**e > i**), haben in der 1. und 2. Person Plural ein **i**. Bei Verben der Gruppe (**o > ue**) steht an dieser Stelle ein **u**:

	sentir (**e > ie**)	pedir (**e > i**)	dormir (**o > ue**)
yo	sienta	pida	duerma
tú	sientas	pidas	duermas
él / ella / usted	sienta	pida	duerma
nosotros/-as	sintamos	pidamos	durmamos
vosotros/-as	sintáis	pidáis	durmáis
ellos / ellas / ustedes	sientan	pidan	duerman

> Bei den Verben mit unregelmäßiger 1. Person Singular im Indikativ Präsens leitet man alle Formen des Präsens des Subjuntivo davon ab: pon**go** > pon**ga**, sal**go** > sal**ga**, trai**go** > trai**ga**, ven**go** > ven**ga**:

	decir	hacer	tener	conocer
yo	diga	haga	tenga	conozca
tú	digas	hagas	tengas	conozcas
él / ella / usted	diga	haga	tenga	conozca
nosotros/-as	digamos	hagamos	tengamos	conozcamos
vosotros/-as	digáis	hagáis	tengáis	conozcáis
ellos / ellas / ustedes	digan	hagan	tengan	conozcan

> Bei den Verben auf **-iar** und **-uar** wird in den stammbetonten Formen das **i** bzw. **u** betont; sie erhalten daher einen Akzent: enviar > envíe, continuar > continúe.

> Die Verben auf **-uir** fügen nach dem Stamm ein **y** ein: incluir > incluya.

> Weitere unregelmäßige Verben:

dar	estar	ir	saber	ser	ver
dé	esté	vaya	sepa	sea	vea
des	estés	vayas	sepas	seas	veas
dé	esté	vaya	sepa	sea	vea
demos	estemos	vayamos	sepamos	seamos	veamos
deis	estéis	vayáis	sepáis	seáis	veáis
den	estén	vayan	sepan	sean	vean

> Das Präsens des Subjuntivo von **hay** (haber) ist **haya**.

3.9 Das Perfekt des Subjuntivo

> Das Perfekt des Subjuntivo bildet man aus dem Präsens des Subjuntivo von **haber** und dem Partizip Perfekt. Dieses ist immer unveränderlich:

	haber	Partizip Perfekt
yo	**haya**	
tú	**hayas**	hablado
él / ella / usted	**haya**	bebido
nosotros/-as	**hayamos**	vivido
vosotros/-as	**hayáis**	
ellos / ellas / ustedes	**hayan**	

> Zum Gebrauch des Subjuntivo siehe 3.11 und 3.12.

3.10 Das Imperfekt des Subjuntivo

> Das Imperfekt des Subjuntivo wird von der 3. Person Plural des Indefinido abgeleitet (ellos hablaron, bebieron, vivieron), indem man die Endung **-ron** durch die Endungen **-ra, -ras, -ra, -ramos, -rais, -ran** ersetzt:

	Verben auf **-ar**	Verben auf **-er**	Verben auf **-ir**	unregelmäßig
yo	habl**ara**	beb**iera**	viv**iera**	estar: **estuviera**, …
tú	habl**aras**	beb**ieras**	viv**ieras**	tener: **tuviera**, …
él / ella / usted	habl**ara**	beb**iera**	viv**iera**	ser / ir: **fuera**, …
nosotros/-as	habl**áramos**	beb**iéramos**	viv**iéramos**	haber: **hubiera**, …
vosotros/-as	habl**arais**	beb**ierais**	viv**ierais**	poder: **pudiera**, …
ellos / ellas / ustedes	habl**aran**	beb**ieran**	viv**ieran**	venir: **viniera**, …

> Man kann auch die Endungen **-se, -ses, -se, -semos, -seis, -sen** benutzen. Die Bedeutung ist dieselbe: habla**se**, bebie**se**, vivie**se**.

> Zum Gebrauch des Subjuntivo siehe 3.11 und 3.12.

3.11 Der Gebrauch des Subjuntivo

> Während der Indikativ einen tatsächlichen Sachverhalt ausdrückt, bringt der Subjuntivo eine persönliche Haltung des Sprechers zum Ausdruck.

> Zur Zeitenfolge in Nebensätzen mit Subjuntivo siehe 3.12.

3.11.1 Der Subjuntivo zum Ausdruck des Wünschens, Fühlens und der Einflussnahme

> Nach Verben des Wünsches (**querer**, **desear**, **esperar**, **preferir**), Fühlens (**alegrarse**, **molestar**, **sorprender**, **gustar**) und der Einflussnahme (**pedir**, **recomendar**, **aconsejar**, **ordenar**, **prohibir**) steht im Nebensatz der Subjuntivo:

Espero que ya **haya terminado** la reunión.	*Ich hoffe, dass die Sitzung schon zu Ende ist.*
No soporto que la gente no **escuche**.	*Ich ertrage es nicht, dass die Leute nicht zuhören.*
Me parece mal que sea tan caro.	*Ich finde es nicht gut, dass es so teuer ist.*
Le pedí que me **escribiera** con frecuencia.	*Ich bat ihn, mir oft zu schreiben.*

> Mit **que** + Subjuntivo werden gute Wünsche zum Ausdruck gebracht. Dieses **que** trägt keinen Akzent:

¡Que lo **pases** bien!	*Viel Spaß!*
¡Que tengas suerte!	*Viel Glück!*

> Mit **ojalá** (+ **que**) kann man ebenfalls Wünsche ausdrücken:

¡Ojalá (que) tengamos un buen viaje!	*Ich hoffe, dass wir eine gute Reise haben.*
¡Ojalá (que) haya llegado ya Manuel!	*Hoffentlich ist Manuel schon angekommen!*

3.11.2 Der Subjuntivo zum Ausdruck des Zweifelns und Infragestellens

> Wenn Verben des Glaubens, Meinens und der Wahrnehmung (**creer**, **pensar**, **parecer**, **ver**, **decir**) verneint sind und Zweifel ausgedrückt werden, benutzt man im Nebensatz den Subjuntivo:

Indikativ	Subjuntivo
Creo que en la empresa **hay** mal ambiente.	**No creo que** en la empresa **haya** mal ambiente.
Me parece que eso **es** la causa del estrés.	**No me parece que** eso **sea** la causa del estrés.
Pienso que ya **ha llegado**.	**No pienso que** ya **haya llegado**.

3.11.3 Der Subjuntivo zum Ausdruck der Wahrscheinlichkeit

> Nach Adverbien, die eine Vermutung ausdrücken, wie **quizá(s)**, **tal vez**, **probablemente**, kann Indikativ oder Subjuntivo stehen. Mit dem Indikativ drückt man einen höheren Grad der Wahrscheinlichkeit aus als mit dem Subjuntivo:

Quizás viene / **venga** gente nueva.	*Vielleicht kommen neue Leute.*
Quizás ha ganado / **haya ganado** el concurso.	*Vielleicht hat er den Wettbewerb gewonnen.*

> Beachten Sie: **A lo mejor** steht immer mit dem Indikativ:

A lo mejor cambia de profesión.	*Vielleicht wechselt er den Beruf.*

3.11.4 Der Subjuntivo nach unpersönlichen Ausdrücken

> Nach unpersönlichen Ausdrücken (**ser** + Adjektiv), die Wertung, Gefühle, Notwendigkeit, Möglichkeit, Zweifel usw. audrücken, folgt der Subjuntivo:

Es importante que la gente **hable** inglés.	*Es ist wichtig, dass man Englisch spricht.*
Es posible que tengamos trabajo.	*Es ist möglich, dass wir Arbeit haben.*
Es mejor que hablemos de ello.	*Es ist besser, dass wir darüber reden.*

> Beachten Sie: Nach unpersönlichen Konstruktionen, die Gewissheit ausdrücken, wie **es cierto**, **es verdad**, folgt der Subjuntivo nur, wenn sie verneint sind:

Indikativ	Subjuntivo
Es cierto que no **existe** el negociador ideal.	**No es cierto que** no **exista** el negociador ideal.
Es verdad que falta reconocimiento.	**No es verdad que falte** reconocimiento.

3.11.5 Der Subjuntivo in Relativsätzen

> Wenn sich der Relativsatz auf etwas Reales, Bekanntes bezieht, verwendet man den Indikativ. Wenn er sich auf etwas noch nicht Identifiziertes (Zukünftiges, Gewünschtes) bezieht, verwendet man den Subjuntivo:

Indikativ	Subjuntivo
Trabajo en una oficina **donde hay** poca luz.	Quiero trabajar en un lugar **donde haya** luz.
Vivo en un edificio **que** no **tiene** ascensor.	Busco un trabajo **que sea** adecuado para mí.

> Bezieht sich der Relativsatz auf ein Indefinitpronomen, so steht der Subjuntivo, wenn es sich um eine Frage handelt (**alguien**, **algo**) oder wenn das Indefinitpronomen verneint ist (**nada**, **nadie**, **ninguno**):
> ¿Conoces a **alguien que tenga** interés?   *Kennst du jemanden, der Interesse hat?*
> No hay **nadie que sepa** hablar chino.   *Es gibt niemanden, der Chinesisch kann.*

> Beachten Sie: Mit **que**, **quien**, **donde**, **cuando** und **como** drückt der Subjuntivo auch aus, dass eine Wahl noch nicht abgeschlossen ist oder dass man die Entscheidung anderen überlässt:
> ¿Dónde hacemos la reunión? – **Donde quieras**.   *Wo halten wir die Tagung ab? – Wo du willst.*
> ¿Cuándo nos encontramos? – **Cuando prefieras**.   *Wann treffen wir uns? – Wann du willst.*
> ¿Cómo vamos? – **Como quieras**.   *Wie gehen wir hin? – Wie du willst.*
> ¿A quién invitamos? – A **quien desees**.   *Wen laden wir ein? – Wen du möchtest.*
> ¿Qué hacemos? – **Lo que** te **guste** más.   *Was machen wir? – Was dir besser gefällt.*

> Zum Relativsatz siehe 6.2.1.

3.11.6 Der Subjuntivo nach bestimmten Konjunktionen

> Nach Konjunktionen, die ein Ziel ausdrücken, z. B. **para que** *(damit)* steht der Subjuntivo:
> Trabajamos **para que** la empresa **funcione**.   *Wir arbeiten, damit das Unternehmen funktioniert.*

> Nach Konjunktionen der Zeit, z. B. **cuando** *(wenn)* steht der Subjuntivo, wenn man sich auf etwas Zukünftiges bezieht. Der Indikativ steht, wenn man sich auf etwas Gegenwärtiges oder Vergangenes bezieht:
> **Cuando** lo **sepa**, te lo diré.   *Wenn (= sobald) ich es weiß, sage ich es dir.*
> **Cuando hay** dudas, las aclaramos.   *Wenn (= immer wenn) es Fragen gibt, klären wir sie.*

> Weitere Nebensätze siehe 6.2.

3.11.7 Der Subjuntivo in der indirekten Rede

> Zur indirekten Rede siehe 6.3.2.

3.11.8 Der Gebrauch von Infinitiv oder Subjuntivo

> Ob man den Infinitiv oder Subjuntivo verwendet, hängt davon ab, ob Haupt- und Nebensatz dasselbe Subjekt haben oder nicht. Sind die Subjekte identisch, verwendet man den Infinitiv; sind sie verschieden, verwendet man **que** + Subjuntivo:
> **Quiero comprar** muchas cosas nuevas.   *Ich will viele neue Sachen kaufen.*
> **Quiero que** (**tú**) **compres** muchas cosas nuevas.   *Ich will, dass du viele neue Sachen kaufst.*

> Nach unpersönlichen Ausdrücken (siehe 3.11.4) steht der Infinitiv, wenn der Nebensatz eine Verallgemeinerung enthält. Steht im Nebensatz ein persönliches Subjekt, verwendet man **que** + Subjuntivo:
> **Es necesario tener** mucha paciencia.   *Es ist nötig, viel Geduld zu haben.*
> **Es necesario que** (**usted**) **tenga** mucha paciencia.   *Es ist nötig, dass Sie viel Geduld haben.*

3.12 Die Zeitenfolge in Nebensätzen mit Subjuntivo

> Die Verwendung der Zeiten in Nebensätzen mit Subjuntivo hängt davon ab, in welcher Zeit das einleitende Verb im Hauptsatz steht:

Hauptsatz: Indikativ	Nebensatz: Subjuntivo
Präsens / Perfekt / Futur / Imperativ **Intento / He intentado / Intentaré / Intenta**	Präsens / Perfekt des Subjuntivo que **participe / haya participado**.
Imperfekt / Indefinido / Plusquamp. / Konditional **Intentaba / Intentó / Había intentado / Intentaría**	Imperfekt des Subjuntivo que **participara**.

> Das Perfekt des Subjuntivo wird nach den gleichen Regeln verwendet wie das Präsens des Subjuntivo, es bezieht sich jedoch auf eine vergangene Handlung bzw. bei Temporalsätzen auf eine zukünftige Handlung:
> **Espero** que **termine** la conferencia.　　　　**Espero** que **haya terminado** la conferencia.
> Te lo daré **cuando termine**.　　　　　　　　　Te lo daré **cuando haya terminado**.

> Das Imperfekt des Subjuntivo wird immer dann verwendet, wenn die Ausdrücke, die den Subjuntivo erfordern, im Imperfekt, Indefinido, Plusquamperfekt oder Konditional stehen:
> **Quiero** que **vengas**.　　　　　　　　　　　**Quería** que **vinieras**.

3.13 Verbale Periphrasen

> Im Spanischen gibt es viele verbale Konstruktionen (Periphrasen), die aus zwei Verben bestehen: einem konjugierten Verb, das in verschiedenen Zeiten stehen kann, und einem Infinitiv, Gerundium oder Partizip Perfekt:
> **He dejado de trabajar** este año.　　　　　　*Ich habe dieses Jahr aufgehört zu arbeiten.*
> **Sigo esperando** un ascenso.　　　　　　　　*Ich warte noch auf eine Beförderung.*
> El trabajo todavía no **está terminado**.　　　　*Die Arbeit ist noch nicht erledigt.*

> Da diese verbalen Konstruktionen eine Einheit bilden, müssen Objekt- oder Reflexivpronomen vor der ganzen Verbkonstruktion stehen oder an den Infinitiv oder das Gerundium angehängt werden:
> Se lo <u>**voy a decir**</u>. > <u>**Voy a decír**</u>selo.

> Die verbalen Periphrasen können die Pflicht, Möglichkeit oder Zeit (Beginn, Fortsetzung und Ende) einer Handlung ausdrücken.

> In *Meta Profesional A1 – A2* (S. 141) haben Sie bereits **ir a** + Infinitiv kennen gelernt, um über ein Vorhaben in der Zukunft zu sprechen, sowie **tener que / hay que** + Infinitiv, um eine Notwendigkeit auszudrücken.

3.13.1 Modalperiphrasen

> Diese verbalen Periphrasen drücken eine Pflicht, Notwendigkeit, Möglichkeit, Erlaubnis oder ein Verbot aus:

Pflicht / Notwendigkeit	**hay que** + Infinitiv **tener que** + Infinitiv **deber** + Infinitiv	*man muss* *müssen* *sollen*	**Hay que pensar** antes de hablar. Ya he escrito el informe. **Tengo que irme**. ¿Cómo **debe ser** una buena campaña?
Möglichkeit / Erlaubnis	**poder** + Infinitiv	*können* *dürfen*	**Podemos terminar** antes. ¿**Puedo abrir** la ventana?
Verbot	**no deber** + Infinitiv	*nicht dürfen*	**No debes salir**.

3.13.2 Temporalperiphrasen

> Diese verbalen Periphrasen drücken Beginn, Fortsetzung, Ende, Wiederholung oder Veränderung einer Handlung aus:

bevorstehende Handlung	**estar a punto de** + Infinitiv **ir a** + Infinitiv	*dabei sein zu tun* *tun werden*	**Estoy a punto de salir**. Mañana **voy a terminar**.
Beginn	**empezar** / **comenzar a** + Inf.	*anfangen zu tun*	**Empezamos a ganar** dinero.
Fortsetzung	**estar** + Gerundium **seguir** / **continuar** + Ger.	*gerade tun* *weiterhin tun*	Te **está buscando** el jefe. **Seguimos siendo** líderes.
Ende	**acabar** / **terminar de** + Inf. **dejar de** + Infinitiv	*gerade getan haben* *aufhören zu tun*	**Acabamos de vender**lo. Ayer **dejamos de producir**.
Ergebnis	**estar** + Partizip Perfekt	*getan sein*	El objetivo **está logrado**.
Wiederholung	**volver a** + Infinitiv **soler** + Infinitiv	*wieder tun* *üblicherweise tun*	Mañana **vuelvo a llamar**. **Solemos empezar** pronto.

3.14 Die infiniten Verbformen

> Die infiniten Verbformen sind der Infinitiv, das Partizip Perfekt und das Gerundium. Sie sind unveränderlich und enthalten im Unterschied zu den konjugierten Verbformen keine Angaben über die Person, Zahl oder Zeit.

3.14.1 Der Infinitiv

> Der Infinitiv kann nach Präpositionen wie **a**, **de**, **sin** stehen und zusammen mit einigen Verben auch verbale Periphrasen bilden, siehe 3.13.

3.14.2 Das Partizip Perfekt

> Das Partizip Perfekt kann die Funktion eines Verbs oder Adjektivs haben. Als Verbform ist es unveränderlich und bildet mit dem Hilfsverb **haber** die zusammengesetzten Zeiten (Perfekt oder Plusquamperfekt). Als Adjektiv richtet es sich in Geschlecht und Zahl nach dem zugehörigen Substantiv:

Partizip als Verbform	Partizip als Adjektiv
Ya **he escrito** los informes. **Nos hemos acostumbrado** a este trabajo.	Los informes ya **están escritos**. Hay personas **acostumbradas** a no trabajar.

> Als Adjektiv kann das Partizip Perfekt verbale Periphrasen mit **estar** bilden. Dann drückt es das Ergebnis einer Handlung aus:
> La comida ya **está hecha**. *Das Essen ist schon fertig.*

3.14.3 Das Gerundium

> Das Gerundium kann verbale Periphrasen mit Verben wie **estar**, **seguir** oder **continuar** bilden. Es beschreibt eine Handlung, die gerade stattfindet oder fortgesetzt wird:
> Esto es justo lo que **estamos buscando**. *Das ist genau das, was wir gerade suchen.*

> Das Gerundium kann auch als Adverb fungieren und die Art und Weise einer Handlung ausdrücken:
> Trabajo **escuchando** música. *Ich arbeite und höre dabei Musik.*

3.15 Der Gebrauch von *ser* und *estar*

> Im Spanischen gibt es zwei Verben für das deutsche *sein*: **ser** und **estar**. **Ser** dient zur Definition, Identifikation und Beschreibung von Sachen oder Personen. **Estar** dient zur Beschreibung von vorübergehenden Eigenschaften, die das Produkt einer Veränderung sind. Hier eine Übersicht:

Gebrauch von **ser**:	
Identifizierung, Definition	Google **es** una empresa estadounidense.
Name, Herkunft, Beruf	**Es** Juan. **Es** médico, de Valencia.
dauerhafte Eigenschaft, Qualität	Menfer **es** una empresa joven y dinámica.
Farbe, Material	La bici **es** negra, **es** pequeña y **es** de bambú.
Datum und Uhrzeit	Hoy **es** lunes y **son** las diez y media.
Preisangabe (Gesamtbetrag)	**Son** 12 € por persona.
Besitz	La empresa **es** de mi padre.
Veranstaltungsort	La conferencia del Sr. Pons no **es** aquí.

Gebrauch von **estar**:	
örtliches Befinden	¿Dónde **está** Luis? **Está** en casa.
persönliches Befinden	¿Cómo **estás**? **Estoy** bien.
vorübergehender Zustand	Mi compañero **está** muy tranquilo.
Ergebnis einer Handlung (**estar** + Partizip Perfekt)	El hotel ya **está** reservado.
momentane Handlung (**estar** + Gerundium)	**Está** diciendo tonterías.

> Während **ser** + Adjektiv eine Eigenschaft ausdrückt, die als bleibend und charakteristisch betrachtet wird, gibt **estar** + Adjektiv einen vorübergehenden Zustand oder eine subjektive Bewertung an:

ser + Adjektiv	**estar** + Adjektiv
Este edificio **es** muy alto.	La oficina **está** sucia.
Elena **es** muy simpática.	Toda la gente **está** contenta.

> Beachten Sie: Mit den Adjektiven **bueno / malo** benutzt man normalerweise **ser**, mit den Adverbien **bien / mal** benutzt man **estar**:

ser + bueno / malo	**estar** + bien / mal
El servicio **fue** muy bueno.	**Está** bien descansar el fin de semana.
Fumar mucho **es** malo.	La fiesta no **estuvo** mal.

> Einige Adjektive ändern ihre Bedeutung, je nachdem, ob sie mit **ser** oder **estar** gebraucht werden:

ser		estar	
Este producto **es** muy **bueno**.	*gut*	Este café **está** muy **bueno**.	*lecker*
El resultado **fue malo**.	*schlecht*	Mi hijo **está malo** hoy.	*krank*
Mi compañera **es** muy **lista**.	*klug*	Ya **estoy listo**.	*fertig*
La fiesta **fue aburrida**.	*langweilig*	Hoy **estoy aburrido**.	*gelangweilt*
Espero **ser rico** algún día.	*reich*	Esta paella **está rica**.	*lecker*
Es una persona **abierta**.	*aufgeschlossen*	El banco **está abierto** hoy.	*geöffnet*

4 // Das Adverb

> Im Spanischen ist die Unterscheidung zwischen Adjektiv und Adverb wichtig. Adjektive dienen zur näheren Bestimmung eines Substantivs und stimmen mit ihm in Geschlecht und Zahl überein. Adverbien bestimmen ein Verb, Adjektiv, Adverb oder einen ganzen Satz näher und sind unveränderlich:

Adjektiv	Adverb
Tengo **buenos** conocimientos de inglés.	Hablas alemán **bien**.
Es una persona **abierta**.	Habla **abiertamente** del tema.
Hoy ha sido un día **normal**.	**Normalmente** me acuesto a las once.
Tengo **muchos** amigos.	Soy **muy** sociable.

> Adverbien können Art und Weise, Ort, Zeit, Häufigkeit, Menge usw. ausdrücken.

4.1 Modaladverbien

así	*so*	despacio	*langsam*
bien	*gut; richtig*	rápido	*schnell*
mal	*schlecht; falsch*	claro	*klar*
igual	*gleich*	alto	*hoch; laut*
regular	*mittelmäßig*		

4.1.1 Abgeleitete Adverbien auf *-mente*

> Viele Adverbien werden von Adjektiven abgeleitet. Dabei hängt man die Endung **-mente** an die weibliche Form des Adjektivs an. Endet das Adjektiv auf **-e** oder Konsonant, fügt man die Endung direkt an:
> tranquil**o** > tranquil**amente**, evident**e** > evidente**mente**, habitua**l** > habitual**mente**.

> Die abgeleiteten Adverbien auf **-mente** behalten den Akzent vom ursprünglichen Adjektiv:
> f**á**cil > f**á**cilmente, r**á**pido > r**á**pidamente.

> Einige Adverbien können die gleiche Form wie das männliche Adjektiv haben, z. B. **claro**, **rápido**, **alto**, **duro**. Als Adverb sind sie unveränderlich:
> Habla **claro** y **alto**. *Sprich klar und laut.*

> Wenn im Satz zwei oder mehr Adverbien auf **-mente** benutzt werden, wird die Endung nur an das letzte angehängt:
> Trabaja profesional y cuidadosa**mente**. *Sie arbeitet professionell und sorgfältig.*

4.2 Andere Adverbien und adverbiale Bestimmungen

4.2.1 Orts- und Richtungsangaben

aquí	*hier*	encima	*darauf*	a la izquierda	*links*
ahí	*da, dort*	debajo	*darunter*	a la derecha	*rechts*
allí	*dort*	arriba	*oben*	al lado	*daneben*
cerca	*nahe, in der Nähe*	abajo	*unten*	enfrente	*gegenüber*
lejos	*weit weg*	delante	*davor*	dentro	*drinnen*
todo recto	*geradeaus*	detrás	*dahinter*	fuera	*draußen*

4.2.2 Zeitangaben

hoy	*heute*	enseguida	*sofort*	temprano	*früh*
ayer	*gestern*	entonces	*dann; damals*	tarde	*spät*
mañana	*morgen*	luego	*dann, danach*	al final	*schließlich*
ahora	*jetzt*	después	*danach*	ya	*schon*
antes	*vorher; früher*	pronto	*bald*	todavía	*noch*

4.2.3 Häufigkeitsangaben

siempre	*immer*	a veces	*manchmal*
todos los días	*jeden Tag*	pocas veces	*selten*
muchas veces	*oft*	una vez (al año / mes)	*einmal (im Jahr / Monat)*
algunas veces	*mehrmals*	(casi) nunca	*(fast) nie*

4.2.4 Mengenangaben

demasiado	*zu (sehr)*	algo	*etwas*
bastante	*ziemlich*	nada	*überhaupt nicht*
mucho	*viel*	muy	*sehr*
poco	*wenig*	casi	*fast*

5 // Konnektoren

> Konnektoren dienen dazu, einzelne Sätze oder Satzteile miteinander zu verbinden. Es können Konjunktionen, Relativpronomen, Adverbien oder bestimmte Wendungen sein.

5.1 Diskursmarker

> Die Diskursmarker dienen dazu, das Gespräch zu steuern:

strukturieren	primero en primer lugar luego en segundo lugar al final por último en resumen	zuerst erstens dann, danach zweitens schließlich zuletzt kurzum	**Primero**, vamos a ver el presupuesto. **En primer lugar**, nos presentamos. **Luego** hablamos de los objetivos. **En segundo lugar**, vemos la gráfica. **Al final**, presentamos los resultados. **Por último**, resumimos los acuerdos. **En resumen**, hace falta mucho dinero.
hinzufügen	también además incluso no solo…, sino (que) también	auch außerdem sogar nicht nur …, sondern auch	Busco a alguien que **también** hable francés. **Además**, tengo conocimientos informáticos. **Incluso** he trabajado como jefe de ventas. Mi compañera **no solo** trabaja rápido, **sino que también** es eficiente.
Bezug nehmen	en cuanto a respecto a eso de que *(fam)*	in Bezug auf bezüglich was … angeht	**En cuanto a / Respecto a** organizar una visita a nuestra fábrica, hablaremos más tarde de ello. **Eso de que** nos suben el sueldo no lo creo.
klarstellen, umformulieren	es decir en otras palabras o sea	das heißt mit anderen Worten das heißt	Lo vamos a hacer como siempre, **es decir** / **en otras palabras**, no cambiaremos nada. Hay que ser diferente, **o sea**, original.
gegenüberstellen	pero sino (que) en cambio sin embargo por un lado…, por otro (lado)	aber sondern hingegen jedoch einerseits …, andererseits	Es un producto bueno, **pero** es muy caro. No va a Valencia, **sino** a Alicante. No es simpático, **en cambio** muy trabajador. Tengo dudas, **sin embargo** sigo adelante. **Por un lado** entiendo lo que me pides, **por otro** no puedo permitirlo.
Beispiele geben	en concreto por ejemplo	konkret zum Beispiel	Me refiero a las ventas, **en concreto** a las de mayo. **Por ejemplo**, hay que reservar una sala.
mündlich reagieren	oye claro bueno	hör mal klar nun, also	**Oye**, ¿y si vamos al cine? **Claro**, tome los presupuestos. **Bueno**, eso depende de cada persona.

5.2 Temporale Konnektoren

> Diese Wörter oder Wendungen setzen Handlungen zeitlich miteinander in Beziehung:

el 1 de enero de 1999 en 1999, en el s. XX a principios de a finales de	am in, im Anfang des/der Ende des/der	Llegué a China **el 1 de enero de 1999**. El chocolate llegó a Europa **en 1528**. La empresa se fundó **a principios del** s. XX. **A finales del** siglo pasado hubo muchas crisis.
antes de + Substantiv **antes de** + Infinitiv **después de** + Substantiv **después de** + Infinitiv	vor bevor nach nachdem	Llegó poco **antes de** la inauguración. **Antes de** confirmarlo tengo que pensarlo. **Después de** la entrevista me fui a casa. **Después de** desayunar nos reuniremos.
desde + Zeitpunkt **desde que** + Verb	seit seitdem	Estoy trabajando en este informe **desde** ayer. Estoy trabajando **desde que** me lo dijiste.
hace + Zeitraum **desde hace** + Zeitraum	vor seit	Entregué el informe **hace** tres días. Estoy trabajando en esto **desde hace** tres días.
durante + Substantiv	während	**Durante** sus estudios trabajó de camarero.
cuando + Verb	als, wenn	**Cuando** era joven, me gustaba salir.

> Das Wichtigste über das Datum und die Uhrzeit finden Sie in *Meta profesional A1–A2*, S. 134.

> Zum Temporalsatz siehe 6.2.2.

5.2.1 Der Gebrauch von *hace*, *desde hace*, *desde*, *desde que*

hace + Zeitraum	vor	Llegué **hace** diez años a Madrid.
desde hace + Zeitraum	seit	Vivo aquí **desde hace** diez años.
desde + Zeitpunkt	seit	Vivo aquí **desde** 2006.
desde que + Verb	seitdem	**Desde que** existe Internet, no escribo cartas.

> Mit **hace** *(vor)* bezieht man sich auf ein Ereignis in der Vergangenheit und gibt an, wie lange es zurückliegt:
> Llegué a Madrid **hace diez años**.   *Ich kam vor zehn Jahren nach Madrid.*

> Mit **desde hace** *(seit)* bezieht man sich auf etwas, das in der Vergangenheit begann und bis heute andauert, und gibt den seitdem vergangenen Zeitraum an:
> Vivo aquí **desde hace diez años**.   *Ich wohne seit zehn Jahren hier.*

> Mit **desde** *(seit)* oder **desde que** *(seitdem)* benennt man einen konkreten Zeitpunkt in der Vergangenheit, an dem etwas begann, das bis heute andauert:
> Estoy trabajando en el informe **desde ayer**.   *Ich arbeite seit gestern an dem Bericht.*
> Estoy trabajando **desde que llegué**.   *Ich arbeite, seitdem ich gekommen bin.*

Gramática

5.3 Kausale und konsekutive Konnektoren

> Mit **por**, **porque** oder **como** drückt man eine Begründung aus:
> Todos compran el producto **por** su precio. *(wegen)*
> Lo compran **porque** es barato. *(weil)*
> **Como** es barato, lo compran. *(da)*

> Beachten Sie: **Como** steht immer am Satzanfang, **porque** normalerweise nach dem Hauptsatz:
> **Como** es puntual, siempre llega a tiempo.
> Siempre llega a tiempo **porque** es puntual.

> Mit **por eso**, **en consecuencia**, **así que**, **por lo tanto** gibt man die Folge einer Aussage des Hauptsatzes an:
> Trabaja mucho, **por eso** está cansada. *(deshalb)*
> Es tarde, **así que** tenemos que irnos. *(also)*

> Zum Kausalsatz siehe 6.2.4, zum Konsekutivsatz siehe 6.2.5.

5.4 Adversative und konzessive Konnektoren

> **Aunque**, **pero**, **sin embargo** drücken Gegensätze zur Aussage des Hauptsatzes aus:
> Mi compañero es simpático, **pero** es vago. *(aber)*
> Vive en Cuba, **aunque** no habla español. *(obwohl)*
> Está de acuerdo, **sin embargo** no lo dice. *(jedoch)*

> Beachten Sie: **Sino** wird benutzt, um etwas richtigzustellen, und steht normalerweise nach einer verneinten Aussage. Folgt ein Verb, so verwendet man **sino que**:
> No necesitamos un jefe, **sino** un compañero.   *Wir brauchen keinen Chef, sondern einen Kollegen.*
> No solo es malo, **sino que** además aburre.   *Es ist nicht nur schlecht, sondern es langweilt auch.*

> Zum Konzessivsatz siehe 6.2.6.

6 // Der Satz

6.1 Der Fragesatz

> Das Wichtigste über den Fragesatz und die Fragewörter finden Sie in *Meta profesional A1 – A2* (S. 147).

6.1.1 Der Gebrauch von *qué* und *cuál / cuáles*

> Mit **qué** + Verb fragt man nach Dingen oder Sachverhalten im Allgemeinen:
> ¿**Qué** has comprado?   *Was hast du gekauft?*
> ¿**Qué** significa esto?   *Was bedeutet das?*

> **Qué** + Substantiv verwendet man, um nach Personen oder Sachen aus einer Gruppe zu fragen:
> ¿**Qué productos** compras por Internet?   *Welche Produkte kaufst du im Internet?*
> ¿**Qué artista** diseñó el logotipo?   *Welcher Künstler hat das Logo entworfen?*

> **Cuál / cuáles** + Verb verwendet man, um nach Personen oder Sachen aus einer bereits bekannten Gruppe zu fragen:
> ¿**Cuál** has comprado? *Welches hast du gekauft?*
> ¿**Cuáles** son tus marcas preferidas? *Welche sind deine Lieblingsmarken?*
> ¿**Cuál de estos folletos** entregamos? *Welche dieser Broschüren geben wir ab?*

> Beachten Sie: **cuál / cuáles** kann nicht vor Substantiven stehen:
> ¿Cuáles ~~tiendas~~ te gustan más?

6.2 Die Nebensätze

6.2.1 Der Relativsatz

> Die Relativpronomen (**que**, **quien**, **donde**) leiten einen Nebensatz ein, der sich auf ein vorangegangenes Wort oder den Inhalt eines ganzen Satzes bezieht.

> Das häufigste Relativpronomen ist **que**. Es ist unveränderlich und kann sich auf Personen oder Sachen, Singular oder Plural beziehen:
> Es un proyecto **que** es un desafío. *Es ist ein Projekt, das eine Herausforderung ist.*
> Me gustan las personas **que** saben escuchar. *Ich mag Menschen, die zuhören können.*

> Relativsätze können auch durch eine Präposition eingeleitet werden. Dann steht normalerweise zwischen der Präposition und dem Relativpronomen der bestimmte Artikel **el / la / lo / los / las**. Dieser richtet sich in Geschlecht und Zahl nach dem Substantiv, auf das er sich bezieht:
> Voy **a** una fiesta que empieza a las ocho. > La fiesta **a la que** voy empieza a las ocho.
> Me llevo bien **con** personas responsables. > Las personas **con las que** me llevo bien son responsables.

> In Verbindung mit Orten verwendet man **donde** *(wo)*, aber auch **en el / la / los / las que**:
> La sala **donde / en la que** comemos es grande. *Der Raum, wo / in dem wir essen, ist groß.*

> Wenn sich der Relativsatz auf etwas Reales, Bekanntes bezieht, verwendet man den Indikativ. Bezieht er sich dagegen auf etwas noch nicht Identifiziertes (Zukünftiges, Gewünschtes), verwendet man den Subjuntivo:
> Ofrecemos actividades **que son** originales. *Wir bieten Aktivitäten an, die originell sind.*
> Buscamos actividades **que sean** originales. *Wir suchen Aktivitäten, die originell sind / sein sollen.*

6.2.2 Der Temporalsatz

> Temporalsätze geben an, wann sich das Geschehen des Hauptsatzes vollzieht, und können die Vor-, Gleich- oder Nachzeitigkeit einer Handlung wiedergeben. Häufige Konjunktionen sind **cuando**, **antes de** oder **después de**.

> In Nebensätzen mit **cuando** steht der Indikativ, wenn von gegenwärtigen oder vergangenen Handlungen oder Ereignissen die Rede ist:
> **Cuando hay** dudas, las aclaramos. *(Immer) Wenn es Fragen gibt, klären wir sie.*
> **Cuando pregunté**, contestaron pronto. *Als ich fragte, antworteten sie schnell.*

> Wird dagegen etwas Zukünftiges ausgedrückt, so verwendet man **cuando** mit Subjuntivo:
> **Cuando tenga** dudas, dígamelo. *Wenn Sie Fragen haben, sagen Sie es mir.*
> **Cuando termine**, te lo doy. *Wenn / Sobald ich fertig bin, gebe ich es dir.*

> Temporale Konnektoren siehe 5.2.

6.2.3 Der Finalsatz

> Finalsätze geben eine Absicht, einen Zweck oder ein Ziel an. Mit der Konjunktion **para que** verwendet man immer den Subjuntivo:

Te escribo **para que** me **aconsejes**.	*Ich schreibe dir, damit du mir einen Rat gibst.*
Sirven **para que** la gente **se sienta** bien.	*Sie dienen dazu, dass die Leute sich wohl fühlen.*

> Ist das Subjekt im Hauptsatz und Nebensatz identisch, verwendet man **para** + Infinitiv:

Voy **para conocer** a gente nueva.	*Ich gehe hin, um neue Leute kennen zu lernen.*

6.2.4 Der Kausalsatz

> Kausalsätze geben den Grund für einen Sachverhalt im Hauptsatz an. Man verwendet normalerweise den Indikativ:

No fui a trabajar **porque** estuve enfermo.	*Ich ging nicht zur Arbeit, weil ich krank war.*
Como había mucho tráfico, llegué tarde.	*Da es viel Verkehr gab, kam ich zu spät.*

> Kausale Konnektoren siehe 5.3.

6.2.5 Der Konsekutivsatz

> Konsekutivsätze geben eine Folge an, die sich aus einer vorangegangenen Handlung ergibt. Man verwendet normalerweise den Indikativ:

Está permitido fumar, **por eso** lo hago.	*Das Rauchen ist erlaubt, deshalb mache ich es.*

> Konsekutive Konnektoren siehe 5.3.

6.2.6 Der Konzessivsatz

> Konzessivsätze geben eine Einschränkung oder eine Einräumung an:

Aunque tenía la idea, necesitaba dinero.	*Obwohl er die Idee hatte, brauchte er Geld.*

> Adversative und konzessive Konnektoren siehe 5.4.

6.2.7 Der Bedingungssatz

> Der Bedingungs- oder Konditionalsatz drückt aus, dass ein Ereignis oder eine Handlung nur unter einer bestimmten Bedingung eintritt. Diese Bedingung wird im Nebensatz aufgestellt und im Hauptsatz die Folge dieser Bedingung genannt. Meistens wird der Nebensatz mit **si** eingeleitet.

> Ist die Bedingung aus der Sicht des Sprechers in der Gegenwart oder Zukunft erfüllbar, so steht im **si**-Satz Indikativ Präsens oder eine Vergangenheitszeit, im Hauptsatz steht Indikativ Präsens, Futur oder Imperativ:

Nebensatz: **si** + Indikativ Präsens / Vergangenheit	Hauptsatz: Indikativ Präsens / Futur / Imperativ
Si quieres tener éxito,	trabaja duro.
Si todos escuchamos,	lo lograremos.
Si Marta se ha enfadado,	es porque tiene mucho estrés.

> Beachten Sie: Im **si**-Satz steht niemals Futur:
> **Si** mañana ~~lloverá~~ llueve, no vamos / iremos a la playa.

6.3 Die indirekte Rede

> Die indirekte Rede dient dazu, die Worte einer dritten, meist nicht anwesenden Person wiederzugeben. Diese Worte werden durch Verben wie **decir / explicar** + **que** eingeleitet.

> Mit der indirekten Rede kann man Aussagen, Fragen, Bitten oder Aufforderungen wiedergeben:
> "Estoy cansado." > **Juan dice que está cansado.**
> "¿Puedo empezar?" > **Juan pregunta si puede empezar.**
> "Ven." > **Dice que vengas.**

> Wie im Deutschen ergeben sich in der indirekten Rede Änderungen durch den Wechsel der Sprecherperspektive, z. B. Subjektpronomen, Verben, Possessivbegleiter, Demonstrativbegleiter usw.:

	direkte Rede	indirekte Rede
Subjektpronomen	"**Yo** estoy contento."	Dice que **él** está contento.
Verbform	"**Fui** a una fiesta."	Explicó que **fue** a una fiesta.
Possessivbegleiter	"Ese trabajo era **mi** sueño."	Dice que ese trabajo era **su** sueño.
Demonstrativbegleiter	"Tenemos **esta** posibilidad."	Comenta que tienen **esa** posibilidad.
Ortsangaben	"**Aquí** nos reunimos."	Explica que **allí** se reúnen.

6.3.1 Die Wiedergabe von Aussagen und Fragen

> Handelt es sich um eine Aussage, so wird die indirekte Rede von einem Verb des Sagens eingeleitet, z. B. **decir**, **comentar**, **contar**, **explicar** + **que** (dass):
> "Me gustaba la vida en Madrid." > **Dice que** le gustaba la vida en Madrid.

> Gibt man eine Frage wieder, so wird die indirekte Rede von einem Verb des Fragens eingeleitet, z. B. **preguntar** oder **querer saber**. Enthält die Frage kein Fragewort, so wird die indirekte Frage durch **si** (ob) eingeleitet:
> "¿Quieres un café?" > **Pregunta si** quieres un café.

> Wird die Frage von einem Fragewort (**cuándo**, **dónde**, **quién**, …) eingeleitet, bleibt dieses auch in der indirekten Rede erhalten:
> "¿Cuántos años tienes?" > **Pregunta cuántos** años tienes.

6.3.2 Die Wiedergabe von Bitten und Aufforderungen

> Gibt man eine Bitte, eine Aufforderung oder einen Ratschlag wieder, verwendet man den Subjuntivo. Im Deutschen steht in diesen Fällen oft „sollen". Die indirekte Rede wird von Verben wie **decir**, **ordenar**, **pedir**, **aconsejar** + **que** eingeleitet:
> "¡Ven!" > **Ordena que vengas**.

> Beachten Sie: Das Verb **decir** kann sowohl eine Aussage mit dem Indikativ als auch eine Bitte oder Aufforderung mit dem Subjuntivo wiedergeben:

Aussage: Indikativ	Bitte, Aufforderung, Rat: Subjuntivo
Dice que **entrega** el informe hoy.	Dice que **entregue** el informe hoy.
Er sagt, dass er den Bericht heute abgibt.	*Er sagt, dass ich den Bericht heute abgeben soll.*

Tabla de verbos

Hier finden Sie zunächst ein Konjugationsmodell der regelmäßigen Verben auf **-ar**, **-er** und **-ir**. Danach folgen die wichtigsten Verben, die in *Meta profesional B1* vorkommen, sowie die Verben mit unregelmäßigen Formen im Präsens (**c > zc, e > ie, e > i, i > y, o > ue, u > ue**).

Verben, bei denen sich nur die Schreibweise ändert, damit die Aussprache erhalten bleibt, werden nicht aufgeführt, z. B. bus**c**ar > bus**qu**é, empe**z**ar > empe**c**é, lle**g**ar > lle**gu**é, exi**g**ir > exi**j**o. Dasselbe gilt für die Verben auf **-iar** und **-uar**, die in den stammbetonten Formen einen Akzent haben: enviar > enví**o**, continuar > continú**o**.

Infinitiv	Präsens	Imperfekt	Indefinido	Futur	Konditional	Präsens des Subjuntivo	Imperfekt des Subjuntivo	Imperativ	Partizip Gerundium
tom**ar**	tomo tomas toma tom**amos** tomáis toman	tomaba tomabas tomaba tomábamos tomabais tomaban	tomé tomaste tomó tomamos tomasteis tomaron	tomaré tomarás tomará tomaremos tomaréis tomarán	tomaría tomarías tomaría tomaríamos tomaríais tomarían	tome tomes tome tomemos toméis tomen	tomara tomaras tomara tomáramos tomarais tomaran	toma tome tomad tomen	tomado tomando
aprend**er**	aprendo aprendes aprende aprend**emos** aprendéis aprenden	aprendía aprendías aprendía aprendíamos aprendíais aprendían	aprendí aprendiste aprendió aprendimos aprendisteis aprendieron	aprenderé aprenderás aprenderá aprenderemos aprenderéis aprenderán	aprendería aprenderías aprendería aprenderíamos aprenderíais aprenderían	aprenda aprendas aprenda aprendamos aprendáis aprendan	aprendiera aprendieras aprendiera aprendiéramos aprendierais aprendieran	aprende aprenda aprended aprendan	aprendido aprendiendo
consum**ir**	consumo consumes consume consum**imos** consumís consumen	consumía consumías consumía consumíamos consumíais consumían	consumí consumiste consumió consumimos consumisteis consumieron	consumiré consumirás consumirá consumiremos consumiréis consumirán	consumiría consumirías consumiría consumiríamos consumiríais consumirían	consuma consumas consuma consumamos consumáis consuman	consumiera consumieras consumiera consumiéramos consumierais consumieran	consume consuma consumid consuman	consumido consumiendo

ciento veintisiete

Infinitiv	Präsens	Imperfekt	Indefinido	Futur	Konditional	Präsens des Subjuntivo	Imperfekt des Subjuntivo	Imperativ	Partizip Gerundium
abrir									**abierto**
atender (e > ie)	**atiendo** atiendes atiende atendemos atendéis atienden	atendía atendías atendía atendíamos atendíais atendían	atendí atendiste atendió atendimos atendisteis atendieron	atenderé atenderás atenderá atenderemos atenderéis atenderán	atendería atenderías atendería atenderíamos atenderíais atenderían	**atienda atiendas atienda** atendamos atendáis **atiendan**	atendiera atendieras atendiera atendiéramos atendierais atendieran	**atiende atienda** atended **atiendan**	atendido atendiendo
caer	**caigo** caes cae caemos caéis caen	caía caías caía caíamos caíais caían	caí caíste cayó caímos caísteis cayeron	caeré caerás caerá caeremos caeréis caerán	caería caerías caería caeríamos caeríais caerían	**caiga caigas caiga caigamos caigáis caigan**	cayera cayeras cayera cayéramos cayerais cayeran	cae **caiga** caed **caigan**	caído cayendo
construir (i > y)	construyo construyes construye construimos construís construyen	construía construías construía construíamos construíais construían	construí construiste construyó construimos construisteis construyeron	construiré construirás construirá construiremos construiréis construirán	construiría construirías construiría construiríamos construiríais construirían	construya construyas construya construyamos construyáis construyan	construyera construyeras construyera construyéramos construyerais construyeran	construye construya construid construyan	construido construyendo
costar (o > ue)	**cuesto cuestas cuesta** costamos costáis **cuestan**	costaba costabas costaba costábamos costabais costaban	costé costaste costó costamos costasteis costaron	costaré costarás costará costaremos costaréis costarán	costaría costarías costaría costaríamos costaríais costarían	**cueste cuestes cueste** costemos costéis **cuesten**	costara costaras costara costáramos costarais costaran	**cuesta cueste** costad **cuesten**	costado costando
crecer (c > zc)	**crezco** creces crece crecemos crecéis crecen	crecía crecías crecía crecíamos crecíais crecían	crecí creciste creció crecimos crecisteis crecieron	creceré crecerás crecerá creceremos creceréis crecerán	crecería crecerías crecería creceríamos creceríais crecerían	**crezca crezcas crezca crezcamos crezcáis crezcan**	creciera crecieras creciera creciéramos crecierais crecieran	crece **crezca** creced **crezcan**	crecido creciendo
dar	**doy** das da damos dais dan	daba dabas daba dábamos dabais daban	**di diste dio dimos disteis dieron**	daré darás dará daremos daréis darán	daría darías daría daríamos daríais darían	**dé** des **dé** demos deis den	**diera dieras diera diéramos dierais dieran**	da **dé** dad den	dado dando

Tabla de verbos

Infinitiv	Präsens	Imperfekt	Indefinido	Futur	Konditional	Präsens des Subjuntivo	Imperfekt des Subjuntivo	Imperativ	Partizip / Gerundium
decir	**digo** dices dice decimos decís dicen	decía decías decía decíamos decíais decían	**dije dijiste dijo dijimos dijisteis dijeron**	**diré dirás dirá diremos diréis dirán**	**diría dirías diría diríamos diríais dirían**	**diga digas diga digamos digáis digan**	**dijera dijeras dijera dijéramos dijerais dijeran**	**di diga** decid **digan**	**dicho** diciendo
dormir	**duermo duermes duerme** dormimos dormís **duermen**	dormía dormías dormía dormíamos dormíais dormían	dormí dormiste **durmió** dormimos dormisteis **durmieron**	dormiré dormirás dormirá dormiremos dormiréis dormirán	dormiría dormirías dormiría dormiríamos dormiríais dormirían	**duerma duermas duerma** durmamos durmáis **duerman**	durmiera durmieras durmiera durmiéramos durmierais durmieran	**duerme duerma** dormid **duerman**	dormido **dur**miendo
escribir									**escrito**
estar	**estoy estás está** estamos estáis **están**	estaba estabas estaba estábamos estabais estaban	**estuve estuviste estuvo estuvimos estuvisteis estuvieron**	estaré estarás estará estaremos estaréis estarán	estaría estarías estaría estaríamos estaríais estarían	**esté estés esté** estemos estéis **estén**	**estuviera estuvieras estuviera estuviéramos estuvierais estuvieran**	**está esté** estad **estén**	estado estando
haber	**he has ha (hay) hemos** habéis **han**	había habías había habíamos habíais habían	**hube hubiste hubo hubimos hubisteis hubieron**	**habré habrás habrá habremos habréis habrán**	**habría habrías habría habríamos habríais habrían**	**haya hayas haya hayamos hayáis hayan**	**hubiera hubieras hubiera hubiéramos hubierais hubieran**	**ha haya** habed **hayan**	habido habiendo
hacer	hago haces hace hacemos hacéis hacen	hacía hacías hacía hacíamos hacíais hacían	**hice hiciste hizo hicimos hicisteis hicieron**	**haré harás hará haremos haréis harán**	**haría harías haría haríamos haríais harían**	haga hagas haga hagamos hagáis hagan	**hiciera hicieras hiciera hiciéramos hicierais hicieran**	**haz** haga haced hagan	**hecho** haciendo
invertir	invierto inviertes invierte invertimos invertís invierten	invertía invertías invertía invertíamos invertíais invertían	invertí invertiste invirtió invertimos invertisteis invirtieron	invertiré invertirás invertirá invertiremos invertiréis invertirán	invertiría invertirías invertiría invertiríamos invertiríais invertirían	invierta inviertas invierta invirtamos invirtáis inviertan	invirtiera invirtieras invirtiera invirtiéramos invirtierais invirtieran	invierte invierta invertid inviertan	invertido invirtiendo

Infinitiv	Präsens	Imperfekt	Indefinido	Futur	Konditional	Präsens des Subjuntivo	Imperfekt des Subjuntivo	Imperativ	Partizip Gerundium
ir	voy vas va vamos vais van	iba ibas iba íbamos ibais iban	fui fuiste fue fuimos fuisteis fueron	iré irás irá iremos iréis irán	iría irías iría iríamos iríais irían	vaya vayas vaya vayamos vayáis vayan	fuera fueras fuera fuéramos fuerais fueran	ve vaya id vayan	ido yendo
jugar (u > ue)	juego juegas juega jugamos jugáis juegan	jugaba jugabas jugaba jugábamos jugabais jugaban	jugué jugaste jugó jugamos jugasteis jugaron	jugaré jugarás jugará jugaremos jugaréis jugarán	jugaría jugarías jugaría jugaríamos jugaríais jugarían	juegue juegues juegue juguemos juguéis jueguen	jugara jugaras jugara jugáramos jugarais jugaran	juega juegue jugad jueguen	jugado jugando
mover (o > ue)	muevo mueves mueve movemos movéis mueven	movía movías movía movíamos movíais movían	moví moviste movió movimos movisteis movieron	moveré moverás moverá moveremos moveréis moverán	movería moverías movería moveríamos moveríais moverían	mueva muevas mueva movamos mováis muevan	moviera movieras moviera moviéramos movierais movieran	mueve mueva moved muevan	movido moviendo
negar (e > ie)	niego niegas niega negamos negáis niegan	negaba negabas negaba negábamos negabais negaban	negué negaste negó negamos negasteis negaron	negaré negarás negará negaremos negaréis negarán	negaría negarías negaría negaríamos negaríais negarían	niegue niegues niegue neguemos neguéis nieguen	negara negaras negara negáramos negarais negaran	niega niegue negad nieguen	negado negando
oír (g)	oigo oyes oye oímos oís oyen	oía oías oía oíamos oíais oían	oí oíste oyó oímos oísteis oyeron	oiré oirás oirá oiremos oiréis oirán	oiría oirías oiría oiríamos oiríais oirían	oiga oigas oiga oigamos oigáis oigan	oyera oyeras oyera oyéramos oyerais oyeran	oye oiga oíd oigan	oído oyendo
poder	puedo puedes puede podemos podéis pueden	podía podías podía podíamos podíais podían	pude pudiste pudo pudimos pudisteis pudieron	podré podrás podrá podremos podréis podrán	podría podrías podría podríamos podríais podrían	pueda puedas pueda podamos podáis puedan	pudiera pudieras pudiera pudiéramos pudierais pudieran	puede pueda poded puedan	podido pudiendo

Tabla de verbos

Infinitiv	Präsens	Imperfekt	Indefinido	Futur	Konditional	Präsens des Subjuntivo	Imperfekt des Subjuntivo	Imperativ	Partizip Gerundium
poner	pongo pones pone ponemos ponéis ponen	ponía ponías ponía poníamos poníais ponían	puse pusiste puso pusimos pusisteis pusieron	pondré pondrás pondrá pondremos pondréis pondrán	pondría pondrías pondría pondríamos pondríais pondrían	ponga pongas ponga pongamos pongáis pongan	pusiera pusieras pusiera pusiéramos pusierais pusieran	pon ponga poned pongan	puesto poniendo
producir	produzco produces produce producimos producís producen	producía producías producía producíamos producíais producían	produje produjiste produjo produjimos produjisteis produjeron	produciré producirás producirá produciremos produciréis producirán	produciría producirías produciría produciríamos produciríais producirían	produzca produzcas produzca produzcamos produzcáis produzcan	produjera produjeras produjera produjéramos produjerais produjeran	produce produzca producid produzcan	producido produciendo
querer	quiero quieres quiere queremos queréis quieren	quería querías quería queríamos queríais querían	quise quisiste quiso quisimos quisisteis quisieron	querré querrás querrá querremos querréis querrán	querría querrías querría querríamos querríais querrían	quiera quieras quiera queramos queráis quieran	quisiera quisieras quisiera quisiéramos quisierais quisieran	quiere quiera quered quieran	querido queriendo
romper									**roto**
saber	sé sabes sabe sabemos sabéis saben	sabía sabías sabía sabíamos sabíais sabían	supe supiste supo supimos supisteis supieron	sabré sabrás sabrá sabremos sabréis sabrán	sabría sabrías sabría sabríamos sabríais sabrían	sepa sepas sepa sepamos sepáis sepan	supiera supieras supiera supiéramos supierais supieran	sabe sepa sabed sepan	sabido sabiendo
salir	salgo sales sale salimos salís salen	salía salías salía salíamos salíais salían	salí saliste salió salimos salisteis salieron	saldré saldrás saldrá saldremos saldréis saldrán	saldría saldrías saldría saldríamos saldríais saldrían	salga salgas salga salgamos salgáis salgan	saliera salieras saliera saliéramos salierais salieran	sal salga salid salgan	salido saliendo
seguir (e > i)	sigo sigues sigue seguimos seguís siguen	seguía seguías seguía seguíamos seguíais seguían	seguí seguiste siguió seguimos seguisteis siguieron	seguiré seguirás seguirá seguiremos seguiréis seguirán	seguiría seguirías seguiría seguiríamos seguiríais seguirían	siga sigas siga sigamos sigáis sigan	siguiera siguieras siguiera siguiéramos siguierais siguieran	sigue siga seguid sigan	seguido siguiendo

Infinitiv	Präsens	Imperfekt	Indefinido	Futur	Konditional	Präsens des Subjuntivo	Imperfekt des Subjuntivo	Imperativ	Partizip Gerundium
ser	**soy** **eres** **es** **somos** **sois** **son**	**era** **eras** **era** **éramos** **erais** **eran**	**fui** **fuiste** **fue** **fuimos** **fuisteis** **fueron**	seré serás será seremos seréis serán	sería serías sería seríamos seríais serían	**sea** **seas** **sea** **seamos** **seáis** **sean**	**fuera** **fueras** **fuera** **fuéramos** **fuerais** **fueran**	**sé** **sea** sed **sean**	sido siendo
tener	tengo tienes tiene tenemos tenéis tienen	tenía tenías tenía teníamos teníais tenían	**tuve** **tuviste** **tuvo** **tuvimos** **tuvisteis** **tuvieron**	**tendré** **tendrás** **tendrá** **tendremos** **tendréis** **tendrán**	**tendría** **tendrías** **tendría** **tendríamos** **tendríais** **tendrían**	tenga tengas tenga tengamos tengáis tengan	**tuviera** **tuvieras** **tuviera** **tuviéramos** **tuvierais** **tuvieran**	**ten** tenga tened tengan	tenido teniendo
traer	**traigo** traes trae traemos traéis traen	traía traías traía traíamos traíais traían	**traje** **trajiste** **trajo** **trajimos** **trajisteis** **trajeron**	traeré traerás traerá traeremos traeréis traerán	traería traerías traería traeríamos traeríais traerían	**traiga** **traigas** **traiga** **traigamos** **traigáis** **traigan**	**trajera** **trajeras** **trajera** **trajéramos** **trajerais** **trajeran**	trae **traiga** traed **traigan**	traído trayendo
venir	vengo vienes viene venimos venís vienen	venía venías venía veníamos veníais venían	**vine** **viniste** **vino** **vinimos** **vinisteis** **vinieron**	**vendré** **vendrás** **vendrá** **vendremos** **vendréis** **vendrán**	**vendría** **vendrías** **vendría** **vendríamos** **vendríais** **vendrían**	venga vengas venga vengamos vengáis vengan	**viniera** **vinieras** **viniera** **viniéramos** **vinierais** **vinieran**	**ven** venga venid vengan	venido viniendo
ver	**veo** ves ve vemos veis ven	**veía** **veías** **veía** **veíamos** **veíais** **veían**	**vi** viste **vio** vimos visteis vieron	veré verás verá veremos veréis verán	vería verías vería veríamos veríais verían	**vea** **veas** **vea** **veamos** **veáis** **vean**	viera vieras viera viéramos vierais vieran	ve **vea** ved **vean**	**visto** viendo
volver (o > ue)	**vuelvo** **vuelves** **vuelve** volvemos volvéis **vuelven**	volvía volvías volvía volvíamos volvíais volvían	volví volviste volvió volvimos volvisteis volvieron	volveré volverás volverá volveremos volveréis volverán	volvería volverías volvería volveríamos volveríais volverían	**vuelva** **vuelvas** **vuelva** volvamos volváis **vuelvan**	volviera volvieras volviera volviéramos volvierais volvieran	**vuelve** **vuelva** volved **vuelvan**	**vuelto** volviendo

Transcripciones

1 Productos con historia

2 b ▶1
- Ofimat, le habla Sandra Camacho. ¿En qué puedo ayudarle?
- Hola, Sandra, soy Raquel, de SALINA. Mira, hice un pedido la semana pasada, pero no ha llegado todo.
- A ver, espera, voy a mirar… El número de cliente es el 52856547, ¿verdad?
- Exacto.
- Sí, aquí lo tengo. ¿Qué día?
- El tres de septiembre.
- Tres de septiembre, tres de septiembre… Sí, aquí está. Aquí pone 15 paquetes de bolígrafos, 10 bolsas de marcadores, 5 grapadoras de plástico, 20 cuadernos, 10 cajas de sobres.
- Exacto, pero no han llegado los sobres.
- Uy, pues ha sido un error, voy a ver qué ha pasado y enseguida me ocupo, ¿vale? Y perdona.
- Vale, no te preocupes. Adiós.

8 a ▶2
- ¿Es Internet un invento positivo o negativo en nuestras vidas? Preguntamos a nuestros invitados su opinión en el programa de hoy. Marcelo Arias, nuestro crítico cultural. ¿Qué nos ha traído de bueno o de malo Internet?
- Pues en mi opinión con Internet podemos organizar nuestro tiempo libre mucho mejor. Un ejemplo concreto: ya no necesito ir a una agencia de viajes para organizar las vacaciones. Tampoco tengo que esperar horas delante de un teatro, cine o museo para comprar las entradas, porque puedo comprarlas por Internet. Además, en general estás más informado de las últimas ofertas culturales. Las posibilidades son enormes.
- Mario Cabrera, deportista de élite. ¿Para ti, las posibilidades que ofrece Internet son también enormes?
- Estoy totalmente de acuerdo. Yo lo tengo muy claro porque gracias a Internet pude hacer una carrera universitaria. Como deportista estaba constantemente entrenando o en competiciones y no podía seguir el ritmo normal de una universidad. Pienso que la formación en línea hoy en día ya es una realidad también en el ámbito de la educación, y no solo para la gente que trabaja, porque te permite adaptar tu tiempo de estudio a tu horario, y además, puedes acceder al campus a cualquier hora, hacer tus tareas a cualquier hora, preguntar dudas a cualquier hora.
- Juana Abelló, escritora: ¿Crees que Internet es el mejor invento del siglo?
- Yo creo que no, la verdad. Te pongo un ejemplo: antes vivía muy tranquila sin saber qué pasa las 24 horas del día. Es cierto que hoy puedes estar informado de lo que está pasando ahora mismo en un país a 1000 km y no tienes que esperar el periódico de mañana o las noticias del telediario, pero para la mayoría de la gente es demasiada información, se vuelve insensible. Se consume información como se consumen otros productos. Y no hay que olvidar la pérdida de calidad en las noticias. Eso es otro tema bastante complicado.

2 Trayectoria empresarial

3 c ▶3
Buenos días. Es un placer para mí estar aquí para presentarles nuestro nuevo remolque para gases líquidos. Este remolque es un ejemplo de innovación y de adaptación a las necesidades del mercado. En Lecitrailer siempre escuchamos los deseos del mercado. Por eso, hace dos años hicimos una encuesta para saber qué nos pedían nuestros clientes y los clientes reaccionaron muy bien. Y gracias a esta encuesta encontramos un hueco en el mercado, en el sector del transporte de gases líquidos. Como todos sabemos, este transporte es complicado y se necesitan remolques de seguridad. Nuestro departamento de investigación se puso enseguida a trabajar en la concepción, y después de muchos meses de esfuerzo, llegó el momento de poner en práctica todas las ideas y, así, construimos un prototipo, el primero, que probamos en el circuito. Como ya he dicho, la comunicación con nuestros clientes es clave para nosotros y por eso volvimos a contactar con ellos para mostrarles el prototipo, hablar con ellos y escuchar su opinión. Con este *feedback*, seguimos trabajando en el prototipo diez meses más. Fueron meses de esfuerzo y de sacrificio por parte de todos los departamentos de la empresa, hasta llegar al prototipo final. Gracias a este esfuerzo, en enero pasado empezamos a producir en serie en nuestra planta de Zaragoza. Acabamos de ponerlo a la venta este mes y las primeras reacciones son muy positivas.

8 b ▶▶ 4

¿Cómo empezó todo? Bueno, al principio no fue todo bien: mi primera empresa de catering no funcionó y lo dejé. Tenía 20 años y mi situación era un poco difícil. En esos momentos yo ya tenía un niño y mi familia no podía ayudarme económicamente. Un día, mi amiga Kati me invitó a visitar el negocio de su familia, un negocio de importación de ropa de Europa. Me enseñó unas camisetas y me gustaron mucho. Su diseño era muy fresco y juvenil, muy diferente a lo que había en las tiendas en ese momento. Entonces empecé a venderlas por facebook y así nació April Store en 2010. Los clientes estaban muy contentos: la gente siempre me preguntaba cuándo iba a tener un lugar para ver los nuevos productos y probárselos y todo eso. Así que al final pedí un crédito y abrí la primera tienda, porque no quería tener un negocio solo por Internet. Ahora ya tengo tres tiendas... ¡Quién lo iba a pensar cuando empecé! Y en 2013 recibí el premio para jóvenes emprendedores.

11 b ▶▶ 5

- Bueno, Juan. En primer lugar, tengo que decirte que estoy muy satisfecha con tu trabajo.
- Gracias, Marta. La verdad es que el año pasado fue duro, pero también muy interesante y aprendí mucho.
- Dime, ¿cuáles fueron para ti los logros más importantes?
- Creo que el proyecto Leonardo fue el más importante. Yo no estaba muy seguro de sus posibilidades de éxito. Era un proyecto muy ambicioso y no teníamos mucho tiempo, ni tampoco muchos recursos. Ya sabes, el presupuesto no era, cómo decirlo... no era muy generoso.
- Ya, bueno, estamos en un momento de crisis.
- Ya, pero por eso creo que, si tenemos en cuenta las condiciones, fue lo mejor que hicimos en el departamento. Porque, con todos los problemas, al final cumplimos todos los plazos y el presupuesto se respetó, y hasta recibimos un premio.
- Sí, desde luego, fue un trabajo fantástico. Y ¿qué te motivó especialmente?
- El trabajo en equipo, es que el equipo estaba muy comprometido. Eso fue lo que más me motivó. Si no tienes en tu equipo personas con las que puedes trabajar bien...
- Ahora que mencionas al equipo. ¿Qué tal Marcelo?
- Bien, muy bien. Se adaptó rápido. Creo que puede hacer mucho en el departamento.
- Y ¿qué no funcionó bien? ¿Hubo algún problema?
- Bueno, te he comentado ya que teníamos muy poco tiempo para el proyecto. Sabíamos que no podía fallar nada porque si pasaba algo, no iba a ser posible reaccionar. Y eso fue lo que pasó: la agencia de publicidad con la que trabajamos nos entregó un trabajo malo. No lo esperábamos.
- Mmm... ¿Y cómo lo resolvisteis?
- Pues no fue fácil, al final llegamos a un acuerdo con ellos. Nosotros hicimos una parte del trabajo y ellos bajaron el precio.
- Ajá, muy bien. Y ahora de cara al futuro, el próximo año, ¿qué te gustaría mejorar?
- Pues, ahora que ha pasado todo, creo que tenemos que hablar de mis perspectivas de desarrollo. Me gustaría tener más responsabilidad. Quizás hacer un curso de gestión de grupos.

3 El mundo de las ferias

3 a ▶▶ 6–8

1.
- ¿Dígame?
- Hola, Juan, soy Ana. ¿Qué tal?
- Bien, y tú, ¿cómo vas con todos los preparativos de la feria?
- Uf, imagínate, con mucho trabajo, son muchas cosas. ¿Has recibido los presupuestos que te envié de los diferentes estands?
- Sí, un momento que los abro, los tengo aquí... En realidad es suficiente con el estand pequeño. Un poco caro, ¿no?
- Eso me ha parecido. Entonces, ¿qué les digo?
- Diles que lo queremos. A ver si podemos recortar otros gastos.
- Vale, gracias, Juan.

2.
- ¿Sí?
- Hola, Ana. ¿Tienes un momento?
- Sí, claro, dime.
- Ya tengo el texto para las invitaciones y la imprenta solo necesita un día. ¿Cuándo las envío?
- Pues... Mándalas la semana que viene.
- ¿No es un poco tarde?
- Espera un momento, que miro en el calendario... Pues sí, tienes toda la razón. Envíalas el viernes, por favor.

Transcripciones

3.
- ¿Sí? Dígame.
- Hola, Ana, soy Amalia, de Ferno.
- Ah, Amalia, dime, ¿ya tenéis el plano definitivo del estand?
- Pues casi, me falta solo un detalle del que no hemos hablado.
- ¿Cómo? Yo creía que estaba todo claro, no me digas que nos hemos olvidado de algo importante.
- No, no, no. No te preocupes, no es nada grave. Se trata de los paneles, ¿los quieres delante o detrás del mostrador?
- Ah, eso, qué susto. Pues mejor ponlos detrás.
- Gracias, eso es todo. No te quito más tiempo. Hoy por la tarde te lo envío todo.
- Vale, adiós.

5 b ▶▶ 9 – 13

1.
- Buenos días, Marta, he traído más folletos.
- Muchas gracias, pero no era necesario.
- Quizás necesitamos más. ¿Puedo ponerlos aquí?
- Claro. Déjalos en el expositor para verlos bien.

2.
- Perdón, ¿se puede aparcar aquí?
- No, no, esta zona está reservada para taxis, pero los aparcamientos no están lejos.
- De acuerdo, gracias.

3.
- Buenos días, ¿en qué puedo ayudarle?
- Estoy interesado en turismo rural. ¿Puedo llevarme un catálogo?
- Claro, tome, tome. Si necesita más información, pregúnteme sin compromiso.

4.
- ¿Le molesta si dejo aquí mi abrigo?
- No, por favor, claro que no.
- Gracias.

5.
- ¿Te importa si uso este ordenador? Los otros están ocupados.
- Perdona, pero es que todavía necesito enviar un correo. En cinco minutos estoy listo, ¿vale?
- Claro, gracias.

4 Campañas publicitarias

3 b ▶▶ 14
- Hola, buenas tardes, ¿tiene usted un momento?
- Uf, la verdad es que tengo un poco de prisa. Es que me esperan y llego tarde.
- Es solo un momento, de verdad. Estamos haciendo una encuesta para un fabricante de bebidas.
- Bueno, si es solo un momento…
- Sí, sí, claro. Si le parece bien, empezamos. ¿Qué edad tiene?
- 44.
- ¿En qué tipo de hogar vive: sola, sola con hijos, en pareja, en pareja con hijos?
- En pareja con hijos. Tengo dos.
- ¿Cuáles son sus ingresos mensuales? ¿Menos de 800 € al mes, menos de 1500, menos de 3000 o más de 3000?
- Mmm… Menos de 3000.
- ¿En qué establecimiento compra normalmente: tienda tradicional, mercadillo, supermercado o cadenas de descuento?
- ¿De descuento? ¿Se refiere a sitios como Lidl o Dia?
- Sí, exactamente.
- Bueno, pues depende. La compra grande la hago en el supermercado, pero para la fruta, la verdura y el pan prefiero las tiendas de mi barrio, las de toda la vida.
- La tienda tradicional.
- Sí, eso.
- De acuerdo. ¿Cuál de estas cualidades la define mejor: conservadora, espontánea, fiel o ahorradora?
- Uf… Perdón, ¿me lo dice otra vez?
- Conservadora, si no compra productos nuevos porque está satisfecha con los que compra; espontánea, si suele comprar, por ejemplo, algo que no está en su lista de compra; fiel, si compra siempre la misma marca, por ejemplo; o ahorradora si compara precios antes de comprar, aprovecha las ofertas…
- Pues… conservadora, creo. Pero también tengo un punto espontáneo. ¿Se pueden decir dos?
- Sí, claro.
- Pues entonces, conservadora y espontánea.

5 c ▶▶ 15 – 22

1. Ahora ya nunca estarás solo. Cámbiate a Todafónica y llévate un Sunsun 8000 por 0 euros. Válido hasta fin de mes. Todafónica: Comparte tu vida.

2. Hay muchos zapatos, pero algunos se reconocen por su estilo. Reconoce el buen gusto. Reconoce CAMPERAS.
3. Olvida el estrés, olvida los problemas, olvida el dolor. Para sentirte mejor, pastillas Febrinas, las originales. Rechaza imitaciones.
4. Si te gusta el chocolate, no te resistas. Come Chokis. Cuanto más, mejor.
5. ¿Eres de los que luchan por su libertad? ¿Te gusta aparcar en cualquier sitio y moverte con rapidez? No esperes al fin de semana para subirte a tu Ronda: Ronda, libertad en la carretera.
6. Cada día requiere un momento especial. Café "Colombiana". No te conformes con menos.
7. ¿No estás satisfecho con tu trabajo? ¿Te gustaría estudiar y piensas que es tarde? Nunca es tarde. Si tienes un sueño, hazlo realidad con nuestros cursos de formación online. UAN, la universidad del futuro.
8. Prueba Sincola, la única bebida SIN y di adiós a los problemas. Sincola: sin alcohol, sin azúcar, sin cafeína, sin aditivos. Sincola: sin par.

9 a ▶▶ 23–25

1.
- ¿Sí?
○ Hola, buenos días. ¿Hablo con la señora Paula García?
- Sí, dígame.
○ Mire, mi nombre es Marta Prieto y llamo de la empresa Todafónica. Quería informarle de nuestro nuevo servicio de…
- Lo siento, no tengo tiempo. Si quiere, llámeme esta tarde.
○ De acuerdo, muchas gracias y perdone las molestias.

2.
- ¿Dígame?
○ Hola, buenos días. ¿Hablo con el señor Pedro Arencibia?
- Sí, ¿de parte de quién?
○ Mire, mi nombre es Marta Prieto y llamo de la empresa Todafónica. Quería informarle de nuestro nuevo servicio de…
- ¡Otra vez! Pero si ya me llamaron ayer. No quiero cambiar nada de mi tarifa. Muchas gracias.
○ Oh, disculpe, seguramente ha sido un error del sistema. Lo lamento.

3.
- ¿Hola?
○ Hola, buenos días. ¿Puedo hablar con el señor Antonio Lillo?
- Sí, soy yo.
○ Mi nombre es Marta Prieto y llamo de la empresa Todafónica. ¿Tiene un segundo?
- Si es rápido…
○ Sí, mire. Solo comentarle que tenemos un nuevo servicio de tarifa plana que incluye 300 minutos, 50 mensajes a móviles…

Etapa 2

1 b ▶▶ 26–29

1.
Buenas tardes, señoras y señores. Creo que fue Einstein quien dijo: "Si buscas resultados distintos, no hagas siempre lo mismo." Yo les propongo que si quieren hacer presentaciones extraordinarias, las empiecen de una forma distinta. No digan ustedes: "Hola, me llamo Pedro González, es un honor para mí estar acá. En primer lugar quiero agradecer a la organización que me hayan invitado a venir y por supuesto a ustedes…" Aburrido, aburrido, aburrido. Así no se puede empezar.

2.
Hola, buenas tardes. Me llamo Ángela Amézquita y me gustaría empezar esta presentación con una pregunta: ¿Sabían ustedes que Latinoamérica es la región en el mundo donde se realizan más búsquedas en Internet? Es decir, si pensamos que cada latinoamericano en promedio hace 137 búsquedas, es fácil imaginarse el potencial para nuestra empresa.

3.
Hola a todos. Me gustaría hablarles esta mañana de las redes sociales o cómo aprovechar la increíble necesidad de comunicación actual. Para empezar, levanten la mano si no están en una red social… ¿Nadie? Bien, y ahora, levanten la mano si no han estado en una red social esta semana… ¡Uno! No, ¿qué le ha pasado? ¿Ha perdido usted el móvil?

4.
Bueno, hoy vamos a hablar de las redes sociales. Hay muchísimas cosas que se pueden decir sobre este tema, pero yo os he traído hoy una cosa distinta. Observad por unos segundos esta imagen y decidme qué relación tiene para vosotros con nuestro tema.

5 Relaciones laborales

3 b ▶▶ 30–33

1.
- Buenos días, Marta, ¿querías verme?
- Sí, Valeria, pasa y siéntate, por favor. Mira, voy a ir al grano directamente. Somos una agencia pequeña y un buen clima de trabajo es una de nuestras prioridades.
- Sí, claro, sabes que para mí también lo es.
- Lo sé, pero he observado mucha tensión entre Rita y tú. Te llevas bien con todos menos con ella.
- Ya… Rita es una mujer muy competente, pero me fastidia que no escuche y que esté siempre en su despacho. Yo necesito tener una buena relación con mis compañeros.
- Es cierto que sois muy diferentes, pero tú eres una mujer muy madura, con mucha experiencia y con una gran habilidad social. Por favor, sé más simpática con ella y dale una oportunidad.
- Mmm.

2.
- Hola, Jaime, ¿puedes firmarme esto?
- Sí, claro. Oye, Rita, ¿puedo hacerte una pregunta?
- Sí, claro.
- Pues es que os he oído discutir a ti y a Valeria.
- Ah, eso. No estábamos de acuerdo en unos cálculos, pero al final lo arreglamos.
- Entonces, ¿no hay problemas entre vosotras?
- Por mi parte no. Me encanta trabajar con ella. Valeria es muy profesional. Me gusta que diga lo que piensa y me encanta que sea tan segura y tan perfeccionista. Eso sí, a veces es un poco pesada.
- Bueno, ten un poco de paciencia, ya sabes cómo es.

3.
- Marta, ¿puedo hablar contigo un minuto?
- Sí, claro, pasa, pasa. ¿Todo bien? ¿Algún problema con el proyecto?
- No, qué va. Es otra cosa. Quería hablarte de Agustín.
- ¿De Agustín?
- Sí, Agustín. Está un poco inseguro, pero yo creo que es un buen chico y trabaja bien.
- Sí, es un buen chico. A los compañeros les cae bien. Yo también creo que tiene potencial, pero necesita todavía aprender mucho. Me molesta que sea tan desordenado, la verdad.
- Bueno, mujer, no seas tan dura. Dale un poco de tiempo. Está empezando.

4.
- ¿Un cafecito, Agustín?
- ¡Ah, hola, Jaime! Pues no, es que tengo que…
- Venga hombre, son cinco minutos. Estoy supercansado, necesito mi dosis de cafeína.
- Bueno, vamos ahora que Marta no está.
- Le tienes miedo a la jefa, ¿eh?
- No, no, no es eso. Estoy aprendiendo mucho con ella, de verdad. Es muy buena en su trabajo, pero no todos somos tan perfectos. No soporto que grite cuando las cosas no van bien. Me siento como un tonto.
- Pues tienes que decírselo. Es una persona muy razonable y lo va a entender.

6 a ▶▶ 34–36

1.
- Agustín, ¿cuándo vas a terminar el informe? Mira que hoy hay que entregarlo. Tienes que trabajar un poco más rápido.
- No te preocupes, Marta, ya casi lo he terminado. En media hora lo tienes.

2.
- Oye, Rita y Valeria han discutido otra vez. Ya es la segunda vez esta semana. Yo creo que van a acabar mal. Es que Valeria no entiende que Rita…
- Mira, no quiero saber nada de ese asunto. No me parece bien hablar mal de la gente.

3.
- Agustín, por favor, por favor, ¿has visto mi calculadora? No la encuentro por ninguna parte.
- ¿Has mirado en la cocina? Siempre la dejas allí. Espera que te ayudo a buscarla.

10 a ▶▶ 37

Buenas tardes y gracias por la invitación.
Lo que voy a intentar hacer hoy, brevemente, es explicarles un poco el nuevo rol de los recursos humanos y voy a intentar responder a la pregunta "qué factores influyen en la creación del clima laboral".
¿Qué factores, entonces, influyen en el clima laboral? Pues tenemos en primer lugar, las características medioambientales, es decir, las condiciones físicas del lugar de trabajo, como por ejemplo, la iluminación (si tengo la luz adecuada), el sonido (si hay demasiado ruido, no me puedo concentrar, por ejemplo), etc. etc. En segundo lugar, tenemos otros factores, digamos, factores estructurales, que también van a influir en el clima laboral. Muy importante en este sentido va a ser el tipo de organización, cómo está estructurada la empresa, la jerarquía, en definitiva, los jefes. Si los

empleados sienten que tienen el apoyo de su jefe, esto genera un clima de trabajo positivo.

En relación con esto, lo que está claro es que la autonomía de los trabajadores juega también un papel esencial. Es muy importante que el empleado tenga independencia en su puesto. Yo he vivido en empresas situaciones en las que el jefe quiere controlarlo todo, pero también otras en las que el empleado no tenía ninguna ayuda. Los dos casos llevan por igual a una situación de mal clima laboral.

Otro aspecto importante son las relaciones humanas. Algo que yo he trabajado mucho es el tema de la comunicación: la manera de comunicarse unos con otros, cómo colaboran los colegas, la confianza, son aspectos de gran importancia. De hecho, los planes que se hacen para mejorar el clima laboral están basados en la mejora de la comunicación.

Otro de los temas que vamos a ver es la igualdad, es decir, si todos los miembros de la empresa son tratados con criterios justos. De hecho, si queremos crear un buen clima de trabajo, no puede existir discriminación. Un aspecto importante es la remuneración, el salario. Es una cuestión imprescindible, porque todos nos movemos por dinero, todos, y por eso es fundamental para el buen clima laboral.

Y por último, no hay que olvidar el reconocimiento dentro de estos factores que estamos viendo. Cuando nunca se reconoce un trabajo bien hecho, aparece la insatisfacción y el clima laboral es peor y puede llegar a convertirse en tóxico.

Y ahora vamos a analizar con detalle…

6 Grandes eventos

3 b ▶▶ 38

- Entonces, ¿qué taller te parece mejor? ¿Cuál elegimos?
- El que tú quieras. La verdad es que todos parecen buenos.
- Mmm, pues, entonces, el concurso de baile.
- De acuerdo. Aunque ahora que lo pienso, me gusta más "Se ha escrito un crimen".
- Mmm… Ya, no está mal, pero creo que el concurso de baile es más original. Además, como solo se necesita un equipo de música y poco más, no va a hacer falta mucho material extra.
- Tienes razón. Pero ¿dónde lo hacemos?
- Pues en la página web dicen que se puede hacer al aire libre o en una sala.
- Mejor al aire libre, ¿no? Por una vez que podemos salir de la oficina.
- ¿Y para cuándo lo organizamos? ¿Jueves, viernes, sábado?
- Cuando tú veas… menos jueves, que uno sabe a qué hora empieza, pero no cuándo acaba: que si primero una cosa, luego "ya que estamos vamos a cenar", después una copa, y así hasta las tantas. Y dime, ¿qué presupuesto tenemos esta vez? Porque el taller cuesta como mínimo 50 € por persona.
- No es problema, porque este año tenemos un presupuesto de 80 € por persona. He pensado que a lo mejor también podemos hablar con la empresa para que organicen un catering. Con 80 € tiene que llegar.
- Bien, lo que tú decidas.
- Pues voy a escribir a la agencia y te cuento entonces más tarde.

6 b ▶▶ 39

- Sí, ¿dígame?
- Hola, buenos días, me llamo Sonia Martínez y le llamo de la agencia Eventura.
- Ah, sí, hola, buenos días. Gracias por llamar.
- Con mucho gusto. En su mensaje dice que están organizando su fiesta de Navidad. ¿Ha pensado ya en alguna actividad en concreto?
- La verdad es que no. Todos los años hemos hecho una comida. Pero esta vez nos gustaría organizar una actividad que sea original y en la que todas las personas hagan algo juntas también. Por el tema de trabajo en equipo, la unión del grupo y esas cosas.
- Entiendo, ¿qué le parece una actividad para crear un menú y después valorarlo?
- Pues suena bien, en principio.
- Es una alternativa al restaurante y necesita creatividad y trabajo en equipo. Se trata de organizar un menú sorpresa en nuestras cocinas, que están aquí, muy cerca de la empresa. Cada grupo recibe un paquete con los ingredientes para preparar uno, dos o tres platos. Depende del presupuesto. ¿En cuánto dinero está pensando?
- Bueno, tenemos un presupuesto de 100 € por persona.
- Normalmente, con ese presupuesto podemos organizar un menú de tres platos.
- ¿Bebidas incluidas?
- Sí, por supuesto.
- Disculpe, solo una pregunta más. Nosotros tenemos un comedor y cocina en nuestra empresa. ¿Podemos entonces hacer la actividad aquí?
- Ah, claro, si ya tienen cocina y todo, entonces se puede hacer ahí. En ese caso podemos incluir en la oferta una pequeña cata de vino, por ejemplo.

- Me parece estupendo.
- Por mi parte, solo necesito que me confirme el número de participantes y la fecha. ¿De cuántas personas estamos hablando?
- En la empresa somos 40 personas, pero me han confirmado de momento solo 30.
- De acuerdo. ¿Y cuándo quieren hacer el evento?
- El 18 de diciembre. Es un viernes.
- Perfecto, todavía tenemos un poco de tiempo. Ahora mismo le mando por correo una oferta que incluye todo. La puede estudiar con calma y contactarme si tiene preguntas.
- Pues perfecto. Muchas gracias entonces por todo.

9 b ▶▶ 40

- Oye, ¿al final pudiste ir ayer?
- ¿A la presentación? Sí, llegué un poco tarde, pero llegué a lo más importante.
- ¿Y qué tal?
- Muy bien, la verdad. Había un montón de periodistas y mucha gente, un ambiente increíble y todo el mundo encantado con el nuevo coche, claro. Y el lugar era genial, muy elegante, en la antigua estación. Hubo también un espectáculo con luces y música, que fue increíble, de verdad, maravilloso.
- ¿No había un cóctel después?
- Sí, había un catering, pero no te creas, regular, yo al final no comí casi nada. Es verdad que había mucha variedad, pero yo prefiero menos variedad y más cantidad, si quieres que te sea sincero. Fue lo que menos me gustó. Sin embargo, los vinos no estaban mal. Bueno, en realidad creo que el vino y el espectáculo fue lo que más me gustó.

Etapa 3

1 b ▶▶ 41

Estos son los puntos que vamos a tratar. Y ahora vamos a pasar a nuestro primer tema: el éxito de las ventas de la línea bio. Aquí pueden ver ustedes la evolución de las cifras del último año. La gráfica muestra que tuvimos un aumento sorprendente de cinco millones de unidades vendidas con respecto al año anterior. Fíjense en que las ventas empiezan a crecer en el mes de abril. Como ya saben, en febrero lanzamos una campaña de publicidad a nivel nacional y podemos asegurar que el aumento es resultado del éxito de la campaña. En la ficha siguiente vemos las cifras con más detalle. Fíjense en que en enero las ventas han subido…

7 Proyectos de futuro

6 a ▶▶ 42

Hola, muy buenas tardes y bienvenidos a este espacio. Normalmente, la gente cuenta siempre experiencias de éxito, pero yo creo que hablar solo de esto no es suficiente. A mí me gustaría hablar de la otra cara de la moneda y explicar por qué fracasan generalmente los emprendedores para poder aprender de esos errores. Primero, hay que ser consciente de las características propias del emprendedor, de sus habilidades. Pongamos, por ejemplo, la habilidad para trabajar en equipo. Si no la tienes, mejor no abras un negocio… de ningún tipo.
Es decir, pregúntate por el tipo de negocio en el que te sentirías más a gusto y por el que serías capaz de dedicar el 80 % de tus horas diarias, porque emprender significa, además, tomar la responsabilidad de un negocio y dedicarle esfuerzo y pasión, y si esto no existe desde el principio, ningún proyecto tiene futuro. De la pasión pasamos a la situación del sector en el que quieres emprender y a la competencia. Si tu sector, por ejemplo, ahora no tiene buenas perspectivas, no emprendas todavía. Otras veces tenemos ideas muy buenas para sectores que en estos momentos no son atractivos. Por ejemplo, si una persona me dice ahora que quiere hacer una revista, le diría que no es una buena idea. Hoy en día hay demasiadas.
Otro aspecto que quiero destacar es el tema de la formación empresarial. Aquí tenemos el típico ejemplo de la persona que ha trabajado en una empresa como empleada y que piensa que será capaz de llevar una empresa. Pero psicológicamente es muy diferente trabajar para uno mismo que para otros. Y para llevar una empresa es necesario controlar temas que van desde la gestión financiera, los balances económicos hasta saber motivar al equipo, el trato con el personal, etc.
No hace falta insistir en que una de las razones más frecuentes del fracaso de una empresa son las tensiones entre socios, independientemente de si son familia, amigos o conocidos. En otras palabras, cuando un miembro del equipo siente que hace más que los otros, esto puede llevar a un conflicto abierto, porque genera un sentimiento de frustración constante.

9 c ▶▶ 43–44

1.
Bueno, hace un año terminé mi formación profesional en transporte y logística. Actualmente estoy trabajando como administrativa en la empresa donde hice mis

prácticas. Realmente este sector me gusta mucho y mi futuro lo veo aquí.

Como meta profesional me he propuesto ser responsable de un departamento de logística. No sé si en la misma empresa en la que estoy o en otra. Soy bastante flexible. El requisito fundamental es tener más experiencia. En todas las descripciones para estos puestos el mínimo son tres años de experiencia. Además, tendré que mejorar mi inglés. Por eso creo que será bueno hacer un curso intensivo en Inglaterra. Por supuesto, necesitaré hacer cursos de formación, sobre todo de gestión de equipos.

¿Dinero? Realmente el dinero que necesito para vivir no es tanto, pero si hay que hablar de una cantidad, espero ganar por lo menos el doble de lo que gano ahora.

¿Relaciones personales? Nunca había pensado en esto, pero después de este seminario creo que voy a buscar en mi empresa a alguien que me ayude a desarrollar mi plan de carrera, una especie de mentor. También es bueno mantener el contacto con gente con la que he estudiado.

2.
En mi caso, la situación es un poco distinta. Yo ya llevo en mi empresa casi diez años. Es una empresa pequeña y en este tiempo he tenido la oportunidad de trabajar en diferentes áreas. Y al final tengo que admitir que me gusta todo: finanzas, personal, producción…

¿Cuál es mi meta profesional? En el futuro me gustaría tener mi propia empresa. Aprovecharé mi experiencia en este sector y todos los contactos que tengo. Sé que tengo que aprender mucho todavía, especialmente en gestión de proyectos. Creo que el futuro está en el comercio electrónico, por eso voy a necesitar más formación en este punto.

¿Dinero? Voy a necesitar un crédito para poder financiar el negocio. Por eso necesitaré suficiente dinero para pagarlo y para mantener a mi familia.

Respecto a las relaciones personales, me parece muy importante aprender de otras personas que han pasado por este mismo proceso. He leído que hay varios grupos de emprendedores y creo que es buena idea ponerse en contacto con ellos.

8 Visitas de empresa

2d ▶▶ 45

Espero que hayan tenido un buen viaje. Es un placer para mí darles la bienvenida y me alegro de que podamos conocernos personalmente. Empezaremos nuestra visita en la planta de empaquetado. Si son tan amables de seguirme… En estas instalaciones de unos 25.000 m² se preparan las especias. Para que se hagan una idea, aquí se producen anualmente más de dos toneladas de azafrán, el producto más emblemático de nuestra casa. Todavía hoy se envasa a mano, gramo a gramo. Como pueden ver, cada sala se dedica a una especia.
(…)
Estos son nuestros laboratorios. Para nosotros es muy importante invertir en Investigación y Desarrollo. En cada feria a la que vamos siempre nos preguntan qué producto nuevo podemos ofrecer. En nuestros casi 100 años de historia no hemos dejado de innovar, diversificando nuestra oferta y creando nuevas combinaciones de sabores. En estos laboratorios se llevan a cabo todos los análisis de calidad.
(…)
Ahora estamos en nuestro almacén. Nuestro objetivo es que las especias lleguen al consumidor en las mejores condiciones posibles. Del almacén salen más de 20 millones de tarros de especias al año: azafrán, pimentón, pimienta, orégano… Y estas especias se distribuyen a más de 40 países distintos.
(…)
Por último, les invito a conocer nuestra tienda. Aquí encontrarán todos los productos que tenemos en catálogo. Hoy por hoy, tenemos más de 700 referencias de productos terminados. Hemos hecho una selección para que puedan probar algunas de las creaciones más recientes.
(…)
Confío en que la visita haya sido de su agrado. Si tienen alguna pregunta o desean que les demos más información, no duden en ponerse en contacto con nosotros. Nuestro departamento comercial está a su servicio. Yo, por mi parte, me despido y les dejo con el Sr. Ruiz que les acompañará a dar un paseo por la ciudad y a ver nuestra primera tienda.

6b ▶▶ 46
- Me alegro mucho de que le hayan gustado nuestros productos. Quizás no son los más baratos del catálogo, pero le puedo asegurar que son de muy buena calidad.

Transcripciones

- ○ La verdad es que es justo lo que estábamos buscando. Además, si finalmente el precio por unidad es de 2,50 €, estamos dentro de lo que habíamos pensado.
- ● Exactamente, 2,50 € por unidad.
- ○ Un detalle solo. Respecto a los descuentos, si he entendido bien, podemos tener un descuento del 5 % a partir de las 10.000 unidades. ¿Correcto?
- ● Bueno, de este producto en concreto, sí. En el caso de otros productos tendríamos que revisar la oferta.
- ○ De acuerdo. Por lo que se refiere a los plazos de entrega, supongo que serán los de costumbre. Una semana, ¿verdad?
- ● Lo siento, pero eso es no es posible. Solo estamos en condiciones de entregar en dos semanas. El problema es que en estos momentos la demanda es enorme y no sa…
- ○ Perdone que le interrumpa, pero necesitamos estas piezas cuanto antes. Usted sabe que somos buenos clientes, que cumplimos siempre con los términos del contrato y, además, queremos ampliar nuestros pedidos en el futuro.
- ● Por supuesto, y créame que le entiendo, pero si queremos mantener el precio acordado y la calidad, entonces necesitaremos dos semanas. A cambio, lo que podemos ofrecerles es una mayor flexibilidad en las condiciones de pago, solo en este caso particular, claro. Pueden pagarnos en un plazo de 60 días y no en el normal de 30.
- ○ De acuerdo, pero la entrega en dos semanas es lo máximo que podemos aceptar.
- ● Puede confiar en que así será.
- ○ Bien, pues por mi parte solo queda una última cosa. Nosotros solemos trabajar con un transportista de confianza y nos gustaría que ellos se encargaran del transporte.
- ● Oh, por nuestra parte no hay problema. Si ustedes están satisfechos con ellos, es una garantía también para nosotros.

9 b 47–50

1.
- ● Tú, Soledad, estuviste trabajando una temporada en Ámsterdam. ¿Hay tantas diferencias?
- ○ En general no, pero sí hay cosas que te llaman la atención. Todavía recuerdo las primeras reuniones de equipo. Que todo el mundo siempre diera su opinión, me llamó mucho la atención. Todo el mundo decía lo que pensaba, sin indirectas, así, abiertamente. Me parece que de esa forma se evitan muchos malentendidos. Fue una experiencia muy positiva, aunque eché mucho de menos el sol.

2.
- ● Y en tu caso, ¿cómo fue trabajar en Shangai?
- ○ Trabajar en China es muy interesante, pero evidentemente las diferencias culturales son muy grandes. Fue muy difícil que nuestros colegas chinos nos aceptaran al principio y que confiaran en nosotros. Ojo, no estoy diciendo que no fueran simpáticos y de hecho hice muchos amigos. Pero siempre preferían que en las reuniones tuviéramos un intérprete del país, por ejemplo.
- ● ¿Volverías?
- ○ Sí, por supuesto. Fue una experiencia muy interesante. A mí me gustó mucho y me gustaría volver.

3.
- ● Lorena, tu empresa está empezando a trabajar en México. ¿Qué tal?
- ○ La verdad es que al compartir el idioma todo es mucho más fácil. Sin embargo, hay algunas diferencias. Por ejemplo, el tema de los títulos profesionales. No esperaba que fueran tan importantes. Siempre hay que preguntar antes para saber si nos tenemos que dirigir a la otra persona como *doctor*, *profesor*, *ingeniero* o *licenciado*. He notado también que las relaciones de negocios, como aquí, son relaciones personales, incluso más, diría yo. La vida familiar está muy presente y no se separa de la profesional. Por eso hay que tomarse tiempo para preguntar por la familia antes de comenzar con los negocios. Ah, y si te invitan a casa o alguna reunión informal, es mejor que no hables de negocios. ¿La experiencia? Muy buena.

4.
- ● ¿Qué tal se trabaja en Marruecos?
- ○ Bueno, la verdad es que bastante bien. En muchas cosas nos parecemos y eso facilita la forma de hacer negocios.
- ● Y ¿hay algo que te haya llamado la atención?
- ○ Sí, al principio me sorprendió mucho que necesitaran tanto tiempo para tomar una decisión. Firmar un acuerdo es un proceso muy lento y muy burocrático. Además, las reuniones son largas, con muchas interrupciones. A veces, uno tiene la sensación de que todo es un poco caótico.
- ● ¿Recomendarías este mercado a otros empresarios?
- ○ Claro, sin duda. La experiencia hasta ahora ha sido muy positiva y en nuestro caso, por ejemplo, vamos a introducir nuevos productos. Pero es recomendable consultar a otras empresas de tu sector que hayan tenido experiencia previa en Marruecos.

Vocabulario por lecciones

1. Hier finden Sie die neuen Wörter und Ausdrücke der Lektionen in der Reihenfolge ihres Vorkommens. Die deutsche Übersetzung gibt die Bedeutung im jeweiligen Zusammenhang wieder; auf die Angabe des deutschen Artikels wurde verzichtet. Länder und Eigennamen sind nur aufgeführt, wenn sie sich vom Deutschen unterscheiden.
2. Beachten Sie die Schreibweise der Substantiv- und Adjektivendungen:
   /a: Die weibliche Endung wird an die männliche Form angehängt (productor/a = productor / productora).
   /-a: Die weibliche Endung ersetzt die männliche (ingeniero/-a = ingeniero / ingeniera).
3. Bei Verben mit unregelmäßigen Präsensformen finden Sie einen Hinweis: *(g), (i), (í), (ie), (ú), (ue), (y), (zc)*.

Abkürzungen:
f = feminin, weiblich
fam = familiär
inf = Infinitiv
jdm = jemandem
jdn = jemanden
LA = lateinamerikanische Variante
m = maskulin, männlich
pl = Plural, Mehrzahl
subj = Subjuntivo

R = Revista de negocios
C = Comunicación
G = Gramática
D = Dinámica

Tus metas

la necesidad	Notwendigkeit, Bedürfnis
la experiencia de aprendizaje	Lernerfahrung
el aprendizaje	Lernen
expresar	ausdrücken
1 a empezar *(ie)* a + *inf*	beginnen zu
márcalo	markiere es
b el folleto	Prospekt, Broschüre
la academia de idiomas	Sprachschule
aprende	lerne
con fines profesionales	für berufliche Zwecke
el fin	Ziel, Zweck
estar dirigido/-a a	sich richten / wenden an
necesitar aprender	lernen müssen
el vocabulario	Vokabular
específico/-a	spezifisch
la lectura	Lektüre, Lesen
el periódico económico	Wirtschaftszeitung
el visionado	(An-)Sehen
el vídeo / video *(LA)*	Video

2 a tomad	nehmt
el lápiz	Bleistift
colocadlo	legt ihn
colocar	legen, stellen
giradlo	dreht ihn
girar	drehen
contestad	beantwortet
señalar	zeigen
presentad	stellt vor
la coincidencia	Übereinstimmung
el diario	Tagebuch
el ejercicio	Übung
la canción	Lied
oral	mündlich
costar *(ue)*	kosten; schwerfallen
con fluidez	fließend
inseguro/-a	unsicher
al escribir	beim Schreiben
dar vergüenza	peinlich sein
divertirse *(ie)*	sich amüsieren, Spaß haben
el tándem	Tandem
memorizar	auswendig lernen
la película	Film
V. O. (versión original)	Originalfassung
la combinación	Kombination
analítico/-a	analytisch
auditivo/-a	auditiv, Hör-
visual	visuell, Seh-
táctil	tastbar, Tast-; *hier:* haptisch
b rellena	fülle aus
rellenar	ausfüllen
recoger	einsammeln
colgar *(ue)*	(auf)hängen
resultar fácil	leichtfallen

1 Productos con historia

el argumento de venta	Verkaufsargument
la venta	Verkauf
el hecho	Tatsache, Ereignis
la circunstancia	Umstand
histórico/-a	historisch
dar una opinión	eine Meinung äußern
el acuerdo	Zustimmung
el desacuerdo	Widerspruch
1 imprescindible	unentbehrlich
a innovador/a	innovativ
nostálgico/-a	nostalgisch
inútil	nutzlos
b el aparato	Gerät
2 el material de oficina	Büromaterial
el pedido	Bestellung

142 ciento cuarenta y dos

Vocabulario

	la ofimática	Bürotechnik
a	comunicar	kommunizieren
	la goma de borrar	Radiergummi
	borrar	radieren
	el paquete	Packung
	la unidad	Einheit; Stück
	el bolígrafo	Kugelschreiber
	el cristal	Glas
	la tinta	Tinte
	líquido/-a	flüssig
	el marcador	Marker
	la bolsa	Tüte, Packung
	las tijeras	Schere
	el tamaño	Größe
	el archivador	Ordner
	el cartón	Pappe
	el formato	Format
	el envase	Verpackung; *hier:* Pack
	el clip	Büroklammer
	el metal	Metall
	el pegamento	Klebstoff
	universal	universell, Universal-
	el tubo	Tube
	pegar	kleben
	el papel	Papier
	la madera	Holz
	la cerámica	Keramik
	la grapadora	Hefter, Tacker
	el plástico	Plastik, Kunststoff
	incluir *(y)*	enthalten
	la grapa	Heftklammer
	la nota adhesiva	Haftnotiz
	adhesivo/-a	haftend
	el bloc	(Notiz-)Block
	la pizarra magnética	Magnettafel
	el cuaderno	Heft
	la tapa dura	Hardcover
	la tapa	(Buch-)Deckel
	el sobre	(Brief-)Umschlag
	imprimir	drucken
	la calculadora	Taschenrechner
	el peso	Gewicht
	el (ordenador) portátil	Laptop
	el ratón	Computermaus
	la marca	Marke
	la impresora láser	Laserdrucker
	el láser	Laser
d	ligero/-a	leicht
	pesado/-a	schwer
	sólido/-a	fest
	blando/-a	weich
	servir *(i)* para	dienen zu
	cortar	schneiden
	unir	verbinden
3 a	además de	neben, zusätzlich zu
	conservar	bewahren, erhalten
	el planeta	Planet
	producir *(zc)*	produzieren, herstellen
	reciclado/-a	recycelt
	fabricar	herstellen
	el adhesivo	Klebstoff
	el mínimo	Minimum
	el embalaje	Verpackung
	despegar	(ab)lösen
	contener *(tener)*	beinhalten
	la impersonalidad	Unpersönlichkeit
	la producción	Produktion, Herstellung
b	conocido/-a	bekannt
	el uso	Gebrauch
4 a	el paso	Schritt
	seleccionar	auswählen
	la forma de pago	Zahlungsart
	la entrega	Lieferung
	el carro de la compra	Einkaufswagen
	la compra	Kauf
b	la cronología	Reihenfolge, Abfolge
	el conector	Konnektor, Verbindungswort
5	breve	kurz
	pasad	gebt weiter
	pasar	weitergeben
	la característica	Eigenschaft
6	el invento	Erfindung
a	el traje espacial	Raumanzug
	el tren TALGO	*spanischer Intercityzug*
b	seguramente	sicherlich
	el diseño	Design
	inspirarse en	sich inspirieren lassen von
	el tren expreso	Expresszug
	(los) EE. UU. (Estados Unidos)	USA (Vereinigte Staaten)
	completamente	völlig
	seguro/-a	sicher
	gran parte	der Großteil
	el / la inventor/a	Erfinder/in
	el prototipo	Prototyp
	el paseo	Spaziergang
	la luna	Mond
	el micrófono	Mikrofon
	medir *(i)*	messen
	obtener *(tener)*	erhalten, bekommen
	la prueba	Probe
	solamente	nur
	negar *(ie)*	verneinen, leugnen
	la importancia	Wichtigkeit, Bedeutung
	la carrera espacial	Wettlauf ins All
	el ajedrecista	Schachspieler; Schachmaschine
	mágico/-a	magisch, zauberhaft
	la máquina	Maschine
	el algoritmo	Algorithmus
	el ajedrez	Schach
	contra	gegen
	de forma autónoma	selbstständig
	totalmente	völlig
	calcular	kalkulieren, (be)rechnen
	el movimiento	Bewegung
	mover *(ue)*	bewegen
	la pieza	Stück; Figur *(Spiel)*
d	describid	beschreibt
	u *(vor o-, ho-)*	oder

ciento cuarenta y tres **143**

7	el siglo	Jahrhundert
a	el microondas	Mikrowelle
	la tarjeta de crédito	Kreditkarte
b	desde hace	seit (Zeitraum)
	ya no	nicht mehr
	pasar calor	jdm heiß sein
	desde que	seit(dem)
	existir	existieren
	desde	seit (Zeitpunkt)
	desde entonces	seitdem
	la moneda	Geld(stück)
c	concreto/-a	konkret, bestimmt
	el período (de tiempo)	Zeitraum
8 a	la educación	(Aus-)Bildung
b	no hay que + inf	man darf nicht
	lo mismo	dasselbe
	ser de la misma opinión	derselben Meinung sein
c	el papá (fam)	Papa
9	el comité	Ausschuss
	justificad	begründet
	justificar	begründen
	la elección	Wahl
10	suceder	geschehen
a	poner (g) a prueba	auf die Probe stellen, testen
	el test	Test
	descubrir	entdecken
	el / la maya	Maya
	el / la azteca	Azteke/-in
	el / la inca	Inka
	inventar	erfinden
	la píldora	Pille
	la televisión a color	Farbfernsehen
	por primera vez	zum ersten Mal
	la huella dactilar	Fingerabdruck
	el calendario solar	Sonnenkalender
	cultivar	anbauen
	el tabaco	Tabak
b	estar presente	präsent sein
11 a	varios/-as	mehrere
	fumar	rauchen
	el cigarrillo	Zigarette
	cubano/-a	kubanisch
	mexicano/-a	mexikanisch
	el televisor	Fernseher
12	el chicle	Kaugummi
a	mascar	kauen
b	orgulloso/-a	stolz
	el legado	Erbe
	maya	Maya-
	norteamericano/-a	nordamerikanisch
	el sabor	Geschmack
	la costumbre	Gewohnheit, Brauch
	extenderse (ie)	sich verbreiten
	el / la soldado	Soldat/in
	la Segunda Guerra Mundial	Zweiter Weltkrieg
	la goma de mascar	Kaugummi
	la prehistoria	Vorgeschichte, Frühzeit
	la resina	Harz
	el árbol	Baum
	la propiedad	Eigenschaft
	medicinal	medizinisch
	centroamericano/-a	mittelamerikanisch
	florecer (zc)	blühen
	la savia	(Baum-, Pflanzen-)Saft
	el zapote	Breiapfelbaum (mittelamerikanischer Baum)
	limpiarse los dientes	sich die Zähne putzen
	eliminar	beseitigen; hier: unterdrücken
	la sensación de hambre	Hungergefühl
	el hambre (f)	Hunger
	comerciar	handeln
	el pueblo	Volk
	mesoamericano/-a	mittelamerikanisch
	pasar a	übergehen zu, eingehen in
	la patente	Patent
	el / la fabricante	Hersteller/in
	sintético/-a	synthetisch
	económico/-a	preiswert, günstig
	hoy en día	heutzutage
	innumerable	unzählbar, unzählig
	así como	wie auch, ebenso wie
	el / la consumidor/a	Verbraucher/in
	consumir	verbrauchen
	la base	Basis, Grundlage
	llamado/-a	genannt, namens
	adaptado/-a	adaptiert
c	cronológicamente	chronologisch
	aprox. (aproximadamente)	ungefähr
	a. C. (antes de Cristo)	v. Chr. (vor Christus)
13	el concurso	Wettbewerb
b	un máximo de	höchstens
	el máximo	Maximum
	el segundo	Sekunde
14	largo/-a	lang
	el ama (f) de casa	Hausfrau
	la magdalena	Madeleine, Biskuit
	estar en manos de	in den Händen von … sein
	la mano	Hand
	la generación	Generation
	emplear	beschäftigen
	basado/-a en	basierend auf
	caer (caigo)	fallen
	para ello	dafür
	sentir (ie)	fühlen, spüren
	el cariño	Zuneigung
	por eso	deshalb
	el lujo	Luxus
	la receta	Rezept
	la merienda	Nachmittagsimbiss
b	pensad	denkt (nach)
	demandado/-a	gefragt, begehrt
c	valorar	bewerten
	preferible	wünschenswert, vorzuziehen
	el sentido	Sinn
R	Ciudad de México	Mexiko-Stadt
	el peso mexicano	*Währung Mexikos*
	la civilización	Kultur

Vocabulario

prehispánico/-a	präkolumbisch
el cacao	Kakao
el chile	Chili
el maíz	Mais
el patrimonio de la humanidad	Weltkulturerbe
la humanidad	Menschheit
cuarto/-a	vierte/r/s
el / la exportador/a	Exporteur/in
el vehículo	Fahrzeug
la pantalla plana	Flachbildschirm
plano/-a	flach
la tierra	Land
el contraste	Kontrast
notar	(be)merken
el ritmo	Rhythmus
a largo plazo	langfristig
la confianza	Vertrauen
invertir *(ie)*	investieren
la parte	Partei, Seite
llevar mucho tiempo	lange dauern, brauchen
ahorita / ahoritita *(Méx)*	sofort
dentro de un rato	in einer Weile, demnächst
la tendencia	Tendenz, Neigung
aplazar	verschieben
pendiente	ausstehend, unerledigt
en contra de	gegen, im Gegensatz zu
el / la mexicano/-a	Mexikaner/in
D. F. (Distrito Federal)	Bundes-, Hauptstadtdistrikt; *hier:* Mexiko-Stadt
puntual	pünktlich
antes de la hora	vorzeitig
tomar precauciones	Vorkehrungen treffen
la precaución	Vorsicht(smaßnahme)
la puntualidad	Pünktlichkeit
lo normal	normal, das Normale
una media hora	ungefähr eine halbe Stunde
químico/-a	chemisch, Chemie-
soler *(ue)* + *inf*	etwas zu tun pflegen
G el hábito	Gewohnheit

2 Trayectoria empresarial

la trayectoria empresarial	Unternehmensgeschichte
empresarial	unternehmerisch, Unternehmens-
el acontecimiento	Ereignis
estructurar	strukturieren
la gráfica	Grafik
hacer *(g)* balance	Bilanz ziehen
el balance	Bilanz
1 la empresa líder	führendes Unternehmen
a el foro	Forum
renombrado/-a	renommiert
la alianza	Allianz, Bündnis
la institución	Einrichtung
estratégico/-a	strategisch
la internacionalización	Internationalisierung
la competitividad	Wettbewerbsfähigkeit
b la innovación	Innovation
el prestigio	Prestige, Ansehen
el beneficio	Gewinn
la financiación	Finanzierung
sólido/-a	solide
la estrategia	Strategie
la cuota de mercado	Marktanteil
la atención al cliente	Kundendienst
destacar	hervorstechen, sich auszeichnen
2 el horizonte	Horizont
b el remolque	Anhänger
convertirse *(ie)* en	zu etwas werden
de referencia	Referenz-; führend
dejar de + *inf*	aufhören zu
principal	Haupt-
en absoluto	überhaupt nicht, keineswegs
seguir *(i)* + *gerundio*	weiterhin tun
liderar	(an)führen
la sede	(Firmen-)Sitz
hoy por hoy	heute, heutzutage
abierto/-a	offen
en estos momentos	zurzeit
el vehículo	Fahrzeug
el continente	Kontinent
garantizar	garantieren, gewährleisten
invertir *(ie)*	investieren
numeroso/-a	zahlreich
investigación y desarrollo (I+D)	Forschung und Entwicklung
el servicio postventa	Kundendienst
el valor clave	Schlüsselwert
acabar de + *inf*	soeben etwas getan haben
el centro de servicios	Servicezentrum
Francia	Frankreich
la superficie	(Ober-)Fläche
completo/-a	vollständig
volver *(ue)* a + *inf*	etwas wieder tun
c basarse en	auf etwas beruhen
3 a hace poco	vor Kurzem
b el comienzo	Anfang
la repetición	Wiederholung
la continuidad	Fortsetzung
c surgir	entstehen
hacerse *(g)* realidad	verwirklicht werden
la realidad	Wirklichkeit
poner *(g)* a la venta	zum Verkauf anbieten
el hueco en el mercado	Marktlücke
construir *(y)*	bauen
4 tratarse de	sich handeln um
5 b el papel	Papier; Zettel
votar por	stimmen für
el voto	Stimme
el / la ganador/a	Gewinner/in
6 el / la emprendedor/a	Unternehmer/in

ciento cuarenta y cinco **145**

	la empresa de toda la vida	Traditionsunternehmen
a	la niñez	Kindheit
	el recuerdo	Erinnerung
b	la fábrica	Fabrik
	el apodo	Spitzname
	terapéutico/-a	therapeutisch
	la farmacia	Apotheke
	la receta	Rezept
	a partir de	ab
	la porcelana	Porzellan
	la popularidad	Popularität, Beliebtheit
	crecer *(zc)*	wachsen, zunehmen
	el alimento	Lebensmittel
	cotidiano/-a	alltäglich
	salir *(g)*	herauskommen
	el anuncio de televisión	Fernsehspot
	lanzar	werfen; auf den Markt bringen
	sano/-a	gesund
	a mediados de	Mitte des / der
	los años 80	80er Jahre
	desnatado/-a	entrahmt
	adaptarse a	sich anpassen an
	a principios de	(am) Anfang des / der
	el principio	Anfang
	reducir *(zc)*	reduzieren, senken
	el colesterol	Cholesterin
	la gama	Sortiment
	vegetal	pflanzlich
	a base de	auf Basis von
	la soja	Soja
	innovar	erneuern, Neuerungen einführen
	la distribución	Verteilung, Vertrieb
	la yogurtería	Jogurtladen
c	el marcador	Konnektor
	a finales de	(am) Ende des / der
d	recetar	verschreiben
7	combina	kombiniere
8 a	enseñar	zeigen
	el crédito	Kredit
9 a	la compañía de seguros	Versicherung(sgesellschaft)
	el seguro	Versicherung
b	total que	kurzum, schließlich
10	el balance anual	Jahresbilanz
	anual	jährlich
a	la comparación	Vergleich
b	llegar (a)	(an)kommen; erreichen
	deberse a	zurückzuführen sein auf
	probablemente	wahrscheinlich
	el canal de distribución	Vertriebskanal
	satisfecho/-a	zufrieden
	agresivo/-a	aggressiv
	amplio/-a	weit, breit
	la subida	Anstieg
	el trimestre	Quartal
	en cambio	hingegen
	oscilar	schwanken
	la inseguridad	Unsicherheit, Verunsicherung
	la crisis económica	Wirtschaftskrise
	evidente	offensichtlich
	el miedo	Angst
	el síntoma	Symptom; Anzeichen
	la recuperación	Erholung
	ligeramente	leicht
	lograr	erreichen
	con respecto a	in Bezug auf
	sorprendido/-a	überrascht
	acabar	(be)enden
	por delante de	vor
	el / la competidor/a	Konkurrent/in, Mitbewerber/in
c	adicional	zusätzlich
d	la apertura	Eröffnung
	mal	schlecht
11 a	soler *(ue)* + *inf*	etwas zu tun pflegen
	el sueldo	Gehalt
	el logro	Errungenschaft, Erfolg
	el presupuesto	Budget, Etat
c	la evaluación	Evaluation, Bewertung
	el / la gerente de proyectos	Projektmanager/in
	motivar	motivieren
	le gustaría mejorar	Sie würden gerne verbessern
12 a	el grado	Grad
	la satisfacción	Zufriedenheit
	genial	genial
	más o menos	mehr oder weniger, einigermaßen
c	lo más fácil	das Einfachste
13	contratar	beauftragen
	el diseño gráfico	Grafikdesign
	la sección	Teil, Abschnitt, Bereich
	modificar	verändern
	destacar	hervorheben
	reformular	umformulieren
	por razones de	aus Gründen von, wegen
	la boda	Hochzeit
	la inauguración	Eröffnung, Einweihung
	la muerte	Tod
	el lema	Motto
	la galleta	Keks
	el / la visitante	Besucher/in
a	brevemente	kurz
R	eterno/-a	ewig
	el colón costarricense	*Währung Costa Ricas*
	costarricense	costa-ricanisch
	el ejército	Armee
	la reserva natural	Naturschutzgebiet
	el parque natural	Natur(schutz)park
	salir *(g)*	aufgehen *(Sonne)*
	ponerse *(g)*	untergehen *(Sonne)*
	a la misma hora	zur gleichen Zeit
	poseer	besitzen
	la mariposa	Schmetterling
	el sistema de salud	Gesundheitssystem
	negociar	(ver)handeln
	irse *(me voy)*	(weg)gehen
	preparado/-a	vorbereitet
	pobre	arm; dürftig

Vocabulario

sonriendo	lächelnd
sonreír *(reír)*	lächeln
para mi sorpresa	zu meiner Überraschung
el / la ejecutivo/-a	Manager/in
influenciado/-a	beeinflusst
el / la vecino/-a	Nachbar/in
el norte	Norden
aconsejable	ratsam
adoptar un tono serio	einen ernsten Ton anschlagen
adoptar	annehmen
evitar	vermeiden
la broma	Scherz
el / la costarricense	Costa-Ricaner/in
el / la tico/-a *(fam)*	Costa-Ricaner/in
el planteamiento	Ansatz, Betrachtungsweise
introductorio/-a	einleitend, einführend
formar parte de	Teil sein von
Australia	Australien
el / la ingeniero/-a industrial	Maschinenbauingenieur/in
el dominio	Beherrschung
G la perífrasis verbal	verbale Umschreibung
especificar	spezifizieren, genauer angeben
la acción	Aktion
neutro/-a	sächlich
seguido/-a de	gefolgt von
el (número) ordinal	Ordnungszahl
la oración relativa	Relativsatz
introducir *(zc)*	einführen, einleiten

Etapa 1

desarrollar	entwickeln
el público meta	Zielgruppe
poner en práctica	umsetzen
distinto/-a	verschieden
1 relacionado/-a	verbunden
los medios	Medien
2 la estructura	Struktur
a la anécdota	Anekdote
la visión de conjunto	Überblick
tratar	behandeln
la estadística	Statistik
desconocido/-a	unbekannt
b preparad	bereitet vor
siguiendo	indem ihr folgt
el esquema	Schema
grabad	nehmt auf, zeichnet auf
grabar	aufnehmen, aufzeichnen
escuchaos	hört euch an
D sentarse *(ie)*	sich setzen
anotar	notieren
cambiar de	etwas wechseln
la pareja	Partner/in
parecido/-a	ähnlich

3 El mundo de las ferias

el preparativo	Vorbereitung
el permiso	Erlaubnis
indeterminado/-a	unbestimmt
1 c el / la inversor/a	Investor/in
2 a diseñar	entwerfen, gestalten
el estand	Stand
hacer *(g)* falta	nötig sein
b general	allgemein
el / la expositor/a	Aussteller/in
defina	definieren Sie
definir	definieren, festlegen
conseguir *(i)*	erreichen
elabore	arbeiten Sie aus
elaborar	erstellen
realista	realistisch
la presencia	Anwesenheit
cuidadosamente	sorgfältig
formar	bilden; ausbilden
con tiempo	rechtzeitig
el material informativo	Informationsmaterial
haga *(hacer)*	machen Sie
el billete	Fahrkarte
venga *(venir)*	kommen Sie
montar	aufbauen
lo antes posible	so früh wie möglich
evitar	vermeiden
de última hora	allerletzte/r/s
justo/-a	genau; passend
la competencia	Konkurrenz
las labores de seguimiento	Nachfassaktionen, Nachbetreuung
la edición	Ausgabe
c el imperativo	Imperativ, Befehlsform
d utilizando	indem du benutzt
utilizar	benutzen
e la orden	Befehl
3 a la empresa turística	Touristikunternehmen
la invitación	Einladung
el encanto	Charme
b el panel	Tafel
el mostrador	Theke, Verkaufstisch
c colocar	hinstellen, setzen, platzieren, anordnen
d falta hacer *(g)*	es muss noch gemacht werden
el regalo promocional	Werbegeschenk
distribuir *(y)*	verteilen, anordnen
el muestrario	Musterbuch, Katalog, Portfolio
4 el manual	Handbuch
b el resto	Rest
5 b la diferencia	Unterschied
traer *(traigo)*	(mit)bringen
molestarse	sich die Mühe machen
quizás	vielleicht
el expositor	Ständer, Verkaufsdisplay
aparcar	parken
vale	okay, einverstanden

	rural	ländlich	
	llevarse	mitnehmen	
	por supuesto	selbstverständlich	
	sin compromiso	unverbindlich	
	el compromiso	Verpflichtung	
	importar	etwas ausmachen	
	ocupado/-a	besetzt	
	listo/-a	fertig, bereit	
e	estar a cargo de	zuständig sein für	
	la ocasión	Gelegenheit	
	subir	erhöhen, höher stellen	
	claro que no	natürlich nicht	

6 a salir (g) mal — misslingen
probable — wahrscheinlich

b la cara — Gesicht; Kopf (Spiel)
la casilla — Feld, Kästchen
la cruz — Kreuz; Zahl (Spiel)
según — gemäß, nach
el / la jugador/a — Spieler/in
la salida — Start (Spiel)
pesado/-a — schwer; lästig
la máquina de café — Kaffeemaschine
la botella — Flasche
volver (ue) a jugar — noch einmal würfeln
los aseos — Toiletten
perder (ie) un turno — einmal aussetzen
el turno — Schicht, Reihe

7 a la papelera — Papierkorb
el perchero — Kleiderständer
el sillón — Sessel
el taburete — (Bar-)Hocker
el televisor de pantalla plana — Flachbildfernseher
la pantalla plana — Flachbildschirm

b encima de — auf, über
debajo de — unter

c ningún/-o/-a — kein/e/r/s
alguien — jemand

d el indefinido — Indefinitbegleiter, -pronomen
invariable — unveränderlich
variable — veränderlich

e el ojo — Auge

8 a negativo/-a — negativ
un par de — ein paar, einige
desmontar — abbauen
directamente — direkt
sobrar — übrig bleiben
el almacén — Lager
el / la proveedor/a — Lieferant/in
prometer — versprechen
la rebaja — Rabatt
Brasil — Brasilien
por otra parte — andererseits

b en negrita — fett, in Fettschrift

c el pronombre de objeto indirecto/-a — Objektpronomen indirekt

9 a bonito/-a — schön
regalar — schenken
la memoria USB — USB-Stick

10 desde siempre — seit jeher
establecer (zc) — herstellen, aufnehmen
nacional — national, Inlands-
el procesamiento — Verarbeitung
la posición — Position
Turquía — Türkei
el área (f) de influencia — Einflussbereich
la influencia — Einfluss
Europa del Este — Osteuropa
Asia Central — Zentralasien
Asia — Asien
el Medio Oriente — Mittlerer Osten
el Norte de África — Nordafrika
Estambul — Istanbul
el / la visitante profesional — Fachbesucher/in
el salón — Ausstellung, Messe
la empresa expositora — Ausstellerfirma
el pabellón — Pavillon, Halle
sectorial — sektorbezogen, Gebiets-
Sudamérica — Südamerika
participante — teilnehmend, beteiligt

c opinar — meinen
desde tu punto de vista — deiner Ansicht nach

R el peso dominicano — Währung der Dominikanischen Republik
dominicano/-a — dominikanisch
la isla — Insel
La Española — Hispaniola
Cristóbal Colón — Christoph Kolumbus
desembarcar — landen
el baile — Tanz
el merengue — *dominikanischer Tanz*
el Caribe — Karibik
el béisbol — Baseball
el / la dominicano/-a — Dominikaner/in
cálido/-a — warm; warmherzig
hospitalario/-a — gastfreundlich
a la hora de hacer (g) negocios — wenn man Geschäfte macht
tener (g, ie) en cuenta — berücksichtigen
la estructura — Struktur
dominado/-a — dominiert, beherrscht
relacionado/-a — verbunden
entre sí — untereinander
la toma de decisiones — Beschlussfassung
jerarquizado/-a — hierarchisiert
el ritmo — Rhythmus
notar — (be)merken
negociar — (ver)handeln
relajado/-a — entspannt
al principio — am Anfang
el chiste — Witz
la broma — Scherz
darse cuenta de — (be)merken
tratar — behandeln
deber — müssen
centrar — zentrieren; *hier:* lenken
la cadena hotelera — Hotelkette
el entorno laboral — Arbeitsumfeld

G afirmativo/-a — bejaht

Vocabulario

la ortografía	Rechtschreibung
diferenciarse	sich unterscheiden
no personal	unpersönlich

4 Campañas publicitarias

publicitario/-a	Werbe-
la emoción	Gefühl
el hábito	Gewohnheit
el consumo	Konsum, Verbrauch
la sugerencia	Vorschlag
la causa	Grund
la consecuencia	Konsequenz, Folge
1 el impacto	Wirkung
a pertenecer *(zc)* a	gehören zu
seguir *(i)* la corriente	mit dem Strom schwimmen
b en especial	besonders
el eslogan	Slogan
sorprender	überraschen
impactar	stark beeindrucken
impresionar	beeindrucken
indignar	empören
atrevido/-a	frech, gewagt
impactante	beeindruckend
horrible	schrecklich
2 b la marca blanca	Eigenmarke, Handelsmarke
aumentar	zunehmen
europeo/-a	europäisch
de hecho	tatsächlich
recientemente	neulich, vor Kurzem
el factor	Faktor
influir *(y)* (en)	beeinflussen
la fuerza	Stärke
contribuir *(y)* a	beitragen zu
la expansión	Wachstum
centrarse en	sich konzentrieren auf
popular	beliebt; *hier:* günstig
al principio	am Anfang
bajo este nombre	unter diesem Namen
el/la distribuidor/a	Vertriebspartner, Vertreter/in
bajo/-a	niedrig, klein
lanzar	aussenden
igual de bueno (que)	gleich gut (wie)
minimalista	minimalistisch
de ahí	daher
en contra de	gegen
la libertad de elección	Wahlfreiheit, Auswahlmöglichkeit
la libertad	Freiheit
quitar	entfernen, wegnehmen
el recurso	Mittel
el peso	Gewicht; Bedeutung
variar *(i)*	variieren
en función de	abhängig von
suponer *(poner)*	vermuten; betragen
envasado/-a	verpackt
la droguería	Drogerie
llamado/-a	sogenannte/r/s
la marca del distribuidor	Handelsmarke
permitir	erlauben, möglich machen
ahorrar	sparen
respecto a	in Bezug auf
el gancho	Haken; Lockvogel
por parte de	seitens
atraer *(traer)*	anziehen
c a favor	dafür
en contra	dagegen
d el calzado	Schuhe, Schuhwerk
3 el estudio de mercado	Marktstudie
a el lanzamiento	Wurf; Markteinführung
el hogar	Haushalt
los ingresos	Einkünfte, Einkommen
medio/-a	durchschnittlich
mensual	monatlich
el establecimiento	Geschäft
habitualmente	üblicherweise
la estadística	Statistik
el sexo	Geschlecht
el mercadillo	Straßenmarkt, Flohmarkt
la cadena de descuento	Discounter
espontáneo/-a	spontan
fiel	treu
ahorrador/a	sparsam
c gastar	ausgeben
4 a el/la comprador/a	Käufer/in
b la conclusión	Schlussfolgerung
5 a resistirse	sich widersetzen, sich wehren
conformarse (con)	sich zufriedengeben, sich begnügen (mit)
hacer *(g)* realidad	verwirklichen
la imitación	Nachahmung
b promocionar	bewerben, werben für
d negativo/-a	*hier:* verneint
el cambio vocálico	Vokalwechsel
vocálico/-a	Vokal-
6 a llamar la atención	aufmerksam machen, auffallen
b triunfar	Erfolg haben
la finalidad	Ziel, Zweck
tener *(g, ie)* en cuenta	berücksichtigen
fundamental	grundlegend, Haupt-
dar a conocer	bekannt geben, bekannt machen
consolidado/-a	konsolidiert
por su parte	seinerseits/ihrerseits
concienciar	sensibilisieren, bewusst machen
ético/-a	ethisch, moralisch
copiar	kopieren, nachahmen
obvio/-a	offensichtlich
único/-a	einzige/r/s
garantizado/-a	garantiert
d deber	müssen, sollen

	simple	einfach	
	la imaginación	Fantasie	
	tardar	(Zeit) brauchen	
7	la cuestión	Frage(stellung)	
a	fallar	misslingen, fehlschlagen	
8	en todas partes	überall	
a	los medios	Medien	
b	la marquesina	Überdachung, Vordach	
	la valla publicitaria	Werbetafel	
	el cartel	Plakat	
	el letrero luminoso	Leuchtreklame	
	la banderola	Wimpel; *hier:* Banner	
	el soporte publicitario	Werbeträger	
9 b	colgar *(ue)*	auflegen *(Telefon)*	
	generalmente	im Allgemeinen	
	prestar atención (a)	achten (auf)	
	borrar	löschen	
	el correo basura	Spam	
	tirar a la basura	in den Müll werfen	
10	en línea	online	
a	la infografía	Infografik	
	investigar	(er)forschen	
	personalizar	personalisieren	
	de forma fácil	einfach, leicht	
	impreso/-a	gedruckt	
	el / la comerciante	Händler/in	
	determinar	bestimmen	
b	como	da, weil	
	el / la anunciante	Inserent/in	
	comunicarse	kommunizieren	
	el coste	Preis, Kosten	
c	la conexión a Internet	Internetverbindung	
	detectar	entdecken, bemerken	
	fácilmente	einfach, leicht	
	despertar *(ie)* el interés	das Interesse wecken	
	actualizar	aktualisieren	
12	preocupado/-a (por)	besorgt (um)	
	arriesgado/-a	gewagt	
	ponerse *(g)* en contacto (con)	sich in Verbindung setzen (mit)	
	la postal	Postkarte	
	anónimo/-a	anonym	
	el / la admirador/a	Bewunderer/in	
	notar	(be)merken	
	estar a punto de + *inf*	kurz davor sein zu	
	la aventura	Abenteuer	
c	el contraargumento	Gegenargument	
R	la tierra	Land	
	el lago	See	
	el volcán	Vulkan	
	el córdoba	*Währung Nicaraguas*	
	junto a	neben	
	la extensión	Ausdehnung; Fläche	
	Centroamérica	Mittelamerika	
	viejo/-a	alt	
	escolar	Schul-	
	el tiburón	Hai	
	el agua *(f)* dulce	Süßwasser	
	el gallo pinto *(LA)*	"gefleckter Hahn", *Spezialität Nicaraguas mit Bohnen, Reis und Eiern*	
	a la hora de + *inf*	wenn man …	
	el / la interlocutor/a	Ansprechpartner/in	
	la administración	Verwaltung	
	el poder de decisión	Entscheidungsbefugnis	
	darse cuenta de	(be)merken	
	averiguar	herausfinden	
	realmente	wirklich, in Wirklichkeit	
	mirar a los ojos	in die Augen sehen	
	generar confianza	Vertrauen schaffen	
	la forma de vestir	Kleidungsstil	
	vestir *(i)*	(sich) kleiden	
	elevado/-a	hoch, gehoben	
	el signo	Zeichen	
	externo/-a	äußerlich	
	la riqueza	Reichtum	
	la ropa de marca	Markenkleidung	
	la sociedad	Gesellschaft	
G	el concepto	Sachverhalt	
	el conjunto	Gruppe, Menge	
	observar	beobachten	

Etapa 2

1 a	probar *(ue)*	(aus)probieren, versuchen	
	plantear	angehen, aufwerfen	
	el chiste	Witz	
	la anécdota	Anekdote	
	citar	zitieren	
	la noticia	Nachricht	
	invitar a + *inf*	auffordern zu	
	el gesto	Geste, Zeichen	
c	la cita	Zitat	
	levantar	(hoch)heben	
2 b	reflexionar (sobre)	nachdenken (über)	
	la expectativa	Erwartung	
	mostremos	lasst uns zeigen	
	la utopía	Utopie	
	el repaso	Wiederholung	
	transmitir	über-, vermitteln	
	lo siguiente	Folgendes	
3	la alternativa	Alternative	
D	el medio	Mitte	
	la ronda	Runde	
	ponerse *(g)* de acuerdo (sobre)	sich einigen (auf)	
	el salto	Sprung	
	la impresión	Eindruck	

5 Relaciones laborales

	transmitir	übermitteln, ausrichten	
1 a	cansado/-a	müde	
	de buen / mal humor	gut / schlecht gelaunt	
	el humor	Humor; Laune	

Vocabulario

	estresado/-a	gestresst
	relajado/-a	entspannt
	seamos realistas	lasst uns realistisch sein
	9 de cada 10 días	9 von 10 Tagen
	lo peor	das Schlimmste
b	el estado de ánimo	Gemütszustand
2 a	perfeccionista	perfektionistisch
	empático/-a	empathisch
	exigente	anspruchsvoll, fordernd
	la administración	Verwaltung
	encargarse de	sich kümmern um, zuständig sein für
	la facturación	Berechnung, Abrechnung
	responsable	verantwortungsbewusst
	la perfección	Perfektion
	la clave del éxito	Schlüssel zum Erfolg
	dicen *(decir)*	sie sagen, man sagt
	detallista	genau
	imaginativo/-a	ideenreich
	entusiasta	enthusiastisch
	ambicioso/-a	ehrgeizig
	intuitivo/-a	intuitiv
	desarrollarse	sich entwickeln
	soportar	ertragen, leiden können
	el reto	Herausforderung
	exigir	fordern, verlangen
	lo máximo	das Höchste; das Äußerste
	el período de prueba	Probezeit
	el / la mediador/a	Vermittler/in
	el punto débil	Schwäche
	débil	schwach
	desordenado/-a	unordentlich
b	la manía	Manie, Abneigung
c	identificarse con	sich identifizieren mit
	llevarse bien (con)	sich gut verstehen (mit)
d	llevarse mal (con)	sich nicht gut verstehen (mit)
	caer *(caigo)* bien	gefallen, leiden können
	caer *(caigo)* mal	nicht gefallen, nicht leiden können
	fatal	sehr schlecht
	entenderse *(ie)* bien (con)	sich gut verstehen (mit)
	fastidiar	ärgern, lästig sein
3	el conflicto	Konflikt
a	competente	kompetent
	profesional	professionell
	seguro/-a	sicher; *hier:* selbstsicher
	eso sí	zwar, jedoch, allerdings
	el potencial	Potenzial
	gritar	schreien
c	la forma verbal	Verbform
	el subjuntivo	*Möglichkeitsform*
d	el indicativo	Indikativ
e	la pausa	Pause
	entregar	abgeben
	la presión	Druck
4 a	firmar	unterschreiben
	el pseudónimo	Pseudonym
5	abiertamente	offen
	respetar	respektieren
	defender *(ie)*	verteidigen
	los / las demás	die anderen
	la tontería	Dummheit, Blödsinn
	intervenir *(venir)*	eingreifen, sich einmischen
	el comportamiento	Verhalten, Benehmen
	cumplir	erfüllen
	enfadarse	sich ärgern
	criticar	kritisieren
	negarse *(ie)* (a)	sich weigern (zu)
	el derecho	Recht
6 b	discutir	diskutieren
c	el discurso directo	direkte Rede
	el discurso indirecto	indirekte Rede
d	transformar	umwandeln
	la firma	Unterschrift
	el asunto	Angelegenheit
e	el oído	Gehör; Ohr
7	escrito/-a	schriftlich
a	el boletín (de noticias)	Newsletter
	el / la intranet	Intranet
	el tablón de anuncios	Schwarzes Brett
b	ordenar	befehlen
	raro/-a	selten; seltsam
	tomar una copa	etwas trinken
	la copa	Glas, Drink
	la tensión	Spannung
	tomar la iniciativa	die Initiative ergreifen
	el respiro	Atempause
	xfa (por favor)	bitte
	besitos	Küsschen
c	la petición	Bitte, Anfrage
8	repartir	aus-, verteilen
	el / la destinatario/-a	Empfänger/in
	irse de vacaciones	in Urlaub gehen
	estresarse	sich stressen (lassen)
9 b	la enfermedad	Krankheit
	la estructura	Struktur
	cargado/-a (de)	beladen, voll (mit)
	mientras (que)	während
	nada que hacer *(g)*	nichts zu tun
	no solo	nicht nur
	estar aburrido/-a	sich langweilen
	sino (que)	sondern
	la carga de trabajo	Arbeitsbelastung
	la carga	Last
	día tras día	Tag für Tag
	insatisfecho/-a	unzufrieden
	en consecuencia	folglich
	llegar a + *inf*	zu etwas gelangen
	odiar	hassen
	provocar	verursachen
	el aburrimiento	Langeweile
	estresar	stressen
	tenso/-a	angespannt
	violento/-a	gewalttätig, heftig
	el acoso (laboral)	Mobbing
	frustrar	frustrieren
	la depresión	Depression
	personalmente	persönlich

	la fase	Phase
	el desafío	Herausforderung
	desde luego	selbstverständlich
c	la falta (de)	Mangel (an)
	el reconocimiento	Anerkennung
	inestable	instabil, unbeständig
	desequilibrado/-a	unausgeglichen
	monótono/-a	eintönig
e	parcial	Teil-, teilweise
f	demostrado/-a	bewiesen
	contrario/-a	gegenteilig
10 a	tratar	behandeln
	la igualdad	Gleichheit
	humano/-a	menschlich
	las condiciones físicas	äußere Bedingungen
	físico/-a	physisch, körperlich
b	distinto/-a	verschieden
	en conclusión	schließlich
11 b	el debate	Debatte
c	el recurso	*hier:* Redemittel
12	expandirse	expandieren
	poner en marcha	in Gang setzen
	la plantilla	Belegschaft
	renovar *(ue)*	erneuern
	modernizar	modernisieren
	el departamento de RR. HH.	Personalabteilung
	RR. HH. (Recursos Humanos)	Personal(wesen)
	la comisión	Kommission, Ausschuss
	material	materiell
b	escoger	auswählen
R	la unión	Verbindung
	Ciudad de Panamá	Panama-Stadt
	el balboa	*Währung Panamas*
	la abundancia	Fülle, Überfluss
	el pez *(pl* peces*)*	Fisch
	conectar	verbinden
	el mar Caribe	Karibisches Meer
	el océano Pacífico	Pazifischer Ozean
	per capita	pro Kopf
	el ave *(f)*	Vogel
	el rascacielos	Wolkenkratzer
	el sombrero	Hut
	provenir *(venir)* de	herkommen, stammen aus
	el tono	Ton
	el apretón de manos	Händedruck, Handschlag
	coloquial	umgangssprachlich
	el contexto	Kontext, Zusammenhang
	tratar de usted	siezen
	tutear	duzen
	el nombre propio	Eigenname; Vorname
	sugerir *(ie)*	vorschlagen
	el / la ejecutivo/-a	Manager/in
	el rango	Rang
	ceder el paso	den Vortritt lassen
	el trato de preferencia	Vorzugsbehandlung
G	a partir de	ausgehend von
	el modo de la posibilidad	Möglichkeitsform
	la postura	Einstellung
	adoptar	annehmen
	el sujeto	Subjekt
	el pronombre personal	Personalpronomen
	el demostrativo	Demonstrativbegleiter, -pronomen
	el posesivo	Possessivbegleiter, -pronomen

6 Grandes eventos

	el deseo	Wunsch
	dejar	überlassen
1 a	la visita guiada	Führung
	la yincana	Schnitzeljagd
	el viaje en barco	Schiffsreise
	el barco	Schiff
	el curso de cocina	Kochkurs
	la cata de vinos	Weinverkostung
2	el evento corporativo	Unternehmensveranstaltung, Firmenevent
a	dentro (de)	innerhalb (von)
	fidelizar	binden
	conocerse *(zc)*	sich kennen lernen
	quinto/-a	fünfte/r/s
	sexto/-a	sechste/r/s
b	las relaciones públicas	Öffentlichkeitsarbeit
	para que + *subj*	damit
	asumir	übernehmen, auf sich nehmen
	la misión	Mission, Auftrag
	el incentivo	Incentive, Anreiz
	la construcción	Bau, Aufbau
	romper el hielo	das Eis brechen
	salir *(g)* de la rutina	dem Alltag entfliehen
	por un lado	einerseits
	por otro lado	andererseits
	de esta manera	auf diese Weise
	potenciar	steigern, erhöhen
	minimizar	minimieren, senken
	de forma interna	intern
	interno/-a	intern
c	desarrollar	entwickeln
3 a	el crimen	Verbrechen
	la fama	Ruhm
	el baile	Tanz
	el / la coreógrafo/-a	Choreograf/in
	competir *(i)* en la final	am Finale teilnehmen
	competir *(i)*	konkurrieren
	la diversión	Spaß, Unterhaltung
	el / la participante	Teilnehmer/in
	p. p. (por persona)	pro Person
	la duración	Dauer
	superar pruebas	Tests bestehen
	el / la asesino/-a	Mörder/in
	el guion	Drehbuch
	grabar	aufnehmen, aufzeichnen
	la escena	Szene
c	como quieras	wie du willst
d	decorar	dekorieren

Vocabulario

	entre semana	unter der Woche
	el bufet	Buffet
4 a	ponerse *(g)* de acuerdo (sobre)	sich einigen (auf)
	aproximado/-a	ungefähr
5 a	la jubilación	Ruhestand, Pensionierung
	el aniversario	Jubiläum
	la Navidad	Weihnachten
	la jornada de puertas abiertas	Tag der offenen Tür
	la ceremonia	Feier(lichkeiten)
	la entrega de premios	Preisverleihung
	el acto	(Fest-)Akt
	tener *(g, ie)* lugar	stattfinden
	despedir *(i)*	verabschieden
	cumplir años	Geburtstag haben, Jahrestag feiern
	el / la familiar	Familienangehörige/r
	la preposición	Präposition
c	la agencia de eventos	Eventagentur
	el inicio	Start; *hier:* Startseite
	temático/-a	thematisch
	la sorpresa	Überraschung
	cuidar	achten auf, sich kümmern um
	más mínimo/-a	kleinste/r/s, geringste/r/s
	a la perfección	perfekt
	la decoración	Dekoration
	el formulario	Formular
	el presupuesto	Kostenvoranschlag
d	ampliar *(i)*	erweitern
e	delegar	delegieren
6 a	la consulta	Anfrage
d	bailar	tanzen
	cantar	singen
	el / la vecino/-a	Nachbar/in
	llorar	weinen
7 b	aclarar	klären
8 a	cuando + *subj*	wenn, sobald
	acabarse	zu Ende gehen
	el / la asistente	Teilnehmer/in
	la duda	Zweifel, Frage
	evaluar *(ú)*	bewerten
	refrescar	auffrischen
	la memoria	Gedächtnis
	acordarse *(ue)* (de)	sich erinnern (an)
d	jubilarse	in Rente gehen
9 a	¡Felicidades!	Glückwünsche! Alles Gute zum Geburtstag!
	¡Enhorabuena!	Glückwunsch!
	ojalá + *subj*	hoffentlich
	la suerte	Glück
	¡Que lo pase bien!	Viel Spaß!
	que + *subj*	auf dass
	pasarlo bien	Spaß haben
c	la expectativa	Erwartung
	muchísimo	sehr (viel)
10	la ficha	Spielfigur
11	la celebración	Feier
	aprovechar	(aus)nutzen
	recompensar	(be)lohnen
	públicamente	öffentlich
	dependiendo de	abhängig von
	sencillo/-a	einfach
	la barbacoa	Grill(party)
	el gesto	Geste, Zeichen
	solidario/-a	solidarisch
	memorable	denkwürdig, unvergesslich
	la organización sin ánimo de lucro	gemeinnützige Organisation
	el lucro	Gewinn, Profit
	recaudar	einnehmen, einziehen
	el logotipo	Logo, Firmenzeichen
b	contraponer *(poner)*	gegenüberstellen
	aunque	obwohl
c	el análisis	Analyse
R	el son	*Musikstil aus Kuba*
	el cigarro	Zigarre, Zigarette
	La Habana	Havanna
	el peso cubano	*kubanische Währung*
	el peso convertible	*Zweitwährung in Kuba*
	convertible	konvertierbar
	el ferrocarril	Eisenbahn
	emitir	senden, ausstrahlen
	el (puro) habano	Havanna(-Zigarre)
	el puro	Zigarre
	en voz alta	laut
	la voz *(pl voces)*	Stimme
	alto/-a	hoch; laut
	la madera balsa	Balsaholz
	en pleno verano	mitten im Sommer
	causar una buena impresión	einen guten Eindruck machen
	la maleta	Koffer
	la cordialidad	Herzlichkeit
	la amabilidad	Freundlichkeit
	educado/-a	wohlerzogen, höflich
	latino/-a	lateinamerikanisch
	la prenda de vestir	Kleidungsstück
	la guayabera	*kubanisches Leinenhemd*
	el lino	Leinen
	realmente	wirklich
	vestir *(i)*	(sich) kleiden
	el entorno	Umgebung
G	el superlativo	Superlativ
	absoluto/-a	absolut
	sufijo	Nachsilbe

Etapa 3

1	la diapositiva	Dia(positiv); *hier:* Folie
a	el comercio electrónico	E-Commerce
	el Reino Unido	Vereinigtes Königreich
	la fuente	Quelle
	la Unión Internacional de Telecomunicaciones	Internationale Fernmeldeunion
	la barra	Balken

	circular	Kreis-
b	bajar	sinken
D	el puente	Brücke
	el personaje	Figur, Person
	el / la barquero/-a	Fährmann/-frau
	Correos	Post(amt)

7 Proyectos de futuro

	la cortesía	Höflichkeit
	futuro/-a	zukünftig
1 a	la caja	Kasse
	por ello	deshalb
	apoyar	unterstützen
	el emprendimiento	Unternehmung, Unternehmergeist
	se destinarán a	(sie) werden angewendet für
	destinar a	bestimmen, aufwenden für
b	el ascenso	Beförderung
	el curso de formación	Schulung(skurs)
	el contrato indefinido	unbefristeter (Arbeits-)Vertrag
2	financiar	finanzieren
a	el préstamo	Darlehen, Geldanleihe
	la subvención	Subvention, Zuschuss
	la entidad de crédito	Kreditinstitut
b	exitoso/-a	erfolgreich
	dedicarse a	sich … widmen
	el bambú	Bambus
	a mano	von Hand
	la alternativa	Alternative
	saludable	gesund
	sostenible	nachhaltig
	la plataforma	Plattform, Organisation
	había desarrollado	ich hatte entwickelt
	el / la adulto/-a	Erwachsene/r
	me había olvidado de	ich hatte … vergessen
	olvidarse de	etwas vergessen
	el / la chaparrito/-a *(Méx)*	Kind
	el producto final	Endprodukt
	en serie	in Serie
	a cambio de	für, im Tausch gegen
	en exclusiva	exklusiv
	el diseño industrial	Industriedesign
	la UNAM (Universidad Nacional Autónoma de México)	*Nationale Autonome Universität von Mexiko*
	la beca	Stipendium
	regresar	zurückkehren
e	la carrera	Laufbahn; Studium
f	el pluscuamperfecto	Plusquamperfekt, Vorvergangenheit
3 a	el plan de negocio	Geschäftsplan
4 a	diferenciar	unterscheiden
	el importe	Betrag
5 a	podría	Sie könnten
	la zona de confort	Komfortzone, Wohlfühlbereich
	evidentemente	offensichtlich
	tendrías que	du solltest
	el campo	Feld, Bereich
	deberías	du solltest
	emprender	unternehmen, in Angriff nehmen
	serían	(sie) wären
	afrontar	in Angriff nehmen
	el ánimo	Mut, Kraft
c	el condicional	Konditional
	yo que tú	ich an deiner Stelle
d	corresponderse con	übereinstimmen mit
e	reír *(río)*	lachen
f	profesionalmente	beruflich
6	prepararse	sich vorbereiten
a	riesgo	Risiko
b	pongamos, por ejemplo	nehmen wir zum Beispiel
	demasiado/-a	zu viel
	el / la socio/-a	(Geschäfts-)Partner/in
c	la afirmación	Behauptung
	intercambiar	austauschen
	la actitud	Einstellung, Haltung
8 a	según + *subj*	je nachdem, ob
b	el cerebro	Gehirn
	atender *(ie)*	beachten, bedienen
	la demanda	Forderung, Nachfrage
	vital	vital, lebensnotwendig
	el tiempo real	Echtzeit
	real	wirklich
	I+D (investigación y desarrollo)	Forschung und Entwicklung
	la gestión de la información	Informationsmanagement
	el centro logístico	Logistikzentrum
	invertirá	(sie) wird investieren
	la transformación	Umwandlung
	serán	(sie) werden sein
	tanto … como …	sowohl … als auch …
	cualquier	irgendein/e/r/s
	de esta forma	so, auf diese Art
	múltiple	vielfach
	el / la productor/a	Hersteller/in
	la complejidad	Komplexität
	técnico/-a	technisch
	convencido/-a	überzeugt
	el triunfo	Triumph, Erfolg
d	salir *(g)* bien	gelingen
e	la inversión	Investition
9 a	quizá(s)	vielleicht
	a lo mejor	vielleicht
	especializado/-a	spezialisiert
	el / la empleado/-a fijo/-a	Festangestellte/r
10	la carrera	Karriere
a	la amenaza	(Be-)Drohung
11	aprobar *(ue)*	genehmigen
	cubrir los gastos	die Ausgaben decken
	previsto/-a	vorgesehen
	un total de	insgesamt

Vocabulario

	preocupar	jdm Sorgen machen, jdn beschäftigen
	las finanzas	Finanzen
	destacado/-a	herausragend
	la renovación	Erneuerung
	la flota	Fuhrpark
	la fidelización de clientes	Kundenbindung
c	concluir *(y)*	schließen, enden
d	exactamente	genau
R	vivo/-a	lebendig
	milenario/-a	tausendjährig
	Ciudad de Guatemala	Guatemala-Stadt
	el quetzal	*Währung von Guatemala*
	el dialecto	Dialekt
	el cardamomo	Kardamom
	el quetzal	*Nationalvogel von Guatemala*
	el imperio	Reich
	la cascada	Wasserfall
	regatear	feilschen, handeln
	guatemalteco/-a	guatemaltekisch
	el regateo	Feilschen, Handeln
	punto por punto	Punkt für Punkt
	el / la guatemalteco/-a	Guatemalteke/-in
	en lugar de	anstelle von
	el / la director/a de comunicación	Kommunikationsmanager/in
G	la terminación	Endung
	la conjugación	Konjugation
	la oración condicional	Bedingungssatz
	la oración subordinada	Nebensatz
	la oración principal	Hauptsatz

8 Visitas de empresa

	el sentimiento	Gefühl
	negociar	(ver)handeln
1	la tarjeta de visita	Visitenkarte
a	radiológico/-a	radiologisch, Röntgen-
	la floristería	Blumengeschäft
2 b	la filial	Filiale, Zweigstelle
c	recibir	empfangen
	la planta	Anlage
	el empaquetado	Einpacken, Verpacken
e	anualmente	jährlich
	el azafrán	Safran
	el tarro	Glas *(für Lebensmittel)*
	la referencia de producto	Produktnummer
	la referencia	Referenz
	la tonelada	Tonne
3 a	confiar *(i)* en	vertrauen auf
	ser del agrado de	jdm gefallen
	el agrado	Wohlgefallen
	dudar	zweifeln; zögern
	dar *(doy)* la bienvenida	willkommen heißen
	alegrarse (de)	sich freuen (über)
b	presente	gegenwärtig
d	retrasarse	sich verspäten

4	estar de baja	krankgeschrieben sein
	la baja	Krankmeldung
5 b	fluido/-a	fließend, flüssig
	el / la negociador/a	Verhandlungspartner/in, -führer/in
	la parte	Partei, Seite
	el discurso	Rede
	convincente	überzeugend
	creer en	glauben an
	difícilmente	kaum, schwerlich
	ser considerado/-a como	betrachtet werden als
	enemigo/-a	verfeindet
	aliado/-a	alliiert, verbündet
	el truco	Trick
	efectivo/-a	effektiv
	por lo tanto	daher
	estar al día	auf dem Laufenden sein
c	el párrafo	Abschnitt
	la observación	Beobachtung
	la autoconfianza	Selbstvertrauen
d	el sinónimo	Synonym
e	conveniente	angebracht, zweckmäßig
	de antemano	im Voraus
	basarse en	sich stützen auf
	el acuerdo	Vereinbarung
	el protocolo	Protokoll
6 a	la garantía	Garantie
	el plazo de entrega	Lieferfrist
	las condiciones de pago	Zahlungsbedingungen
	el precio por unidad	Stückpreis
b	acordar *(ue)*	vereinbaren
	el orden del día	Tagesordnung
	llegar a un acuerdo	eine Vereinbarung treffen
	comprometerse a	sich verpflichten zu
	la mercancía	Ware
	la abreviatura	Abkürzung
c	pedir *(i)* la palabra	das Wort ergreifen
	la aclaración	Erklärung
	en cuanto a	bezüglich
	por lo que se refiere a	was … betrifft
	eso de que *(fam)*	was … angeht
	interrumpir	unterbrechen
	o sea	das heißt
7 b	constantemente	ständig
8	merecer *(zc)* la pena	sich lohnen
	a la hora de + *inf*	wenn man …
a	ordenado/-a	ordentlich, geordnet
	desordenado/-a	ungeordnet, ungeregelt
	la interrupción	Unterbrechung
	el estatus	Status
	claramente	deutlich
	absolutamente	absolut, völlig
	el rango	Rang
	de mayor edad	ältere/r/s
9 a	Marruecos	Marokko
	el / la intérprete	Dolmetscher/in
	burocrático/-a	bürokratisch
d	la concordancia	Konkordanz, Übereinstimmung
11 a	la norma	Norm, Richtlinie

	verbal	mündlich
12	el asesoramiento	Beratung
	la asesoría	Beratungsstelle
	suficiente	genügend, ausreichend
	el alojamiento	Unterkunft
	exterior	Außen-, Auslands-
	integral	vollständig
	la tarifa	Tarif, Gebühr
	la identificación	Identifizierung
	intercultural	interkulturell
	la contratación	Beauftragung
c	contraargumentar	Gegenargumente vorbringen
	en cierto modo	in gewisser Weise
	tal vez	vielleicht
R	el lempira	*Währung von Honduras*
	las ruinas	Ruinen
	el territorio	Fläche, Land
	montañoso/-a	bergig, gebirgig
	segundo/-a mayor	zweitgrößte/r/s
	la barrera coralina	Korallenriff
	la emigración	Auswanderung, Emigration
	Centroamérica	Mittelamerika
	la banana *(LA)*	Banane
	hondureño/-a	honduranisch
	la toma de decisiones	Entscheidungsfindung, Beschlussfassung
	resultar	verlaufen, erfolgen
	correr riesgos	Risiken eingehen
	cuidadoso/-a	vorsichtig
	el grado académico	akademischer Grad
	el / la doctor/a	Doktor/in
	racial	Rassen-
	el tráfico de drogas	Drogenhandel
	la droga	Droge
C	mil billones	Billiarde
	un trillón	Trillion
G	partir de	ausgehen von

Etapa 4

1 a	el / la ponente	Referent/in
	quedarse en blanco	einen Blackout haben
	pasarse del tiempo	die Zeit überschreiten, überziehen
	la gestión del tiempo	Zeitmanagement
	la actuación	Vorgehen, Auftritt
b	la técnica	Technik
2 a	reelaborar	überarbeiten
	ensayar	üben, proben
b	la secuencia	Sequenz
	lógico/-a	logisch
	repartir el tiempo	die Zeit einteilen
	respetar el tiempo	die Zeit einhalten
	dominar	beherrschen
	interactuar *(ú)*	interagieren
D	tachar	(durch)streichen
	dividir	teilen
	la hoja	Blatt
	leal	loyal
	sincero/-a	ehrlich
	la ley	Gesetz
	correr riesgos	Risiken eingehen
	autosuficiente	selbstgenügsam
	feliz	glücklich

Vocabulario temático

Hier finden Sie eine kleine Auswahl an zusätzlichen Wörtern und Ausdrücken nach Wortfeldern sortiert.

Material de oficina

Aktentasche	el maletín	Heft	el cuaderno	Mikrofon	el micrófono
Bildschirm	la pantalla	Hefter, Tacker	la grapadora	Ordner	el archivador
Blatt	la hoja	Heftklammer	la grapa	Papier	el papel
Bleistift	el lápiz	Klarsichthülle	la funda transparente	Papierkorb	la papelera
Block	el bloc	Klebeband	la cinta adhesiva	Radiergummi	la goma de borrar
Briefmarke	el sello	Klebstoff	el pegamento	Scanner	el escáner
Büroklammer	el clip	Korrekturflüssigkeit	el corrector	Schere	las tijeras
Computer	la computadora (LA), el ordenador	Kugelschreiber	el bolígrafo	Spitzer	el sacapuntas
Computermaus	el ratón	Laminiergerät	la plastificadora	Stempel	el sello
Drehstuhl	la silla giratoria	Laptop	el (ordenador) portátil	Stempelkissen	el tampón
Drucker	la impresora	Lautsprecher	el altavoz	Tablet	la tableta
Etikett	la etiqueta	Lineal	la regla	Tafel	la pizarra
Fax	el fax	Locher	el perforador	Taschenrechner	la calculadora
Festplatte	el disco duro	Magnettafel	la pizarra magnética	Tastatur	el teclado
Filzstift	el rotulador			Tinte	la tinta
Folie	la transparencia			Umschlag	el sobre
Fotokopierer	la fotocopiadora	Mappe	la carpeta	USB-Stick	la llave USB, la memoria USB
Füller	la pluma	Marker	el marcador	Whiteboard	la pizarra blanca
Haftnotiz	la nota adhesiva			Zettel	el papel

Material de una feria

Aschenbecher	el cenicero	Papierkorb	la papelera
Aufzug	el ascensor	Pavillon	el pabellón
Auskunft	la información	Plakat	el cartel
Ausstellung	la exposición, el salón	Podest	el podio
Beamer	el proyector	Portfolio	el portfolio
Besprechungsraum	la sala de reuniones	Presseraum	la sala de prensa
Besprechungstisch	la mesa de reuniones	Produkt	el producto
Fenster	la ventana	Projektor	el proyector
Flachbildfernseher	el televisor de pantalla plana	Regal	la estantería
Garderobe	el guardarropa	Regalboden	el estante
Getränkeautomat	la máquina automática de bebidas	Sessel	el sillón
Halle	el pabellón	Stand	el estand
Hocker, Barhocker	el taburete	Steckdose	el enchufe
Info	la información	Stehtisch	la mesa alta
Kaffeemaschine	la máquina de café	Stuhl	la silla
Katalog	el catálogo	Tafel	el panel, la pizarra
Kleiderständer	el perchero	Theke	el mostrador
Konferenzraum	la sala de conferencias	Toiletten	los aseos, los servicios
Kühlschrank	el frigorífico	Tür	la puerta
Lager(raum)	el almacén	Verkaufstisch	el mostrador
Lampe	la lámpara	Vitrine	la vitrina
Messe	la feria, el salón	Vorhang	la cortina
Messegelände	el recinto ferial	Ware	la mercancía
Muster	la muestra	Wasserspender	el dispensador de agua
Musterbuch	el muestrario, el portfolio	Werbegeschenk	el regalo promocional
		Zwischendecke	el falso techo

Servicios de una feria

Abbau	el desmontaje	Lage	la localización
Abfallentsorgung	la recogida de residuos	Licht	la iluminación
Animation	la animación	Lieferant/in	el / la proveedor/a
Aufbau	el montaje	Miete	el alquiler
Aussteller/in	el / la expositor/a	Neuheit	la novedad
Beleuchtung	la iluminación	Ort	el lugar, la localización
Besucher/in	el / la visitante	Parkschein	la tarjeta de aparcamiento
Budget	el presupuesto	Personal	el personal
Catering	el (servicio de) catering	Quadratmeter	el metro cuadrado
Dekoration	la decoración	Reinigung	la limpieza
Dienstleistung	el servicio	Ständer	el expositor
Einladung	la invitación	Strom	la electricidad
Fläche	la superficie	Teilnahme	la participación
Fotoreportage	el reportaje fotográfico	Teilnehmer/in	el / la participante
Hostess	la azafata	Telefon	el teléfono
Internetverbindung	la conexión a Internet	Ton	el sonido
Internetzugang	el acceso a Internet	Verkaufsdisplay	el expositor
Kabel	el cable	Versicherung	el seguro
Klimaanlage	el aire acondicionado	Visitenkarte	la tarjeta de visita
Kosten	los costes	Wasseranschluss	la toma de agua
Kostenvoranschlag	el presupuesto	WLAN	la conexión Wi-Fi

Comentar gráficas

beachten	fijarse en	Gesamtsumme	el total
beobachten	observar	Gewinne	las ganancias
darstellen	representar	Grafik	el gráfico, la gráfica
sich entwickeln	evolucionar	Hälfte	la mitad
erreichen	alcanzar, llegar a	höher	más alto/-a
fallen	caer *(caigo)*	Kreisdiagramm	la gráfica circular
hervorstechen	destacar	Kurve	la curva
schwanken	oscilar	Legende	la leyenda
sinken	bajar	Linie	la línea
stagnieren	estancarse	Liniendiagramm	la gráfica de líneas
steigen	subir	niedriger	más bajo/-a
sich verdoppeln	duplicarse	10 % (Prozent) von	el / un 10 % (por ciento) de
sich verdreifachen	triplicarse	Prozentsatz	el porcentaje
vergleichen	comparar	Rückgang	la bajada
wachsen	crecer *(zc)*	Säulendiagramm	la gráfica de barras
zeigen	mostrar *(ue)*	Spalte	la columna
zunehmen	aumentar	Statistik	la estadística
zurückgehen	disminuir *(y)*	Summe	la suma
		Tabelle	la tabla
Anstieg	la subida	Veränderung	el cambio
Anteil	el porcentaje, la cuota	Verkäufe	las ventas
Balkendiagramm	la gráfica de barras	Verluste	las pérdidas
Daten	los datos	(das) Vierfache	cuatro veces más
Diagramm	el diagrama	Vorjahr	el año anterior
(das) Doppelte	el doble	Wachstum	el crecimiento
(das) Dreifache	el triple	Wert	el valor
Durchschnitt	el promedio	x-Achse	el eje X / horizontal
Entwicklung	el desarrollo, la evolución	y-Achse	el eje Y / vertical
Ergebnis	el resultado	Zahl(en)	la(s) cifra(s)
Farbe	el color	Zeitraum	el período (de tiempo)

Vocabulario

Expresiones de marketing

Analyse	el análisis	Markteinführung	el lanzamiento
Antwortkarte	la tarjeta de respuesta	Marktforschung	la investigación del mercado
Botschaft	el mensaje	Marktlücke	el hueco en el mercado
Briefkastenwerbung	el buzoneo	Marktstudie	el estudio de mercado
Datenbank	la base de datos	Mitbewerber/in	el / la competidor/a
Direktwerbung	la publicidad directa	Motto	el lema
Empfänger/in	el / la destinatario/-a	Nachfassaktionen, Nachbetreuung	las labores de seguimiento
Fernsehwerbung	la publicidad televisiva		
Firmenzeichen	el logo(tipo)	Preisnachlass	el descuento
Fragebogen	el cuestionario	Printwerbung	la publicidad impresa
Inserent/in	el / la anunciante	Schirmherrschaft	el patrocinio
Käufer/in	el / la comprador/a	Slogan	el eslogan
Konkurrent/in	el / la competidor/a	Strategie	la estrategia
Konkurrenz	la competencia	Umfrage	la encuesta
Konsumgewohnheiten	los hábitos de consumo	Verbrauch	el consumo
Kreativität	la creatividad	Verbraucher/in	el / la consumidor/a
Kunde/-in	el / la cliente/-a	Verkauf	la venta
Kundenbindung	la fidelización de clientes	Vertriebskanal	el canal de distribución
Kundenkartei	la cartera de clientes	Werbeagentur	la agencia de publicidad
Lebenszyklus	el ciclo de vida	Werbefachmann/-frau	el / la publicista
Leser/in	el / la lector/a	Werbereportage	el publirreportaje
Logo	el logo(tipo)	Werbung	la publicidad, la promoción
Mailing(s)	el buzoneo	Wirkung	el impacto
Markt	el mercado	Ziel	la meta, el objetivo
Marktanteil	la cuota de mercado	Zielgruppe	el público meta

Soportes publicitarios

Aufschrift	el rótulo	Portfolio	el muestrario, el portfolio
Banner	el banner	Postkarte	la postal
Brief	la carta	Prospekt	el folleto, el prospecto
Broschüre	el folleto	Schaufenster	el escaparate
E-Mail	el correo electrónico	Schild	el rótulo, el letrero
Fassadenwerbung	la publicidad en fachada	soziale Netzwerke	las redes sociales
Fernsehspot	el anuncio de televisión	Tafel	el panel
Informationsmaterial	el material informativo	Überdachung, Vordach	la marquesina
Katalog	el catálogo	Werbeanzeige	el anuncio (publicitario)
Leuchtreklame	el letrero luminoso	Werbebanner	el banner, la banderola
Luftballon	el globo	Werbemittel	los medios publicitarios
Medien	los medios	Werbespot	la cuña publicitaria
Musterbuch	el muestrario	Werbetafel	la valla publicitaria
Newsletter	el boletín (de noticias)	Werbeträger	el soporte publicitario
Plakat	el cartel	Werbung	la publicidad

Características

aktiv	activo/-a	großzügig	generoso/-a	professionell	profesional
anspruchsvoll	exigente	hilfsbereit	servicial	pünktlich	puntual
arrogant	arrogante	höflich	cortés, educado/-a	ruhig	tranquilo/-a
aufgeschlossen	abierto/-a	ideenreich	imaginativo/-a	schüchtern	tímido/-a
aufmerksam	detallista	innovativ	innovador/a	selbstsicher	seguro/-a (de sí mismo/-a)
ausgeglichen	equilibrado/-a	interessant	interesante		
bescheiden	modesto/-a	intuitiv	intuitivo/-a	sparsam	ahorrador/a
brav	bueno/-a	kompetent	competente	spontan	espontáneo/-a
bürokratisch	burocrático/-a	konservativ	conservador/a	streng	estricto/-a
depressiv	depresivo/-a	korrekt	correcto/-a	sympathisch	simpático/-a
egoistisch	egoísta	kreativ	creativo/-a	tolerant	tolerante
ehrgeizig	ambicioso/-a	langweilig	aburrido/-a	traditionell	tradicional
ehrlich	sincero/-a	lästig	pesado/-a	treu	fiel
empathisch	empático/-a	menschlich	humano/-a	unabhängig	independiente
enthusiastisch	entusiasta	modern	moderno/-a	unordentlich	desordenado/-a
entspannt	relajado/-a	mutig	valiente	unsympathisch	antipático/-a
ernst(haft)	serio/-a	nett	amable	unzufrieden	descontento/-a
faul	vago/-a	oberflächlich	superficial	verantwortungsbewusst	responsable
fleißig	trabajador/a	offen	abierto/-a		
flexibel	flexible	optimistisch	optimista	vernünftig	razonable
frech	impertinente, atrevido/-a	ordentlich	ordenado/-a	verschlossen	cerrado/-a
		organisiert	organizado/-a	vorsichtig	prudente
geizig	tacaño/-a	originell	original	zufrieden	contento/-a, satisfecho/-a
genau	detallista	passiv	pasivo/-a		
gerecht	justo/-a	perfektionistisch	perfeccionista	zurückhaltend	reservado/-a
gestresst	estresado/-a			zuverlässig	fiable
glücklich	feliz	pessimistisch	pesimista		

Eventos

Abschiedsfeier	la fiesta de despedida	Kinderfest	la fiesta infantil
Abschlussball	la fiesta de graduación	Kochkurs	el curso de cocina
Abschlussessen	la cena de fin de curso	Kostümfest	la fiesta de disfraces
Abschlussfeier	la fiesta de fin de curso	Modeschau	el desfile
Ausflug	la excursión	Pensionierung	la jubilación
Ball	el baile	Preisverleihung	la entrega de premios
Buchvorstellung	la presentación de un libro	Pressekonferenz	la conferencia de prensa
Buffet	el bufet	Rennen	la carrera
Cocktail	el cóctel	Ruhestand	la jubilación
Einweihung	la inauguración	Schiffsreise	el viaje en barco
Eröffnung	la apertura, la inauguración	Schnitzeljagd	la yincana
Feier	la celebración	Silvester	la Nochevieja
Feier(lichkeiten)	la ceremonia	Tag der offenen Tür	la jornada de puertas abiertas
Fest	la fiesta	Tanz	el baile
Festakt	el acto	Turnier	el torneo
Festival	el festival	Umzug	el desfile
Firmenevent	el evento corporativo	Verkostung	la cata
Führung	la visita guiada	Weihnachten	la Navidad
Geburtstag	el cumpleaños	Wettbewerb	el concurso, el campeonato
Grillparty	la barbacoa	Wettlauf	la carrera
Heiligabend	la Nochebuena	Wohltätigkeitsveranstaltung	la fiesta benéfica
Hochzeit	la boda		
Jubiläum	el aniversario		

Vocabulario

Financiación

Aktie	la acción
Aktienfonds	el fondo de acciones
Bank	el banco
Börse	la bolsa
Darlehen	el préstamo
Erbe, Erbschaft	la herencia, el legado
Finanzierung	la financiación
Investition	la inversión
Investitionsplattform	la plataforma de inversión
Investmentfonds	el fondo de inversión
Kooperative	la cooperativa
Kredit	el crédito
Kreditinstitut	la entidad de crédito
Mikrokredit	el microcrédito
Sparkasse	la caja de ahorros
Spende	la donación
Sponsoring	el patrocinio
Stiftung	la fundación
Subvention	la subvención
Wechsel	el cambio
Zuschuss	la subvención
Banküberweisung	la transferencia bancaria
Betrag	el importe
Bürgschaft	el aval
Depot	el depósito
Dividende	el dividendo
Einlage	el depósito
Euro	el euro
Garantie	la garantía
Girokonto	la cuenta corriente
Internationale Bankkontonummer (IBAN)	el código IBAN
Internationaler Bankcode (BIC)	el código BIC
Konto	la cuenta
Kontoauszug	el extracto de cuenta
Kontonummer	el número de cuenta
Transaktion	la transacción comercial
Überweisung	la transferencia
Währung	la moneda
Zins	el interés
Zinssatz	el tipo de interés
Ausgaben	los gastos
Berechnung	el cálculo
Bilanz	el balance
Buchhaltung	la contabilidad
Budget	el presupuesto
Eigenkapital	los recursos propios
Einkünfte, Einkommen	los ingresos
Ergebnis(se)	los resultados
Finanzmanagement	la gestión financiera
Finanzmittel	los recursos financieros
Geschäftsplan	el plan de negocio
Gewinn(e)	las ganancias, los beneficios
Gläubiger/in	el / la acreedor/a
Jahresabschluss	las cuentas anuales
Kapital	el capital
Kostenvoranschlag	el presupuesto
kurzfristig	a corto plazo
langfristig	a largo plazo
Schulden	la deuda
Steuer	el impuesto
Umsatz	la facturación
Verlust(e)	las pérdidas

Abreviaturas

A/A	a la atención de	zu Händen von
art.	artículo	Artikel
atte.	atentamente	Mit freundlichen Grüßen
av., avda.	avenida	Allee
C/	calle	Straße
C. P.	código postal	Postleitzahl
cént.	céntimo	Cent
cm	centímetro	Zentimeter
ctra.	carretera	(Land-)Straße
D.	don	Herr *(vor Vorname)*
D.ª	doña	Frau *(vor Vorname)*
dcha.	derecha	rechts
Dr. / Dra.	doctor/a	Doktor/in
entlo.	entresuelo	Hochparterre, Zwischengeschoss
fª.	factura	Rechnung
izda., izq.	izquierda	links
kg	kilogramo	Kilogramm
km	kilómetro	Kilometer
l	litro	Liter
Lcdo. / Lcda.	licenciado/-a	M.A. (Master of Arts), Diplom-
m²	metro cuadrado	Quadratmeter
m³	metro cúbico	Kubikmeter
n.°, núm.	número	Nummer
p., pág.	página	Seite
P. D.	pos(t)data	Postskriptum
p. ej.	por ejemplo	zum Beispiel
p. p.	por persona	pro Person
p.°	paseo	Promenade
Pl., Pza.	plaza	Platz
s/n	sin número	ohne Hausnummer
Sr.	señor	Herr
Sra.	señora	Frau
Sras.	señoras	Frauen
Sres.	señores	Herren; Damen und Herren
t	tonelada	Tonne
tel., tfno.	teléfono	Telefon
Ud.	usted	Sie *(sg)*
Uds.	ustedes	Sie *(pl)*
admón.	administración	Verwaltung
c. c.	cédula de ciudadanía *(LA)*	Personalausweis
C. V., CV	currículum vítae	Lebenslauf
Cía., C.ª	compañía	Firma, Unternehmen
D. N. I.	Documento Nacional de Identidad	Personalausweis
dpto.	departamento	Abteilung
I+D	investigación y desarrollo	Forschung und Entwicklung
IPC	índice de precios al consumo	Verbraucherpreisindex
IVA	impuesto sobre el valor añadido	Mehrwertsteuer
NIF	número de identificación fiscal	Steuernummer
ONG	organización no gubernamental	Nichtregierungsorganisation
PIB	Producto Interior Bruto	Bruttoinlandsprodukt
PYME	pequeña y mediana empresa	Klein- und Mittelbetrieb
RR. HH.	Recursos Humanos	Personalabteilung
S. A.	Sociedad Anónima	Aktiengesellschaft
S. L.	Sociedad Limitada	GmbH

Vocabulario alfabético

1. Hier finden Sie die Wörter aus *Meta profesional A1–A2* und *B1* in alphabetischer Reihenfolge. Wörter, die in diesem Band zum ersten Mal vorkommen, enthalten einen Hinweis auf die erste Fundstelle. Länder und Eigennamen sind nur aufgeführt, wenn sie sich vom Deutschen unterscheiden.
2. Substantive, deren Geschlecht nicht an der typischen Endung zu erkennen ist (männlich **-o**, weiblich **-a**), tragen den Hinweis *(m)* für maskulin, *(f)* für feminin.
3. Bei Verben mit unregelmäßigen Präsensformen finden Sie einen Hinweis: *(g), (i), (i), (ie), (ú), (ue), (y), (zc)*. Sie können sie in der Verbtabelle auf Seite 127 nachschlagen.

Hinweise zur Benutzung:
1.5 a = Lektion 1, Aufgabe 5 a
R = Revista de negocios
C = Comunicación
G = Gramática
E = Etapa
D = Dinámica

Weitere Abkürzungen:
adj = Adjektiv
f = feminin, weiblich
fam = familiär
inf = Infinitiv
jdm = jemandem
jdn = jemanden
LA = lateinamerikanische Variante
m = maskulin, männlich
pl = Plural, Mehrzahl
sg = Singular, Einzahl
subj = Subjuntivo
sust = Substantiv

A

a nach, zu
a base de auf Basis von 2.6b
a. C. (antes de Cristo) v. Chr. (vor Christus) 1.12c
a cambio de für, im Tausch gegen 7.2b
a cargo de zu Lasten von; zuständig für 3.5e
a cuadros kariert
a favor dafür 4.2c
a final(es) de am Ende von 2.6c
a la carta à la carte
a la derecha rechts
a la hora de + inf wenn man … 8.8
a la izquierda links
a la perfección perfekt 6.5c
a la plancha gebacken, gegrillt
a la una um ein Uhr
a largo plazo langfristig 1R
a lo mejor vielleicht 7.9a
a mano von Hand 7.2b
a mediados de Mitte des / der 2.6b
a partir de ab; ausgehend von 2.6b; 5G
a pie zu Fuß
a principio(s) de am Anfang von 2.6b
¿A qué hora? Um wie viel Uhr?
¿A quién? Wem / Wen?
a rayas gestreift
a veces manchmal
abajo unten
abandonar verlassen
abierto/-a offen, aufgeschlossen 2.2b
abogado/-a Rechtsanwalt/-anwältin
abreviatura Abkürzung 8.6b
abrigo Mantel
abril *(m)* April
abrir öffnen
absolutamente absolut, völlig 8.8a
absoluto/-a absolut 6G
abuelo/-a Großvater/-mutter
abuelos Großväter; Großeltern
abundancia Fülle, Überfluss 5R
aburrido/-a langweilig; gelangweilt 5.9b
aburrimiento Langeweile 5.9b
acabar (be)enden 2.10b
acabar de + inf soeben etwas getan haben 2.2b
acabarse zu Ende gehen 6.8a
academia de idiomas Sprachschule 0.1b
académico/-a akademisch 8R
acceso Zugang
accesorio Accessoire
acción *(f)* Aktion, Handlung; Aktie 2G, 4
acento Akzent
acentuar *(ú)* betonen
aceptar annehmen
aclaración *(f)* Erklärung 8.6c
aclarar klären 6.7b
acompañar begleiten
aconsejable ratsam 2R
aconsejar (an)raten
acontecimiento Ereignis 2
acordar *(ue)* vereinbaren 8.6b
acordarse *(ue) (de)* sich erinnern (an) 6.8a
acoso (laboral) Mobbing 5.9b
acostarse *(ue)* ins Bett gehen
acostumbrado/-a (a) gewöhnt (an)
acta Protokoll
actitud *(f)* Einstellung 7.6c
activar aktivieren
actividad *(f)* Aktivität; Aufgabe
activo/-a aktiv
acto (Fest-)Akt 6.5a
actor / actriz Schauspieler/in
actuación *(f)* Vorgehen; Auftritt E4.1a
actual aktuell
actualidad *(f)* Aktualität
actualizar aktualisieren 4.10c
actualmente zurzeit
acuerdo Zustimmung; Vereinbarung 1; 8.5e
adaptado/-a adaptiert 1.12b
adaptar(se) a (sich) anpassen an 2.6b
adecuación *(f)* Angemessenheit, Eignung
adecuado/-a passend
además (de) außerdem; zusätzlich (zu) 1.3a
adhesivo Klebstoff 1.3a
adhesivo/-a haftend 1.2a
adicional zusätzlich 2.10c
adiós tschüs, auf Wiedersehen
adivinar (er)raten
adjetivo Adjektiv
administración *(f)* Verwaltung 5.2a
administrativo/-a Verwaltungs-
admirador/a Bewunderer/in 4.12
¿Adónde? Wohin?
adoptar annehmen 5G
adulto/-a Erwachsene/r 7.2b
adverbio Adverb
aeropuerto Flughafen
afición *(f)* Hobby, Vorliebe
afirmación *(f)* Behauptung 7.6c
afirmativo/-a zustimmend; bejaht 3G
África Afrika 3.10
afrontar in Angriff nehmen 7.5a
agencia Agentur
agencia de eventos Eventagentur 6.5c
agencia de publicidad Werbeagentur
agencia de viajes Reisebüro
agencia inmobiliaria Immobilienbüro
agenda Adressbuch; Terminkalender
agente *(m/f)* **de viajes** Reiseverkehrskaufmann/-frau
agente inmobiliario/-a Makler/in
agosto August
agradable angenehm

ciento sesenta y tres **163**

agradecer *(zc)* (sich be)danken
agrado Wohlgefallen 8.3a
agresivo/-a aggressiv 2.10b
agricultura Landwirtschaft
agua Wasser
agua dulce Süßwasser 4R
ahí dort
ahora jetzt
ahora mismo sofort; gerade eben
ahorita / ahoritita *(Méx)* sofort 1R
ahorrador/a sparsam 4.3a
ahorrar sparen 4.2b
aire *(m)* **acondicionado** Klimaanlage
ajedrecista *(m)* Schachspieler; Schachmaschine 1.6b
ajedrez *(m)* Schach 1.6b
al aire libre im Freien
al día am Tag; auf dem Laufenden
al + inf wenn man ..., beim ... 0.2a
al final am Ende
al lado (de) (da)neben
al mediodía mittags
al menos mindestens
al principio am Anfang 4.2b
al revés umgekehrt
álbum *(m)* Album
alcance *(m)* Reichweite
alcohol *(m)* Alkohol
alegrarse (de) sich freuen (über) 8.3a
alegre fröhlich
alemán *(m)* Deutsch *(Sprache)*
alemán/-ana deutsch; Deutsche/r
Alemania Deutschland
alérgico/-a allergisch; Allergiker/in
alfabeto Alphabet
algo etwas
algodón *(m)* Baumwolle
algoritmo Algorithmus 1.6b
alguien jemand 3.7c
algún/o/-a irgendein/e/r/s
algunos/-as einige
aliado/-a alliiert, verbündet 8.5b
alianza Allianz, Bündnis 2.1a
alimentación *(f)* Ernährung
alimento Lebensmittel 2.6b
allí da, dort
almacén *(m)* Lager 3.8a
almorzar *(ue) (LA)* zu Mittag essen
alojamiento Unterkunft 8.12
alpaca Alpaka
alquilar (ver)mieten
alquiler *(m)* Miete
alrededores *(m pl)* Umgebung
alternativa Alternative 7.2b
alternativo/-a alternativ
alto/-a groß, hoch; laut 6R
ama de casa Hausfrau 1.14
amabilidad *(f)* Freundlichkeit 6R
amable freundlich
amante *(m/f)* Liebhaber/in
amarillo/-a gelb

ambicioso/-a ehrgeizig 5.2a
ambiente *(m)* Atmosphäre
amenaza (Be-)Drohung 7.10a
América Amerika
América Central Mittelamerika
América del Norte Nordamerika
América del Sur Südamerika
América Latina Lateinamerika
(café) americano *verdünnter Espresso*
amigo/-a Freund/in
amor *(m)* Liebe
ampliar *(í)* erweitern 6.5d
amplio/-a weit, breit; geräumig 2.10b
amueblado/-a möbliert
añadir hinzufügen
análisis *(m)* Analyse 6.11c
analítico/-a analytisch 0.2a
analizar analysieren
andaluz/a andalusisch; Andalusier/in
anécdota Anekdote E1.2a
ánimo Gemüt; Mut, Kraft 5.1b; 7.5a
aniversario Jubiläum 6.5a
año Jahr
anónimo/-a anonym 4.12
anotar notieren E1.D
anterior vorige/r/s
antes früher
antes de vor; bevor
antes de la hora vorzeitig 1R
antiguo/-a alt
antipático/-a unsympathisch
anual jährlich 2.10
anunciante *(m/f)* Inserent/in 4.10b
anunciar annoncieren, bekannt geben
anuncio Anzeige
anuncio de televisión Fernsehspot 2.6b
aparato Gerät 1.1b
aparcamiento Parkplatz
aparcar parken 3.5b
aparecer *(zc)* erscheinen
apartado Abschnitt
apellido Nachname
apertura (Er-)Öffnung 2.10d
aplazar verschieben 1R
apodo Spitzname 2.6b
apoyar unterstützen 7.1a
aprender lernen
aprendizaje *(m)* Lernen p. 7
apretón *(m)* **(de manos)** (Hände-)Druck 5R
aprobar *(ue)* genehmigen 7.11
aprovechar (aus)nutzen 6.11
aproximadamente ungefähr 1.12c
aproximado/-a ungefähr 6.4a
apuntar notieren
aquel / aquella jene/r/s
aquello jenes
aquí hier
árbol Baum 1.12b

árbol genealógico Stammbaum
archivador *(m)* Ordner
archivo Archiv
área Gebiet, Bereich 3.10
argentino/-a argentinisch; Argentinier/in
argumento Argument
armario Schrank
armonía Harmonie
arqueológico/-a archäologisch
arquitecto/-a Architekt/in
arquitectura Architektur
arriba oben
arriesgado/-a gewagt 4.12
arroba @, Klammeraffe
arroz *(m)* Reis
arte *(m)* Kunst
artículo Artikel
asado Braten
ascendencia Abstammung
ascenso Beförderung 7.1b
ascensor *(m)* Aufzug
aseos *(m pl)* Toiletten 3.6b
asesino/-a Mörder/in 6.3a
asesor/a (Steuer-)Berater/in
asesoramiento Beratung 8.12
asesorar beraten
asesoría Beratungsstelle 8.12
así so
así como wie auch, ebenso wie 1.12b
así que sodass
Asia Asien 3.10
Asia Central Zentralasien 3.10
asiático/-a asiatisch; Asiate/-in
asistente *(m/f)* Assistent/in; Teilnehmer/in 6.8a
asistir (a) teilnehmen (an)
asociación *(f)* Verband
asociado/-a assoziiert
asociar assoziieren
aspecto Aspekt; Aussehen
aspecto común Gemeinsamkeit
astilla Holzspan
asumir übernehmen, auf sich nehmen 6.2b
asunto Angelegenheit; Betreff 5.6d
atasco Stau
atención *(f)* Aufmerksamkeit
atención al cliente Kundendienst 2.1b
atender *(ie)* beachten, bedienen 7.8b
atentamente aufmerksam; mit freundlichen Grüßen
átono/-a unbetont
atractivo/-a attraktiv
atraer *(traer)* anziehen 4.2b
atrevido/-a frech, gewagt 4.1b
atún *(m)* Thunfisch
audición *(f)* Hören
auditivo/-a auditiv, Hör- 0.2a
aumentar erhöhen; zunehmen 4.2b

Vocabulario

aunque obwohl 6.11b
austral südlich
Australia Australien 2R
Austria Österreich
austríaco/-a österreichisch; Österreicher/in
autobús *(m)* Bus
autoconfianza Selbstvertrauen 8.5c
autocontrol *(m)* Selbstkontrolle
automotivación *(f)* Selbstmotivation
automóvil *(m)* Automobil
autonomía Autonomie
autónomo/-a selbstständig
autoorganización *(f)* Selbstorganisation
autopista Autobahn
autor/a Autor/in
autosuficiente selbstgenügsam E4.D
auxiliar *(m/f)* Helfer/in, Gehilfe/-in
auxiliar sanitario/-a Sanitäter/in
avanzado/-a fortgeschritten
avanzar weitergehen, vorrücken
ave *(f)* Vogel 5R
avenida Allee
aventura Abenteuer 4.12
averiguar herausfinden 4R
avión *(m)* Flugzeug
ayer gestern
ayuda Hilfe
ayudar helfen
azafrán *(m)* Safran 8.2e
azteca *(m/f)* Azteke/-in 1.10a
azúcar *(m)* Zucker
azul blau

B

bachillerato Abitur, gymnasiale Oberstufe
bailar tanzen 6.6d
baile *(m)* Tanz 6.3a
baja Krankmeldung 8.4
bajar senken; sinken; aussteigen E3.1b
bajito/-a klein, untersetzt
bajo unter 4.2b
bajo/-a niedrig, klein 4.2b
balance *(m)* Bilanz 2
balboa *Währung Panamas* 5R
balcón *(m)* Balkon
baloncesto Basketball
bambú *(m)* Bambus 7.2b
banana *(LA)* Banane 8R
banca Bankwesen
banco Bank
banderola Wimpel; Werbebanner 4.8b
baño Bad
bar *(m)* Kneipe
barato/-a billig

barbacoa Grill(party) 6.11
barco Schiff 6.1a
barquero/-a Fährmann/-frau E3.D
barra Balken E3.1a
barrera coralina Korallenriff 8R
barrio Stadtviertel
basarse en basieren auf; sich stützen auf 1.14; 8.5e
base *(f)* Basis, Grundlage 1.12b
bastante ziemlich
basura Müll, Abfall 4.9b
beber trinken
bebida Getränk
beca Stipendium 7.2b
béisbol *(m)* Baseball 3R
belga *(m/f)* belgisch; Belgier/in
beneficio Gewinn 2.1b
beso Kuss
besos liebe Grüße *(E-Mail)*
bici(cleta) Fahrrad
bien gut
bien comunicado/-a verkehrsgünstig
bienvenida Willkommen
bienvenido/-a willkommen
billete *(m)* Fahrkarte; Geldschein 3.2b
billón *(m)* Billion
bioconstrucción *(f)* Ökobau
biocultura Biokultur
biodiversidad *(f)* Artenvielfalt
biografía Biografie
biográfico/-a biografisch
biólogo/-a biologisch; Biologe/-in
blanco/-a weiß
blando/-a weich 1.2d
bloc *(m)* (Notiz-)Block 1.2a
blusa Bluse
bocadillo belegtes Brötchen
boda Hochzeit
bodega Weinkeller
boletín *(m)* (de noticias) Newsletter 5.7a
bolígrafo Kugelschreiber 1.2a
bolívar *(m)* *Währung Venezuelas*
boliviano *Währung Boliviens*
bolsa Tüte; Börse 1.2a
bolso Tasche
bonito/-a schön 3.9a
borrar radieren; löschen 1.2a; 4.9b
bota Stiefel
botella Flasche 3.6b
Brasil Brasilien 3.8a
breve(mente) kurz 1.5; 2.13a
brillante prächtig
broma Scherz 2R
buenas noches guten Abend, gute Nacht
buenas tardes guten Tag, guten Abend
bueno nun, also
bueno/-a gut

buenos días guten Morgen, guten Tag
bufet *(m)* Buffet 6.3d
burocrático/-a bürokratisch 8.9a
buscar suchen
buzón *(m)* Postfach
buzón de voz Mailbox

C

cacao Kakao 1R
cada (uno/-a) jede/r/s
cada vez jedes Mal
cadena Kette
cadena de descuento Discounter 4.3a
caer (caigo) fallen 1.14
caer bien / mal gefallen / nicht gefallen 5.2d
café *(m)* Kaffee
cafetera Kaffeemaschine
cafetería Café
caja Kasse; Schachtel 7.1a
cajero automático Geldautomat
calculadora Taschenrechner 1.2a
calcular kalkulieren, (be)rechnen 1.6b
calefacción *(f)* Heizung
calendario Kalender 1.10a
calidad *(f)* Qualität
cálido/-a warm; warmherzig 3R
caliente warm, heiß
calle *(f)* Straße
calor *(m)* Wärme, Hitze
calzado Schuhe, Schuhwerk 4.2d
camarero/-a Kellner/in
cambiar (sich) (ver)ändern; wechseln; umsteigen
cambio (Ver-)Änderung, Wechsel 4.5d
camino Weg
camisa Hemd
camiseta T-Shirt
campaña Kampagne
campeonato Wettkampf, Meisterschaft
camping *(m)* Zelten; Campingplatz
campo Feld; Bereich 7.5a
campo de golf Golfplatz
canal *(m)* Kanal 2.10b
cancelar annullieren
canción *(f)* Lied 0.2a
candidato/-a Bewerber/in
cansado/-a müde 5.1a
cantante *(m/f)* Sänger/in
cantar singen 6.6d
cantidad *(f)* Menge
caos *(m)* Chaos
caótico/-a chaotisch
capacidad *(f)* Fähigkeit
capaz (de) fähig (zu)

ciento sesenta y cinco **165**

capital *(f)* Hauptstadt
capítulo Kapitel
cara Gesicht; Kopf *(Spiel)* 3.6b
carácter *(m)* Charakter
característica Eigenschaft 1.5
carajillo Kaffee mit Cognac / Schnaps
cardamomo Kardamom 7R
carga Last, Belastung 5.9b
cargado/-a (de) beladen, voll (mit) 5.9b
Caribe *(m)* Karibik
caribeño/-a karibisch
cariño Zuneigung; Liebling *(Anrede)* 1.14
carnaval *(m)* Karneval
carne *(f)* Fleisch
caro/-a teuer
carrera Karriere, Laufbahn; Studium; (Wett-)Lauf 1.6b; 7.2e; 7.10
carril *(m)* Weg, Streifen, Spur
carro (de la compra) (Einkaufs-)Wagen 1.4a
carta Brief; (Speise-, Spiel-)Karte
carta de presentación Bewerbungsschreiben
cartel *(m)* Plakat 4.8b
cartera Brieftasche
cartera de clientes Kundenkartei
cartón *(m)* Pappe 1.2a
casa Wohnung, Haus
casado/-a verheiratet
casarse (con) (jdn) heiraten
cascada Wasserfall 7R
casco antiguo Altstadt
casi fast
casilla Feld, Kästchen 3.6b
caso Fall
cata Verkostung 6.1a
catálogo Katalog
categoría Kategorie
catering *(m)* Catering
causa Grund 4
causar verursachen
ceder überlassen 5R
celebración *(f)* Feier 6.11
celebrar feiern
celular *(m) (LA)* Handy
cena Abendessen
cenar zu Abend essen
central Zentral-
central *(f)* Zentrale
centrar zentrieren 3R
centrarse en sich konzentrieren auf 4.2b
centro (Stadt-)Mitte, Zentrum
Centroamérica Mittelamerika 4R
centroamericano/-a mittelamerikanisch 1.12b
cerámica Keramik 1.2a
cerca in der Nähe
cerdo Schwein

cereales *(m pl)* Getreide(flocken), Müsli
cerebro Gehirn 7.8b
ceremonia Feier(lichkeiten) 6.5a
cerrar (ie) schließen
cerveza Bier
chaparrito/-a (Méx) Kind 7.2b
chaqueta Jacke
charla Gespräch
chatear chatten
chicle *(m)* Kaugummi 1.12
chico/-a junge/r Mann / Frau
chile *(m)* Chili 1R
chileno/-a chilenisch; Chilene/-in
chino Chinesisch *(Sprache)*
chino/-a chinesisch; Chinese/-in
chiste *(m)* Witz 3R
chocolate *(m)* Schokolade
cielo Himmel
cien hundert
cierto/-a gewiss, wahr
cifra Ziffer, Zahl
cigarrillo Zigarette 1.11a
cigarro Zigarre, Zigarette 6R
cima Gipfel
cine *(m)* Kino
circular Kreis- E3.1a
circunstancia Umstand 1
cita Termin; Zitat E2.1c
citar zitieren E2.1a
ciudad *(f)* Stadt
civilización *(f)* Kultur 1R
claramente deutlich 8.8a
claro klar, natürlich
claro/-a klar, hell
clase *(f)* Klasse; Unterricht
clásico/-a klassisch
clasificación *(f)* Sortierung
clasificar sortieren, ordnen
clave *(f)* Schlüssel
cliente/-a Kunde/-in
cliente/-a habitual Stammkunde/-in
clima *(m)* Klima
climático/-a Klima-
clip *(m)* Büroklammer 1.2a
coche *(m)* Auto
cocina Küche; Kochkunst
cocinar kochen
cocinero/-a Koch / Köchin
cóctel *(m)* Cocktail
coincidencia Zufall; Übereinstimmung 0.2a
coincidir übereinstimmen
colaborar mit-, zusammenarbeiten
colectivo Linienbus in Bolivien
colectivo/-a Sammel-
colega *(m/f)* Kollege/-in
colesterol *(m)* Cholesterin 2.6b
colgar (ue) (auf)hängen; auflegen *(Telefon)* 0.2b; 4.9b

colocar legen, stellen, setzen 0.2a; 3.3c
colombiano/-a kolumbianisch; Kolumbianer/in
colón *(m)* costarricense Währung Costa Ricas 2R
coloquial umgangssprachlich 5R
color *(m)* Farbe
columna Spalte
coma Komma
combinación *(f)* Kombination 0.2a
combinar kombinieren
comedor *(m)* Speisesaal
comentar kommentieren, besprechen
comentario Kommentar, Bemerkung
comenzar (ie) anfangen
comer essen
comercial Handels-; Wirtschafts-
comercial *(m/f)* Kaufmann/-frau; Außendienstmitarbeiter/in
comerciante *(m/f)* Händler/in 4.10a
comerciar handeln 1.12b
comercio Handel E3.1a
comida (Mittag-)Essen; Speise
comida rápida Imbiss, Fastfood
comienzo Anfang 2.3b
comisión *(f)* Kommission, Ausschuss 5.12
comité *(m)* Ausschuss 1.9
como als; wie; da, weil 4.10b
¿Cómo? Wie?
¡Cómo…! Wie sehr …!
cómodo/-a bequem
compañero/-a Kamerad/in; Kollege/-in
compañía Gesellschaft, Unternehmen
compañía de seguros Versicherung(sgesellschaft) 2.9a
comparación *(f)* Vergleich 2.10a
comparar vergleichen
comparativo Komparativ
compartir teilen
competencia Konkurrenz 3.2b
competente kompetent 5.3a
competidor/a Konkurrent/in, Mitbewerber/in 2.10b
competir (i) konkurrieren 6.3a
competitividad *(f)* Wettbewerbsfähigkeit 2.1a
complejidad *(f)* Komplexität 7.8b
complemento Ergänzung
completamente völlig 1.6b
completar ergänzen
completo/-a vollständig 2.2b
comportamiento Verhalten, Benehmen 5.5
compra (Ein-)Kauf 1.4a
comprador/a Käufer/in 4.4a
comprar (ein)kaufen
comprender verstehen
comprensión *(f)* Verständnis

Vocabulario

comprobar *(ue)* überprüfen
comprometerse a sich verpflichten zu 8.6b
compromiso Verpflichtung 3.5b
común gemeinsam
comunicación *(f)* Kommunikation
comunicar(se) (con) kommunizieren (mit) 1.2a; 4.10b
comunicativo/-a kommunikativ
comunidad *(f)* Gemeinschaft
con mit
con fluidez fließend 0.2a
con frecuencia häufig
con moderación *(f)* zurückhaltend
con respecto a in Bezug auf 2.10b
con tiempo rechtzeitig 3.2b
concentrarse (en) sich konzentrieren (auf)
concepto Konzept; Sachverhalt 4G
concertar *(ie)* vereinbaren
concienciar sensibilisieren, bewusst machen 4.6b
concierto Konzert
concluir *(y)* schließen, enden 7.11c
conclusión *(f)* Schlussfolgerung 4.4b
concordancia Übereinstimmung 8.9d
concordar *(ue)* übereinstimmen
concreto/-a konkret, bestimmt 1.7c
concurso Wettbewerb 1.13
condicional *(m)* Konditional 7.5c
condiciones *(f pl)* Bedingungen 5.10a
cóndor *(m)* Kondor
conductor/a Fahrer/in
conectar verbinden 5R
conector *(m)* Konnektor, Verbindungswort 1.4b
conexión *(f)* **(a Internet)** (Internet-)Verbindung 4.10c
conferencia Konferenz
confianza Vertrauen 1R
confiar *(í)* **en** vertrauen auf 8.3a
confirmación *(f)* Bestätigung
confirmar bestätigen
conflicto Konflikt 5.3
conformarse (con) sich begnügen (mit) 4.5a
confort *(m)* Komfort
congreso Kongress
conjugación *(f)* Konjugation 7G
conjugar konjugieren
conjunto Gruppe, Menge 4G
conocer(se) *(zc)* (sich) kennen, kennen lernen 6.2a
conocido/-a bekannt; Bekannte/r 1.3b
conocimiento Kenntnis; Wissen
consecuencia Konsequenz, Folge 4
conseguir *(i)* schaffen, erreichen; bekommen 3.2b
consejo Ratschlag
conservador/a konservativ

conservar bewahren, erhalten 1.3a
considerar betrachten (als)
consistir (en) bestehen (in / aus)
consolidado/-a konsolidiert 4.6b
consonante *(f)* Konsonant, Mitlaut
constantemente ständig 8.7b
Constitución *(f)* Verfassung
construcción *(f)* Bau, Aufbau 6.2b
constructivo/-a konstruktiv
construir *(y)* bauen 2.3c
consulta Anfrage 6.6a
consultar um Rat fragen, nachschlagen (in)
consumidor/a Verbraucher/in 1.12b
consumir verbrauchen 1.12b
consumo Konsum, Verbrauch 4
contabilidad *(f)* Buchhaltung
contable *(m/f)* Buchhalter/in
contactar (con) kontaktieren
contacto Kontakt
contar *(ue)* **(con)** (er)zählen (auf)
contener *(tener)* beinhalten 1.3a
contenido Inhalt
contento/-a glücklich
contestador *(m)* **automático** Anrufbeantworter
contestar antworten
contestar al teléfono ans Telefon gehen
contexto Kontext, Zusammenhang 5R
continente *(m)* Kontinent 2.2b
continuar *(ú)* fortsetzen
continuidad *(f)* Fortsetzung 2.3b
contra gegen 1.6b
contraargumentar Gegenargumente vorbringen 8.12c
contraargumento Gegenargument 4.12c
contraponer *(poner)* gegenüberstellen 6.11b
contrario Gegenteil
contrario/-a gegenteilig 5.9f
contrastar gegenüberstellen
contraste *(m)* Kontrast 1R
contratación *(f)* Beauftragung 8.12
contratar beauftragen 2.13
contrato Vertrag 7.1b
contribuir *(y)* **(a)** beitragen (zu) 4.2b
control *(m)* Kontrolle
convencer überzeugen
convencido/-a überzeugt 7.8b
convencional konventionell
conveniente angebracht, zweckmäßig 8.5e
convenir *(venir)* angebracht sein
conversación *(f)* Unterhaltung
convertible konvertierbar 6R
convertirse *(ie)* **en** zu etwas werden 2.2b
convincente überzeugend 8.5b

coordinar koordinieren
copa Glas, Drink 5.7b
copa del mundo Weltmeistertitel
copiar kopieren, nachahmen 4.6b
coralino/-a Korallen- 8R
corazón *(m)* Herz
corbata Krawatte
cordial freundlich, herzlich
cordialidad *(f)* Herzlichkeit 6R
córdoba *(m)* *Währung Nicaraguas* 4R
coreógrafo/-a Choreograf/in 6.3a
corporativo/-a Unternehmens- 6.2
correcto/-a richtig
corrector/a Korrektor/in
corregir *(i)* korrigieren
correo Post, E-Mail
correo basura Spam 4.9b
correo electrónico E-Mail(-Adresse)
Correos Post(amt) E3.D
correr laufen, rennen 8R
correr riesgos Risiken eingehen 8R
corresponder a entsprechen
corresponderse con übereinstimmen mit 7.5d
correspondiente entsprechend
corriente *(f)* Strom, Strömung 4.1a
(café) cortado *schwarzer Kaffee mit Milch*
cortar schneiden 1.2d
cortés höflich
cortesía Höflichkeit 7
corto/-a kurz
cosa Sache
cosechar ernten
cosmética Kosmetik
cosmopolita kosmopolitisch
costa Küste
costar *(ue)* kosten; schwerfallen 0.2a
costarricense costa-ricanisch; Costa-Ricaner/in 2R
coste *(m)* Preis, Kosten 4.10b
costumbre *(f)* Gewohnheit, Brauch 1.12b
cotidiano/-a alltäglich 2.6b
cráter *(m)* Krater
creación *(f)* (Er-)Schaffung
creador/a Erfinder/in
crear schaffen, (h)erstellen
creatividad *(f)* Kreativität
creativo/-a kreativ
crecer *(zc)* wachsen, zunehmen 2.6b
crecimiento Wachstum
crédito Kredit 2.8a
creer (en) glauben (an)
crema catalana *Vanillepudding mit Karamellschicht*
crimen *(m)* Verbrechen 6.3a
crisis *(f)* **económica** Wirtschaftskrise 2.10b
cristal *(m)* Glas 1.2a

ciento sesenta y siete **167**

Cristóbal Colón Christoph Kolumbus 3R
criterio Kriterium
crítica Kritik
criticar kritisieren 5.5
cronología Reihenfolge, Abfolge 1.4b
cronológico/-a chronologisch 1.12c
cruz *(f)* Kreuz; Zahl *(Spiel)* 3.6b
cuaderno Heft 1.2a
¿Cuál/es? Welche/r/s?
cualidad *(f)* Eigenschaft
cualquier irgendein/e/r/s 7.8b
cuando wenn; als
cuando + *subj* wenn, sobald 6.8a
¿Cuándo? Wann?
¿Cuántas veces? Wie oft?
cuantificador *(m)* Mengenangabe
¡Cuánto...! Wie sehr / viel ...!
¿Cuánto/-a/-os/-as? Wie viel/e?
cuarto Viertel
cuarto/-a vierte/r/s 1R
cubano/-a kubanisch; Kubaner/in 1.11a
cubrir decken; besetzen *(Stelle)*
cucaracha Kakerlake
cuenta Konto; Rechnung
cuero Leder
cuestión *(f)* Frage(stellung) 4.7
cuestionario Fragebogen
cuidado Vorsicht
cuidadosamente sorgfältig 3.2b
cuidadoso/-a vorsichtig 8R
cuidar achten auf, sich kümmern um 6.5c
cultivar anbauen 1.10a
cultura Kultur
cultural kulturell, Kultur-
cumbia kolumbianischer Tanz
cumpleaños *(m sg)* Geburtstag
cumplir erfüllen 5.5
cumplir años Geburtstag haben, Jahrestag feiern 6.5a
cuota de mercado Marktanteil 2.1b
currículum (vítae) (C. V.) *(m)* Lebenslauf
curso Kurs
curso de formación Schulung(skurs) 7.1b

D

D. F. (Distrito Federal) Bundes-, Hauptstadtdistrikt; Mexiko-Stadt 1R
dactilar Finger- 1.10a
dar *(doy)* geben
dar a conocer bekannt geben / machen 4.6b
dar vergüenza peinlich sein 0.2a
darse cuenta de (be)merken 3R
darse la vuelta sich umdrehen

dato Angabe
de von
de acuerdo einverstanden
de ahí daher 4.2b
de antemano im Voraus 8.5e
de baja krankgeschrieben 8.4
de buen / mal humor gut / schlecht gelaunt 5.1a
de esta forma so, auf diese Art 7.8b
de esta manera auf diese Weise 6.2b
de forma + *adj* auf ... Weise 1.6b
de hecho tatsächlich 4.2b
de preferencia bevorzugt 5R
de referencia Referenz-; führend 2.2b
de toda la vida alt(eingesessen), mit langer Tradition 2.6
de todo alles (Mögliche)
de verdad wirklich
¿De verdad? Wirklich?
debajo (de) (dar)unter 3.7b
debate *(m)* Debatte 5.11b
deber müssen, sollen 4.6d
deberes *(m pl)* Hausaufgaben
deberse a zurückzuführen sein auf 2.10b
débil schwach 5.2a
decidir(se) (por) (sich) entscheiden (für)
decir *(digo, i)* sagen
decisión *(f)* Entscheidung
decoración *(f)* Dekoration 6.5c
decorar dekorieren 6.3d
dedicar(se) a (sich) widmen 7.2b
defender *(ie)* verteidigen 5.5
definir definieren, festlegen 3.2b
dejar (ver)lassen; überlassen 6
dejar de + *inf* aufhören zu 2.2b
delante (de) (da)vor
delegar delegieren 6.5e
deletrear buchstabieren
delgado/-a schlank
demanda Forderung, Nachfrage 7.8b
demandado/-a gefragt, begehrt 1.14b
(los / las) demás die anderen 5.5
demasiado zu (sehr)
demasiado/-a zu viel 7.6b
demostrado/-a bewiesen 5.9f
demostrativo Demonstrativbegleiter, -pronomen
dentista *(m/f)* Zahnarzt/-ärztin
dentro (de) innerhalb (von) 6.2a
departamento Abteilung
depender de abhängen von
dependiendo de abhängig von 6.11
deporte *(m)* Sport
deportista *(m/f)* sportlich; Sportler/in
deportivo/-a sportlich
depósito Speicher
depresión *(f)* Depression 5.9b
derecha rechte Seite

derecho Recht 5.5
desacuerdo Widerspruch 1
desafío Herausforderung 5.9b
desarrollar(se) (sich) entwickeln 5.2a; 6.2c
desarrollo Entwicklung
desayunar frühstücken
desayuno Frühstück
descansar sich ausruhen
descanso (Ruhe-)Pause
desconocido/-a unbekannt E1.2a
descortés unhöflich
describir beschreiben
descripción *(f)* Beschreibung
descubrir entdecken 1.10a
descuento (Preis-)Nachlass
desde von; ab; seit *(Zeitpunkt)*
desde (que) seit(dem) 1.7b
desde entonces seitdem 1.7b
desde hace seit *(Zeitraum)* 1.7b
desde luego selbstverständlich 5.9b
desear wünschen
desembarcar landen 3R
deseo Wunsch 6
desequilibrado/-a unausgeglichen 5.9c
desierto Wüste
desmontar abbauen 3.8a
desnatado/-a entrahmt 2.6b
desordenado/-a ungeordnet; unordentlich 5.2a; 8.8a
despacho Arbeitszimmer
despedida Abschiedsformel
despedir(se) *(i)* (sich) verabschieden 6.5a
despegar (ab)lösen 1.3a
despertador *(m)* Wecker
despertar *(ie)* wecken 4.10c
después (de) (da)nach; nachdem
destacado/-a herausragend 7.11
destacar hervorheben; hervorstechen 2.1b; 2.13
destinar a bestimmen, aufwenden für 7.1a
destinatario/-a Empfänger/in 5.8
destino Ziel
desventaja Nachteil
detallado/-a detailliert
detalle *(m)* Einzelheit, Detail
detallista genau; aufmerksam 5.2a
detectar entdecken, bemerken 4.10c
determinado/-a bestimmte/r/s
determinar bestimmen 4.10a
detrás (de) (da)hinter
día *(m)* Tag
día a día Alltag
dialecto Dialekt 7R
diálogo Dialog
diapositiva Dia(positiv); Folie E3.1
diario Tagebuch 0.2a
diario/-a täglich

Vocabulario

día tras día Tag für Tag 5.9b
dibujante *(m/f)* Zeichner/in
dibujar zeichnen
dibujo Zeichnung
dicho Spruch
diciembre *(m)* Dezember
diente *(m)* Zahn 1.12b
diéresis *(f)* Umlaut
dieta Diät; Ernährung
dietética Ernährungswissenschaft
diferencia Unterschied 3.5b
diferenciar(se) (sich) unterscheiden 3G; 7.4a
diferente anders, verschieden
difícil schwierig
difícilmente kaum, schwerlich 8.5b
dificultad *(f)* Schwierigkeit
dígame hallo? *(Telefon)*
digital digital
diminutivo Verkleinerungsform
dinámica Dynamik
dinámico/-a dynamisch
dinero Geld
diplomado/-a diplomiert; Diplomierte/r
diplomático/-a Diplomat/in
diplomatura Diplom
dirección *(f)* Direktion; Richtung; Adresse
directamente direkt 3.8a
directivo/-a Führungskraft
directo/-a direkt
director/a Direktor/in
dirigirse a sich wenden an
disciplina Disziplin
disculpa Entschuldigung
disculpar(se) (sich) entschuldigen
discurso Rede 8.5b
discurso (in)directo (in)direkte Rede 5.6c
discusión *(f)* Diskussion
discutir diskutieren 5.6b
diseñador/a Designer/in
diseñar entwerfen, gestalten 3.2a
diseño Design 1.6b
disfrutar (de) genießen
disminuir *(y)* senken; zurückgehen
disponer *(g)* **de** verfügen über
disposición *(f)* Verfügung
dispuesto/-a (a) bereit (zu)
distancia Abstand, Distanz
distinto/-a verschieden 5.10b
distribución *(f)* Verteilung, Vertrieb 2.6b
distribuidor/a Vertriebspartner, Vertreter/in 4.2b
distribuir *(y)* verteilen, anordnen 3.3d
diversión *(f)* Spaß, Unterhaltung 6.3a
divertido/-a lustig

divertirse *(ie)* sich amüsieren, Spaß haben 0.2a
dividir teilen E4.D
divorcio Scheidung
doble doppelt, Doppel-
doctor/a Doktor/in 8R
documentación *(f)* Dokumentation, Papiere
documento Dokument
dólar *(m)* Dollar
dominar dominieren, beherrschen 3R
domingo Sonntag
dominicano/-a dominikanisch; Dominikaner/in 3R
dominio Beherrschung 2R
donde wo
¿Dónde? Wo?
dormir *(ue)* schlafen
dos puntos Doppelpunkt
dosis *(f)* Dosis, Menge
droga Droge 8R
droguería Drogerie 4.2b
ducha Dusche
ducharse sich duschen
duda Zweifel, Frage 6.8a
dudar zweifeln; zögern 8.3a
dulce süß 4R
duración *(f)* Dauer 6.3a
durante während
duro/-a hart

E

e *(vor i-, hi-)* und
EE. UU. *(m pl)* USA 1.6b
ecológico/-a ökologisch, Öko-
economía Wirtschaft
económico/-a wirtschaftlich, Wirtschafts-; preiswert 1.12b
economista *(m/f)* Betriebswirt/in
edad *(f)* Alter
edición *(f)* Ausgabe 3.2b
edificio Gebäude
editor/a Verleger/in
educación *(f)* (Aus-)Bildung 1.8a
educado/-a höflich 6R
efectivo/-a effektiv 8.5b
ejecutivo/-a Manager/in 2R
ejemplo Beispiel
ejercicio Übung 0.2a
ejército Armee 2R
él / ella er / sie
elaboración *(f)* Erstellung
elaborar erstellen 3.2b
elección *(f)* Wahl 1.9
elegante elegant
elegir *(i)* (aus)wählen
elemento Element
elevado/-a hoch, gehoben 4R

eliminar beseitigen; unterdrücken 1.12b
ellos / ellas sie *(pl)*
embalaje *(m)* Verpackung 1.3a
emigración *(f)* Auswanderung 8R
emisora (de radio) (Radio-)Sender
emitir senden, ausstrahlen 6R
emoción *(f)* Gefühl 4
empanado/-a paniert
empaquetado Ein-, Verpacken 8.2c
empático/-a empathisch 5.2a
empezar *(ie)* **(a)** beginnen (zu) 0.1a
empleado/-a Angestellte/r
emplear beschäftigen 1.14
empleo Beschäftigung, Arbeit
emprendedor/a unternehmungslustig; Unternehmer/in 2.6
emprender unternehmen 7.5a
emprendimiento Unternehmung, Unternehmergeist 7.1a
empresa Unternehmen
empresarial unternehmerisch, Unternehmens- 2
empresario/-a Unternehmer/in
en in
en absoluto überhaupt nicht 2.2b
en cambio hingegen 2.10b
en casa (de) zu Hause; bei
en cierto modo gewissermaßen 8.12c
en común gemeinsam
en conclusión schließlich 5.10b
en consecuencia folglich 5.9b
en contra (de) (da)gegen 4.2b; 4.2c
en cuanto a bezüglich 8.6c
en dirección a in Richtung …
en directo live
en especial besonders 4.1b
en estos momentos zurzeit 2.2b
en exclusiva exklusiv 7.2b
en función de abhängig von 4.2b
en general im Allgemeinen
en la actualidad zurzeit
en línea online 4.10
en lugar de anstelle von
en negrita fett, in Fettschrift 3.8b
en parejas zu zweit
en pleno/-a + *sust* mitten in 6R
en primer lugar zuerst
en punto Punkt …
en relación con in Bezug auf
en resumen kurzum
en serie in Serie 7.2b
en serio im Ernst
en su día damals
en todas partes überall 4.8
en total insgesamt
en vivo live
en voz alta laut 6R
enamorarse sich verlieben
encabezar anführen
encantado/-a sehr erfreut

ciento sesenta y nueve **169**

encantador/a reizend
encantar begeistern
encanto Charme 3.3a
encargarse de sich kümmern um 5.2a
encima de auf, über 3.7b
encontrar *(ue)* finden
encontrarse *(ue)* **(con)** sich befinden; sich treffen (mit)
encuentro Treffen, Tagung
encuesta Umfrage
enemigo/-a verfeindet; Feind/in 8.5b
energía Energie
enero Januar
enfadarse sich ärgern 5.5
enfatizar betonen
enfermedad *(f)* Krankheit 5.9b
enfermo/-a krank
enfrente gegenüber
¡Enhorabuena! Glückwunsch! 6.9a
ensalada Salat
ensayar üben, proben E4.2a
enseguida gleich
enseñar zeigen 2.8a
entender(se) *(ie)* (sich) verstehen 5.2d
entidad *(f)* **de crédito** Kreditinstitut 7.2a
entonación *(f)* Betonung
entonces dann
entorno Umgebung 3R
entorno laboral Arbeitsumfeld 3R
entrada Eingang; Eintrag
entrar hereinkommen
entre zwischen
entre semana unter der Woche 6.3d
entre sí untereinander 3R
entrega Lieferung 1.4a
entrega de premios Preisverleihung 6.5a
entregar ab-, übergeben 5.3e
entrenar trainieren
entrevista Interview
entrevista de trabajo Vorstellungsgespräch
entusiasta enthusiastisch 5.2a
envasado/-a verpackt 4.2b
envasar verpacken 4.2b
envase *(m)* Verpackung 1.2a
enviar *(i)* schicken
época Zeit
equipado/-a eingerichtet
equipo Mannschaft, Team
equivocarse sich irren
error *(m)* Fehler
es decir das heißt
es que nämlich
es verdad es ist wahr
escena Szene 6.3a
escenificar inszenieren
escoger auswählen 5.12b

escolar schulisch, Schul- 4R
escribir schreiben
escrito/-a schriftlich 5.7
escritor/a Schriftsteller/in
escritorio Schreibtisch
escritura Schrift; Schreiben
escuchar (zu)hören
escuela Schule
ese/-a diese/r/s
esencial wesentlich
eslogan *(m)* Slogan 4.1b
esmeralda Smaragd
eso das
eso de que *(fam)* was … angeht 8.6c
eso sí zwar, allerdings 5.3a
espacial räumlich, Raum- 1.6a
espacio Raum
España Spanien
español *(m)* Spanisch *(Sprache)*
español/a spanisch; Spanier/in
espárrago Spargel
especia Gewürz
especial speziell, Sonder-
especialidad *(f)* Spezialität
especialista *(m/f)* Spezialist/in
especialización *(f)* Spezialisierung
especializado/-a spezialisiert 7.9a
especializarse (en) sich spezialisieren (auf)
especialmente besonders
especificar genauer angeben 2G
específico/-a spezifisch 0.1b
espectáculo Vorstellung
espera Erwartung
esperar hoffen; (er)warten
espontáneo/-a spontan 4.3a
esquema *(m)* Schema E1.2b
establecer *(zc)* herstellen, aufnehmen 3.10
establecimiento Geschäft 4.3a
estación *(f)* Station, Bahnhof
estadio Stadion
estadística Statistik 4.3a
estado Befinden, Zustand; Staat
estado de ánimo Gemütszustand 5.1b
Estados Unidos *(m pl)* Vereinigte Staaten
estadounidense US-amerikanisch; US-Amerikaner/in
Estambul Istanbul 3.10
estancia Aufenthalt
stand *(m)* Stand 3.2a
estantería Regal
estar *(estoy)* sich befinden
estar a cargo de zuständig sein für 3.5e
estar a punto de + *inf* kurz davor sein zu 4.12
estar aburrido/-a sich langweilen 5.9b

estar al día auf dem Laufenden sein 8.5b
estar de baja krankgeschrieben sein 8.4
estar en manos de in den Händen von … sein 1.14
estatus *(m)* Status 8.8a
este *(m)* Osten 3.10
este/-a diese/r/s
estilo Stil
estimado/-a sehr geehrte/r *(Brief)*
esto das
estrategia Strategie 2.1b
estratégico/-a strategisch 2.1a
estrella Stern
estrés *(m)* Stress
estresado/-a gestresst 5.1a
estresar(se) (sich) stressen (lassen) 5.8; 5.9b
estructura Struktur 5.9b
estructurar strukturieren 2
estudiante *(m/f)* Lerner/in; Student/in
estudiante en prácticas Praktikant/in
estudiar lernen; studieren
estudio Studie; *pl* Studium
etapa Etappe, Abschnitt
eterno/-a ewig 2R
ético/-a ethisch, moralisch 4.6b
euro Euro
Europa Europa
Europa del Este Osteuropa 3.10
europeo/-a europäisch; Europäer/in
evaluación *(f)* Evaluation, Bewertung 2.11c
evaluar *(ú)* bewerten 6.8a
evento Veranstaltung
evento corporativo Firmenevent 6.2
evidente(mente) offensichtlich 2.10b; 7.5a
evitar vermeiden 3.2b
exactamente genau 7.11d
examen *(m)* Prüfung
excelente ausgezeichnet
excepción *(f)* Ausnahme
excepto außer
exclamativo/-a Ausrufe-
exclusivo/-a exklusiv
excursión *(f)* Ausflug
excusa Ausrede
exigente anspruchsvoll, fordernd 5.2a
exigir fordern, verlangen 5.2a
existencia Existenz
existir existieren 1.7b
éxito Erfolg
exitoso/-a erfolgreich 7.2b
exótico/-a exotisch
expandirse expandieren 5.12
expansión *(f)* Wachstum 4.2b
expectativa Erwartung 6.9c

Vocabulario

experiencia Erfahrung
experto/-a Experte/-in
explicación *(f)* Erklärung
explicar erklären
exponer *(g)* darstellen, vortragen
exportación *(f)* Export
exportador/a Exporteur/in 1R
exportar exportieren
exposición *(f)* Ausstellung
expositor *(m)* Ständer, Verkaufs- display 3.5b
expositor/a ausstellend; Aussteller/in 3.2b; 3.10
expresar ausdrücken p. 7
expresión *(f)* Ausdruck
extenderse *(ie)* sich verbreiten 1.12b
extensión *(f)* Ausdehnung; Fläche 4R
exterior äußere/r/s; Außen-, Auslands- 8.12
externo/-a äußerlich 4R
extranjero Ausland
extranjero/-a ausländisch; Ausländer/in
extravagante extravagant

F

fábrica Fabrik 2.6b
fabricante *(m/f)* Hersteller/in 1.12b
fabricar herstellen 1.3a
fácil(mente) einfach, leicht 4.10c
factor *(m)* Faktor 4.2b
facturación *(f)* Be-, Abrechnung 5.2a
falda Rock
fallar misslingen 4.7a
falso/-a falsch
falta (de) Mangel (an) 5.9c
faltar fehlen
fama Ruhm 6.3a
familia Familie
familiar Familien-, familiär; Familienangehörige/r 6.5a
famoso/-a berühmt
fantástico/-a fantastisch
farmacia Apotheke 2.6b
fase *(f)* Phase 5.9b
fastidiar ärgern, lästig sein 5.2d
fatal sehr schlecht 5.2d
favorito/-a Lieblings-
febrero Februar
fecha Datum, Termin
federación *(f)* Verband, Bund
¡Felicidades! Glückwünsche! Alles Gute zum Geburtstag! 6.9a
feliz glücklich E4.D
femenino/-a weiblich
feo/-a hässlich
feria Messe
(día) feriado *(LA)* Feiertag
ferrocarril *(m)* Eisenbahn 6R

festival *(m)* Festival
(día) festivo Feiertag
fianza Kaution
ficha (Kartei-)Karte; Spielfigur 6.10
fidelización *(f)* **de clientes** Kunden- bindung 7.11
fidelizar binden 6.2a
fiel treu 4.3a
fiesta Fest
fijarse en achten auf
fijo/-a fest
filete *(m)* Schnitzel
filial *(f)* Filiale, Zweigstelle 8.2b
filosofía Philosophie
fin *(m)* Ende; Ziel, Zweck 0.1b
final endgültig, End- 7.2b
final *(f)* Finale 6.3a
final *(m)* Ende
finalidad *(f)* Ziel, Zweck 4.6b
financiación *(f)* Finanzierung 2.1b
financiar finanzieren 7.2
financiero/-a Finanz-
finanzas *(f pl)* Finanzen 7.11
firma Unterschrift 5.6d
firmar unterschreiben 5.4a
físico/-a physisch, körperlich 5.10a
flexibilidad *(f)* Flexibilität
flexible flexibel
flor *(f)* Blume
florecer *(zc)* blühen 1.12b
floristería Blumengeschäft 8.1a
flota Fuhrpark 7.11
fluidez *(f)* Flüssigkeit, Redegewandt- heit 0.2a
fluido/-a fließend, flüssig 8.5b
folleto Prospekt, Broschüre 0.1b
footing *(m)* Joggen
forma Form
formación *(f)* Ausbildung
formal formell, förmlich
formar bilden; ausbilden 3.2b
formar parte de Teil sein von 2R
formato Format 1.2a
formular formulieren
formulario Formular 6.5c
foro Forum 2.1a
foto(grafía) *(f)* Foto(grafie)
francés *(m)* Französisch *(Sprache)*
francés/-esa französisch; Franzose / Französin
Francia Frankreich 2.2b
frase *(f)* Satz
frecuencia Häufigkeit
frecuente häufig
frente a gegenüber
frío Kälte
frío/-a kalt
frustrar frustrieren 5.9b
fruta Obst, Frucht
fuente *(f)* Quelle E3.1a
fuerte stark

fuerza Stärke 4.2b
fumar rauchen 1.11a
función *(f)* Funktion
funcionar funktionieren
fundador/a Gründer/in
fundamental grundlegend, Haupt- 4.6b
fundar gründen
fútbol *(m)* **(sala)** (Hallen-)Fußball
futuro Zukunft
futuro/-a zukünftig 7
futuro próximo nahe Zukunft

G

gafas *(f pl)* **(de sol)** (Sonnen-)Brille
galería Galerie
galleta Keks 2.13
gallo pinto *(LA)* *Spezialität Nicaraguas* 4R
gama Sortiment 2.6b
ganador/a Gewinner/in 2.5b
ganar verdienen; gewinnen
ganas *(f pl)* Lust
gancho Haken; Lockvogel 4.2b
garaje *(m)* Garage
garantía Garantie 8.6a
garantizado/-a garantiert 4.6b
garantizar garantieren 2.2b
gas *(m)* Gas; Kohlensäure
gasolina Benzin
gastar ausgeben 4.3c
gastos *(m pl)* Kosten, Ausgaben
gastronomía Gastronomie
gastronómico/-a gastronomisch
gazpacho *kalte Tomatensuppe*
generación *(f)* Generation 1.14
general allgemein 3.2b
generalmente im Allgemeinen 4.9b
generar erzeugen 4R
género Geschlecht
genial genial 2.12a
gente *(f)* Leute
geográfico/-a geografisch
gerente *(m/f)* Manager/in; Geschäftsführer/in 2.11c
gerundio Gerundium
gestión *(f)* Management 7.8b
gestionar verwalten
gesto Geste, Zeichen 6.11
gestor/a Manager/in
gigante *(m)* Riese
gimnasio Fitnessstudio, Sporthalle
girar drehen; abbiegen 0.2a
gobierno Regierung
golf *(m)* Golf
goma de borrar Radiergummi 1.2a
goma de mascar Kaugummi 1.12b
gordito/-a mollig
gordo/-a dick

grabar aufnehmen, aufzeichnen 6.3a
gracias (a) dank(e)
gradación *(f)* Abstufung
grado Grad 2.12a
gráfica Grafik 2
gráfico Grafik
gráfico/-a grafisch, Grafik-
gramática Grammatik
gramo Gramm
gran(de) groß
grapa Heftklammer 1.2a
grapadora Hefter, Tacker 1.2a
gratis kostenlos
gratuito/-a kostenlos
gris grau
gritar schreien 5.3a
grupo Gruppe
guapo/-a hübsch
guaraní *(m)* indianische Sprache Südamerikas; *Währung Paraguays*
guatemalteco/-a guatemaltekisch; Guatemalteke/-in 7R
guayabera *kubanisches Leinenhemd* 6R
guerra Krieg 1.12b
guerra mundial Weltkrieg 1.12b
guía Programm, Führer
guía *(m/f)* **(turístico/-a)** (Reise-)Führer/in
guiado/-a geführt 6.1a
guion *(m)* Bindestrich; Drehbuch 6.3a
guion bajo Unterstrich
guitarra Gitarre
gustar gefallen, mögen
gusto Gefallen, Geschmack

H

habano Havanna(zigarre) 6R
haber *(hay)* geben, haben
habilidad *(f)* Fähigkeit, Fertigkeit
habitación *(f)* Zimmer
habitante *(m/f)* Einwohner/in
habitar (be)wohnen
hábito Gewohnheit 4
habitual üblich
habitualmente üblicherweise 4.3a
habla *(f)* Sprechen
hablante *(m/f)* Sprecher/in
hablar sprechen
hablar por teléfono telefonieren
hace vor *(Zeit)*
hace calor es ist warm / heiß
hace frío es ist kalt
hace poco vor Kurzem 2.3a
hace sol die Sonne scheint
hacer *(g)* machen
hacer de … spielen, fungieren als
hacer falta nötig sein 3.2a
hacer preguntas Fragen stellen

hacer realidad verwirklichen 4.5a
hacer referencia a sich beziehen auf
hacerse realidad verwirklicht werden 2.3c
hambre *(f)* Hunger 1.12b
hasta bis
hasta la vista auf Wiedersehen
hay *(haber)* es gibt
hay que + *inf* man muss
hecho Tatsache, Ereignis 1
helado Eis
hemisferio (Erd-)Halbkugel
hermano/-a Bruder / Schwester
hielo Eis(würfel)
hijo/-a Sohn / Tochter; Kind
hipótesis *(f)* Hypothese
hispano/-a spanischsprachig
hispanohablante spanischsprachig
historia Geschichte
histórico/-a historisch 1
hobby *(m)* Hobby
hogar *(m)* Haushalt 4.3a
hoja Blatt E4.D
hola hallo
Holanda Holland
holandés *(m)* Holländisch *(Sprache)*
holandés/-esa holländisch; Holländer/in
hombre *(m)* Mann
hondureño/-a honduranisch; Honduraner/in 8R
hora Uhrzeit; Stunde
hora punta Hauptverkehrszeit
horario Öffnungs-, Uhr-, Arbeitszeit
horizonte *(m)* Horizont 2.2
horrible schrecklich 4.1b
hospital *(m)* Krankenhaus
hospitalario/-a gastfreundlich 3R
hostelería Hotellerie
hotel *(m)* Hotel
hotelero/-a Hotel- 3R
hoy heute
hoy en día heutzutage 1.12b
hoy por hoy heute 2.2b
hueco (en el mercado) (Markt-)Lücke 2.3c
huella dactilar Fingerabdruck 1.10a
huevo Ei
humanidad *(f)* Menschheit 1R
humano/-a menschlich 5.10a
humor *(m)* Humor; Laune 5.1a
hundir versenken

I

I+D (investigación y desarrollo) Forschung und Entwicklung 7.8b
idea Idee
ideal ideal
idealista idealistisch

idéntico/-a identisch
identidad *(f)* Identität
identificación *(f)* Identifizierung 8.12
identificar(se) con (sich) identifizieren mit 5.2c
idioma *(m)* Sprache
iglesia Kirche
igual gleich
igual de … que gleich … wie 4.2b
igualdad *(f)* Gleichheit 5.10a
imagen *(f)* Bild
imaginación *(f)* Fantasie 4.6d
imaginar(se) sich vorstellen
imaginativo/-a ideenreich 5.2a
imitación *(f)* Nachahmung 4.5a
impactante beeindruckend 4.1b
impactar stark beeindrucken 4.1b
impacto Wirkung 4.1
imperativo Imperativ, Befehlsform 3.2c
imperfecto Imperfekt
imperio Reich 7R
impersonal unpersönlich
impersonalidad *(f)* Unpersönlichkeit 1.3a
importancia Wichtigkeit, Bedeutung 1.6b
importante wichtig
importar wichtig sein; jdm etwas ausmachen 3.5b
importe *(m)* Betrag 7.4a
imprescindible unentbehrlich 1.1
impresión *(f)* Eindruck E2.D
impresionar beeindrucken 4.1b
impreso/-a gedruckt 4.10a
impresora láser Laserdrucker 1.2a
imprevisto unvorhergesehenes Ereignis
imprimir drucken 1.2a
inauguración *(f)* Eröffnung, Einweihung 2.13
inca *(m/f)* Inka 1.10a
incentivo Incentive, Anreiz 6.2b
incluido/-a inbegriffen
incluir *(y)* enthalten 1.2a
incluso sogar
indefinido Indefinitbegleiter, -pronomen; *historische Vergangenheit* 3.7d
indefinido/-a unbestimmt, unbegrenzt 7.1b
independiente unabhängig
indeterminado/-a unbestimmt 3
(la) India Indien
indicación *(f)* Hinweis
indicar angeben
indicativo Indikativ 5.3d
indígena eingeboren
indignar empören 4.1b
indirecto/-a indirekt 3.8c
individual individuell; Einzel-

Vocabulario

individualista individualistisch
industria Industrie
industrial industriell, Industrie- 7.2b
inestable instabil, unbeständig 5.9c
infancia Kindheit
infinitivo Infinitiv
influencia Einfluss 3.10
influenciado/-a beeinflusst 2R
influir (y) (en) beeinflussen 4.2b
infografía Infografik 4.10a
información (f) Information
informal informell, vertraut
informar(se) (sich) informieren
informática Informatik
informático/-a Computer-; Informatiker/in
informativo/-a Informations- 3.2b
informe (m) Bericht
infraestructura Infrastruktur
ingeniero/-a Ingenieur/in
ingeniero/-a industrial Maschinenbauingenieur/in 2R
Inglaterra England
inglés (m) Englisch *(Sprache)*
inglés/-esa englisch; Engländer/in
ingrediente (m) Zutat
ingresos (m pl) Einkünfte, Einkommen 4.3a
iniciar starten, anfangen
iniciativa Initiative
inicio Start; Startseite 6.5c
innovación (f) Innovation 2.1b
innovador/a innovativ 1.1a
innovar erneuern, Neuerungen einführen 2.6b
innumerable unzählbar, unzählig 1.12b
insatisfecho/-a unzufrieden 5.9b
inscribirse sich anmelden
inscripción (f) Anmeldung
inseguridad (f) Unsicherheit, Verunsicherung 2.10b
inseguro/-a unsicher 0.2a
insistir (en) bestehen (auf)
inspirarse en sich inspirieren lassen von 1.6b
instalaciones (f pl) Anlagen, Ausstattung
institución (f) Einrichtung 2.1a
instituto Institut; Gymnasium
instrucción (f) Anweisung, Anleitung
instrumento Instrument
integral vollständig 8.12
integrar integrieren
intensivo/-a intensiv
intenso/-a intensiv, stark
intentar versuchen
interactuar (ú) interagieren E4.2b
intercambiar austauschen 7.6c
intercambio (Aus-)Tausch
intercultural interkulturell 8.12

interés (m) Interesse
interesado/-a (en) interessiert (an); Interessent/in
interesante interessant
interesar(se) (por) (sich) interessieren (für)
interior innere/r/s
interlocutor/a Ansprechpartner/in 4R
intermedio/-a mittlere/r/s, Mittel-
internacional international
internacionalización (f) Internationalisierung 2.1a
interno/-a intern 6.2b
interpretar interpretieren
intérprete (m/f) Dolmetscher/in 8.9a
interrumpir unterbrechen 8.6c
interrupción (f) Unterbrechung 8.8a
intervenir (venir) eingreifen, sich einmischen 5.5
intimidad (f) Intimität
intranet (m/f) Intranet 5.7a
introducir (zc) einführen, einleiten 2G
introductorio/-a einführend, einleitend 2R
intuitivo/-a intuitiv 5.2a
inútil nutzlos 1.1a
invariable unveränderlich 3.7d
inventar erfinden 1.10a
invento Erfindung 1.6
inventor/a Erfinder/in 1.6b
inversión (f) Investition 7.8e
inversor/a Investor/in 3.1c
invertir (ie) investieren 2.2b
investigación (f) Forschung 2.2b
investigar (er)forschen 4.10a
invitación (f) Einladung 3.3a
invitado/-a Gast
invitar (a + inf) einladen; auffordern zu E2.1a
ir (voy) gehen
ir a + inf etwas tun werden
ir a ver besuchen
irregular unregelmäßig
irregularidad (f) Unregelmäßigkeit
irse (me voy) (weg)gehen 2R
irse de vacaciones in Urlaub gehen 5.8
isla Insel 3R
Italia Italien
italiano Italienisch *(Sprache)*
italiano/-a italienisch; Italiener/in
izquierda linke Seite

J

jamón (m) Schinken
jefe/-a Chef/in
jerarquizado/-a hierarchisiert 3R
jersey (m) Pullover

jornada (Arbeits-)Tag
joven (m/f) jung; Jugendliche/r
jubilación (f) Ruhestand, Pensionierung 6.5a
jubilarse in Rente gehen 6.8d
juego Spiel
jueves (m) Donnerstag
jugador/a Spieler/in 3.6b
jugar (ue) spielen
julio Juli
junio Juni
junto a neben 4R
junto/-a zusammen
justificar begründen 1.9
justo genau
justo/-a genau; passend 3.2b

K

kilo(gramo) Kilo(gramm) 8.2e
kilómetro Kilometer

L

La Española Hispaniola 3R
La Habana Havanna 6R
labor (f) Arbeit 3.2b
laboral beruflich, Berufs-, Arbeits-
laboratorio Labor
labores (f pl) de seguimiento Nachfassaktionen, Nachbetreuung 3.2b
(productos) lácteos Milchprodukte
lado Seite 6.2b
lago See 4R
lámpara Lampe
lana Wolle
lanzamiento Wurf; Markteinführung 4.3a
lanzar werfen; auf den Markt bringen 2.6b; 4.2b
lápiz (m) Bleistift 0.2a
largo/-a lang
láser (m) Laser 1.2a
latino/-a lateinamerikanisch; Lateinamerikaner/in 6R
Latinoamérica Lateinamerika
latinoamericano/-a lateinamerikanisch; Lateinamerikaner/in
latitud (f) Breitengrad
le ihm, ihr, Ihnen
leal loyal E4.D
lección (f) Lektion
leche (f) Milch
lechuga Kopfsalat
lectura Lektüre; Lesen 0.1b
leer lesen
legado Erbe 1.12b
legal gesetzlich
lejos weit weg

lema *(m)* Motto 2.13
lempira *(m)* Währung von Honduras 8R
lengua Sprache
lento/-a langsam
les ihnen, Ihnen
letra Buchstabe
letrero Schild 4.8b
letrero luminoso Leuchtreklame 4.8b
levantar (hoch)heben E2.1c
levantarse aufstehen
ley *(f)* Gesetz E4.D
leyenda Legende
libertad *(f)* Freiheit 4.2b
libre frei
libro Buch
líder *(m/f)* führend; Führer/in 2.1
liderar (an)führen 2.2b
ligero/-a leicht 1.2d
limón *(m)* Zitrone
limpiar putzen 1.12b
limpieza Reinigung; Sauberkeit
limpio/-a sauber
línea Linie
lino Leinen 6R
líquido/-a flüssig 1.2a
lista Liste
listo/-a fertig, bereit 3.5b
literatura Literatur
litro Liter
llamada Anruf, Telefongespräch
llamado/-a genannt; sogenannte/r/s 1.12b; 4.2b
llamar nennen; anrufen
llamar la atención aufmerksam machen, auffallen 4.6a
llamar por teléfono anrufen
llamarse heißen
llave *(f)* Schlüssel
llegada Ankunft; Ziel *(Spiel)*
llegar (a) (an)kommen; erreichen 2.10b
llegar a + inf zu etwas gelangen 5.9b
lleno/-a voll
llevar tragen; führen; hinbringen
llevar tiempo dauern, brauchen 1R
llevarse mitnehmen 3.5b
llevarse bien (con) sich gut verstehen (mit) 5.2c
llorar weinen 6.6d
llover *(ue)* regnen
lluvia de ideas Brainstorming
lo es; das
lo antes posible so früh wie möglich 3.2b
lo mismo dasselbe 1.8b
lo que das, was
lo siguiente Folgendes E2.2b
local *(m)* Räumlichkeit
localizar lokalisieren
lógico/-a logisch E4.2b

logística Logistik
logístico/-a logistisch, Logistik- 7.8b
logo(tipo) Logo, Firmenzeichen 6.11
lograr erreichen 2.10b
logro Errungenschaft, Erfolg 2.11a
longitud *(f)* Länge
lucro Gewinn, Profit 6.11
luego später, dann, danach
lugar *(m)* Ort, Platz
lugar de trabajo Arbeitsplatz
lujo Luxus 1.14
luminoso/-a hell, leuchtend 4.8b
luna Mond 1.6b
lunar *(m)* Punkt, Tupfen
lunes *(m)* Montag
luz *(f)* Licht

M

madera Holz 1.2a
madre *(f)* Mutter
magdalena Madeleine, Biskuit 1.14
mágico/-a magisch, zauberhaft 1.6b
magnético/-a magnetisch 1.2a
maíz *(m)* Mais 1R
mal schlecht 2.10d
maleta Koffer 6R
malo/-a schlecht
mañana morgen; Morgen 0.1b
mandar schicken
manera Weise 6.2b
manía Manie, Abneigung 5.2b
mano *(f)* Hand 1.14
mantener *(tener)* aufrechterhalten
mantequilla Butter
manual *(m)* Handbuch 3.4
manzana Apfel
mapa *(m)* (Land-)Karte
mapa asociativo Mind-Map
máquina Maschine
máquina de café Kaffeemaschine 3.6b
máquina de escribir Schreibmaschine
mar *(m)* Meer
mar Caribe Karibisches Meer 5R
mar Mediterráneo Mittelmeer
marca Marke 1.2a
marca blanca Eigenmarke, Handelsmarke 4.2b
marca del distribuidor Handelsmarke 4.2b
marcador *(m)* Marker; Konnektor 1.2a; 2.6c
marcar markieren, ankreuzen; zeigen
marcha Gang, Betrieb 5.12
marido Ehemann
mariposa Schmetterling 2R
marketing *(m)* Marketing
marquesina Überdachung, Vordach 4.8b

marrón braun
marroquí marokkanisch; Marokkaner/in
Marruecos Marokko 8.9a
martes *(m)* Dienstag
marzo März
más mehr; am meisten
más de / que mehr als
más grande größer; größte/r/s
(el / la) más mínimo/-a kleinste/r/s, geringste/r/s 6.5c
más o menos mehr oder weniger, einigermaßen 2.12a
mascar kauen 1.12a
masculino/-a männlich
mate *(m)* Mate(tee)
material materiell 5.12
material *(m)* Material 1.2
máximo Maximum 1.13b
máximo/-a maximal, Höchst-
maya *(m/f)* Maya; Maya- 1.10a; 1.12b
mayo Mai
mayor älter, älteste/r/s; größer, größte/r/s
mayoría Mehrheit
mayúscula Großbuchstabe
me mir, mich
mediación *(f)* Vermittlung; Sprachmittlung
mediador/a Vermittler/in 5.2a
medicina Medizin
medicinal medizinisch 1.12b
médico/-a ärztlich; Arzt / Ärztin
medio Mittel; Mitte; *pl* Medien 4.8a; E2.D
medio/-a halb; durchschnittlich 4.3a
medio de transporte Verkehrsmittel
Medio Oriente Mittlerer Osten 3.10
medir *(i)* messen 1.6b
Mediterráneo Mittelmeer
mediterráneo/-a Mittelmeer-
mejor besser; beste/r/s; am besten 0.1b
mejorar verbessern
memorable denkwürdig, unvergesslich 6.11
memoria Gedächtnis 6.8a
memoria USB USB-Stick 3.9a
memorizar auswendig lernen 0.2a
mencionar erwähnen
menonita *(m/f)* Mennonit/in
menor kleiner; jünger
menos (de / que) weniger (als)
mensaje *(m)* Mitteilung, Botschaft
mensual monatlich 4.3a
mentalidad *(f)* Mentalität
menú *(m)* Menü
mercadillo Straßenmarkt, Flohmarkt 4.3a
mercado Markt
mercancía Ware 8.6b

Vocabulario

Mercosur *(m)* Gemeinsamer Markt Südamerikas
merecer *(zc)* **la pena** sich lohnen 8.8
merengue *(m)* *dominikanischer Tanz* 3R
merienda Nachmittagsimbiss 1.14
mermelada Marmelade
mes *(m)* Monat
mesa Tisch
mesoamericano/-a mittelamerikanisch 1.12b
mesón *(m)* Gaststätte
meta Ziel
metal *(m)* Metall 1.2a
metro Meter; U-Bahn
mexicano/-a mexikanisch; Mexikaner/in 1.11a; 1R
mi mein/e
micrófono Mikrofon 1.6b
microondas *(m sg)* Mikrowelle 1.7a
miedo Angst 2.10b
miembro Mitglied
mientras (que) während 5.9b
miércoles *(m)* Mittwoch
mil tausend
mil billones Billiarde 8C
milenario/-a tausendjährig 7R
millón *(m)* Million
minería Bergbau
minibar *(m)* Minibar
minibús *(m)* *Kleinbus in Bolivien*
minimalista minimalistisch 4.2b
minimizar minimieren, senken 6.2b
mínimo Minimum 1.3a
mínimo/-a mindeste/r/s
minúscula Kleinbuchstabe
minuto Minute
mío/-a meine/r/s
mirador *(m)* Aussichtspunkt
mirar (an-, nach)sehen
misión *(f)* Mission, Auftrag 6.2b
mismo/-a der-/dieselbe
mitad *(f)* Hälfte
mixto/-a gemischt
moda Mode
modelo Modell
moderación *(f)* Zurückhaltung
modernizar modernisieren 5.12
moderno/-a modern
modificar verändern 2.13
modo Modus, Form 5G
molde *(m)* (Kasten-)Form
molestar stören
molestarse sich die Mühe machen 3.5b
molestia Unannehmlichkeit, Störung
momento Moment, Augenblick
moneda Geld(stück); Währung 1.7b
monótono/-a eintönig 5.9c
montaña Berg
montañoso/-a bergig, gebirgig 8R

montar aufbauen 3.2b
monumento Denkmal, Monument
moreno/-a braunhaarig
mostrador *(m)* Theke, Verkaufstisch 3.3b
mostrar *(ue)* zeigen
motivar motivieren 2.11c
motivo Grund
moto *(f)* Motorrad
mover *(ue)* bewegen 1.6b
moverse *(ue)* sich (fort)bewegen
móvil *(m)* Handy
movilidad *(f)* Mobilität
movimiento Bewegung 1.6b
muchas gracias vielen Dank
muchas veces oft
muchísimo sehr (viel) 6.9c
muchísimo/-a sehr viel/e
mucho sehr
mucho/-a viel
mucho gusto sehr erfreut
mudanza Umzug
mudarse umziehen
mueble *(m)* Möbel(stück)
muerte *(f)* Tod 2.13
muestrario Musterbuch, Katalog, Portfolio 3.3d
mujer *(f)* (Ehe-)Frau
multinacional multinational
multinacional *(f)* multinationaler Konzern
múltiple vielfach 7.8b
mundial weltweit, Welt-
mundo Welt
museo Museum
música Musik
musical musikalisch
músico/-a Musiker/in
muy sehr

N

nacer *(zc)* geboren werden
nacimiento Geburt
nacional national, Inlands- 3.10
nacionalidad *(f)* Nationalität
nada überhaupt nicht; nichts
nada que hacer nichts zu tun 5.9b
nadar schwimmen
nadie niemand
naranja orange
natural natürlich
naturaleza Natur
Navidad *(f)* Weihnachten 6.5a
necesario/-a nötig
necesidad *(f)* Notwendigkeit, Bedürfnis p. 7
necesitar benötigen
necesitar + *inf* etwas tun müssen 0.1b

negación *(f)* Verneinung
negar *(ie)* verneinen, leugnen 1.6b
negarse (a) sich weigern (zu) 5.5
negativo/-a negativ; verneint 3.8a; 4.5d
negociación *(f)* Verhandlung
negociador/a Verhandlungspartner/in 8.5b
negociar (ver)handeln 8
negocio Geschäft
(letra) negrita Fettschrift
negro/-a schwarz
neutro/-a sächlich 2G
nevar *(ie)* schneien
niebla Nebel
nieto/-a Enkel/in
niñez *(f)* Kindheit 2.6a
ningún/-o/-a kein/e/r/s 3.7c
niño/-a Junge / Mädchen; Kind
nivel *(m)* Niveau, Stufe
no nicht; nein
¿no? nicht (wahr)?
no hay que + *inf* man darf nicht 1.8b
no solo nicht nur 5.9b
noche *(f)* Nacht
nombrar nennen
nombre *(m)* Name
nombre propio Eigenname; Vorname 5R
norma Norm, Richtlinie 8.11a
normal normal
normalmente normalerweise
norte *(m)* Norden 2R
Norte de África Nordafrika 3.10
norteamericano/-a nordamerikanisch; Nordamerikaner/in 1.12b
nos uns
nosotros/-as wir
nostálgico/-a nostalgisch 1.1a
nota Notiz; Nachricht
nota adhesiva Haftnotiz 1.2a
notar (be)merken 4.12
noticia Nachricht
noviembre *(m)* November
novio/-a (feste/r) Freund/in
nuestro/-a unser/e/r/s
nuevo/-a neu
nuevo sol *Währung Perus*
numerar nummerieren
número Nummer, (An-)Zahl
numeroso/-a zahlreich 2.2b
nunca nie

O

o oder
o sea das heißt 8.6c
objetivo Ziel
objeto Gegenstand; Objekt
obligación *(f)* Pflicht, Verpflichtung

obra (Bau-)Werk; Baustelle
observación *(f)* Beobachtung 8.5c
observar beobachten 4G
observatorio astronómico Sternwarte
obtener *(tener)* erhalten, bekommen 1.6b
obvio/-a offensichtlich 4.6b
ocasión *(f)* Gelegenheit 3.5e
occidental westlich
océano Atlántico Atlantischer Ozean
océano Pacífico Pazifischer Ozean 5R
ocio Freizeit
octubre *(m)* Oktober
ocupado/-a besetzt 3.5b
odiar hassen 5.9b
ofender beleidigen, kränken
oferta (de trabajo) (Stellen-)Angebot
oficial offiziell, Amts-
oficina Büro
ofimática Bürotechnik 1.2
ofrecer *(zc)* anbieten
oído Gehör; Ohr 5.6e
oír *(g)* hören
ojalá + *subj* hoffentlich 6.9a
ojo Auge; aufgepasst 3.7e
olímpico/-a olympisch
olvidar(se) (de) vergessen 7.2b
opción *(f)* Option; Möglichkeit
ópera Oper
opinar meinen 3.10c
opinión *(f)* Meinung
oportunidad *(f)* Chance, Gelegenheit
optimista optimistisch
oración *(f)* **condicional** Bedingungssatz 7G
oración principal Hauptsatz 7G
oración relativa Relativsatz 2G
oración subordinada Nebensatz 7G
oral mündlich 0.2a
orden *(f)* Befehl 3.2e
orden *(m)* Reihenfolge
orden *(m)* **del día** Tagesordnung 8.6b
ordenado/-a ordentlich, geordnet 8.8a
ordenador *(m)* Computer
ordenador portátil Laptop 1.2a
ordenar ordnen; befehlen 5.7b
(número) ordinal *(m)* Ordnungszahl 2G
orgánico/-a organisch
organigrama *(m)* Organigramm
organización *(f)* Organisation
organización sin ánimo de lucro gemeinnützige Organisation 6.11
organizado/-a organisiert
organizador/a Organisator/in
organizar organisieren
orgulloso/-a stolz 1.12b
orientación *(f)* **(al cliente)** (Kunden-)Orientierung
oriente *(m)* Orient, Osten 3.10

origen *(m)* Herkunft, Ursprung
original original; originell
originalidad *(f)* Originalität
oro Gold
ortografía Rechtschreibung 3G
os euch
oscilar schwanken 2.10b
oscuro/-a dunkel
otoño Herbst
otra vez noch einmal
otro/-a ein/e andere/r/s; noch ein/e
oyente *(m/f)* Zuhörer/in

P

pabellón *(m)* Pavillon, Halle 3.10
paciencia Geduld
Pacífico Pazifik 5R
padre *(m)* Vater
padres *(m pl)* Väter; Eltern
paella *spanisches Reisgericht*
pagar zahlen
página Seite
página web Website
pago Zahlung
país *(m)* Land
palabra Wort
palo Stock
pan *(m)* Brot
pan de molde Kasten-, Toastbrot
panel *(m)* Tafel 3.3b
panificación *(f)* Backwarenproduktion
pantalla (plana) (Flach-)Bildschirm 3.7a
pantalones *(m pl)* Hose
papa *(LA)* Kartoffel
papá *(m) (fam)* Papa 1.8c
papel *(m)* Papier; Zettel; Rolle 1.2a; 2.5b
papelera Papierkorb 3.7a
paquete *(m)* Packung 1.2a
par *(m)* Paar; paar 3.8a
para für
para + *inf* um zu
para ello dafür 1.14
para que + *subj* damit 6.2b
¿Para qué? Wozu?
parada Haltestelle
parador *(m)* staatliches spanisches Hotel
parcial Teil-, teilweise 5.9e
parecer *(zc)* (er)scheinen
parecido/-a ähnlich E1.D
pared *(f)* Wand
pareja Paar; Partner/in E1.D
parking *(m)* Parkplatz, -haus
parque *(m)* Park
párrafo Abschnitt 8.5c
parte *(f)* Teil; Partei; Seite 8.5b

participante teilnehmend; Teilnehmer/in 3.10; 6.3a
participar (en) teilnehmen (an)
participio Partizip
partido Spiel *(Sport)*
partir de ausgehen von 8G
pasado Vergangenheit
pasado/-a vergangen
pasar weitergeben; verbringen; passieren; vorbeikommen 1.5
pasar a übergehen zu 1.12b
pasar calor jdm heiß sein 1.7b
pasarlo bien Spaß haben 6.9a
pasarse de überschreiten E4.1a
pasear spazieren gehen
paseo Spaziergang 1.6b
paso Schritt 1.4a
pasta Nudeln, Teigwaren
patata Kartoffel
patente *(f)* Patent 1.12b
patrimonio (de la humanidad) (Weltkultur-)Erbe 1R
pausa Pause 5.3e
pedido Bestellung 1.2
pedir *(i)* bestellen; (er)bitten
pegamento Klebstoff 1.2a
pegar kleben 1.2a
película Film 0.2a
peluquería Friseursalon
pena Leid
pendiente ausstehend, unerledigt 1R
pensar (ie) (en) denken (an)
peor schlechter; schlimmste/r/s 5.1a
pequeño/-a klein
per capita pro Kopf 5R
perchero Kleiderständer 3.7a
perder *(ie)* verlieren; verpassen
perder un turno einmal aussetzen 3.6b
perdón *(m)* Entschuldigung
perdonar entschuldigen
perfección *(f)* Perfektion 5.2a
perfeccionar perfektionieren
perfeccionista perfektionistisch 5.2a
perfecto Perfekt *(Zeit)*
perfecto/-a perfekt
perfil *(m)* Profil
perífrasis *(f)* Umschreibung 2G
periódico Zeitung
periodista *(m/f)* Journalist/in
período Zeitraum 1.7c
período de prueba Probezeit 5.2a
permiso Erlaubnis 3
permitir erlauben, möglich machen 4.2b
pero aber
persona Person, Mensch
personaje *(m)* Figur, Person E3.D
personal persönlich
personal *(m)* Personal
personalizar personalisieren 4.10a

Vocabulario

personalmente persönlich 5.9b
perspectiva Perspektive
pertenecer *(zc)* **(a)** gehören (zu) 4.1a
peruano/-a peruanisch; Peruaner/in
pesado/-a schwer; lästig 1.2d; 3.6b
pescado Fisch
pesimista pessimistisch
peso Gewicht; Bedeutung; *Währung verschiedener lateinamerikanischer Länder* 1.2a; 4.2b
petición *(f)* Bitte, Anfrage 5.7c
petróleo Erdöl
pez *(m)* Fisch 5R
pie *(m)* Fuß
pieza Stück; Figur *(Spiel)* 1.6b
pijama *(m)* Schlafanzug
píldora Pille 1.10a
piscina Schwimmbad
pizarra (Wand-)Tafel 1.2a
pizarra magnética Magnettafel 1.2a
placer *(m)* Vergnügen; Genuss
plan *(m)* Plan, Entwurf
plan de negocio Geschäftsplan 7.3a
planeta *(m)* Planet 1.3a
planificar planen
plano Plan, Lageplan
plano/-a flach 3.7a
planta Pflanze; Stockwerk; Anlage 8.2c
planta baja Erdgeschoss
planteamiento Ansatz, Betrachtungsweise 2R
plantear angehen, aufwerfen E2.1a
plantilla Belegschaft 5.12
plástico Plastik, Kunststoff 1.2a
plataforma Plattform 7.2b
plátano Banane
plato Teller; Speise
playa Strand
plaza Platz
plazo (de entrega) (Liefer-)Frist 8.6a
pleno Plenum
plural *(m)* Mehrzahl
pluscuamperfecto Plusquamperfekt, Vorvergangenheit 7.2f
población *(f)* Bevölkerung
pobre arm; dürftig 2R
pocas veces selten
poco/-a wenig
poco a poco nach und nach
poder *(m)* Macht 4R
poder de decisión Entscheidungsbefugnis 4R
poder judicial Judikative
poder *(ue)* können; dürfen
polaco/-a polnisch; Pole / Polin
policía Polizei
policía *(m/f)* Polizist/in
política Politik
político/-a Politiker/in
pollo Hähnchen

ponente *(m/f)* Referent/in E4.1a
poner *(g)* setzen, stellen, legen; einschalten
poner a la venta zum Verkauf anbieten 2.3c
poner a prueba auf die Probe stellen, testen 1.10a
poner en marcha in Gang setzen 5.12
poner en práctica umsetzen E1
ponerse *(g)* anziehen *(Kleidung)*; untergehen *(Sonne)* 2R
ponerse de acuerdo (sobre) sich einigen (auf) 6.4a
ponerse en contacto (con) sich in Verbindung setzen (mit) 4.12
popular beliebt
popularidad *(f)* Popularität, Beliebtheit 2.6b
por durch; pro; für, wegen
por aquí hier in der Nähe
por ciento Prozent
por ejemplo zum Beispiel
por ello deshalb 7.1a
por escrito schriftlich
por eso deshalb 1.14
por favor bitte
por la mañana morgens
por la noche abends, nachts
por la tarde nachmittags, abends
por lo que se refiere a was … betrifft 8.6c
por lo tanto daher 8.5b
por otra parte andererseits 3.8a
por otro lado andererseits 6.2b
por parte de seitens 4.2b
¿Por qué? Warum?
por supuesto selbstverständlich 3.5b
por turnos der Reihe nach
por un lado einerseits 6.2b
porcelana Porzellan 2.6b
porcentaje *(m)* Prozentsatz
porque weil
portátil tragbar 1.2a
(ordenador) portátil *(m)* Laptop 1.2a
portugués *(m)* Portugiesisch *(Sprache)*
portugués/-esa portugiesisch; Portugiese/-in
poseer besitzen 2R
posesivo Possessivbegleiter, -pronomen 5G
posibilidad *(f)* Möglichkeit
posible möglich
posición *(f)* Position 3.10
positivo/-a positiv
postal *(f)* Postkarte 4.12
postre *(m)* Nachtisch
postura Einstellung 5G
(servicio) postventa Kundendienst 2.2b
potencia Macht

potencial *(m)* Potenzial 5.3a
potenciar steigern, erhöhen 6.2b
práctica Praktik; *pl* Praktikum
practicar üben, praktizieren
práctico/-a praktisch, pragmatisch
precaución *(f)* Vorsicht(smaßnahme) 1R
precio Preis
preferencia Vorliebe; Vorzug 5R
preferible wünschenswert, vorzuziehen 1.14c
preferido/-a Lieblings-
preferir *(ie)* bevorzugen
pregunta Frage
preguntar (por) fragen (nach)
prehispánico/-a präkolumbisch 1R
prehistoria Vorgeschichte, Frühzeit 1.12b
premio Preis, Prämie
prenda (de vestir) Kleidungsstück 6R
prensa Presse
preocupado/-a (por) besorgt (um) 4.12
preocupar (jdm) Sorgen machen, (jdn) beschäftigen 7.11
preparación *(f)* Vorbereitung
preparado/-a vorbereitet 2R
preparar(se) (sich) vorbereiten 7.6
preparativo Vorbereitung(sarbeit) 3
preposición *(f)* Präposition 6.5a
presa Staudamm
presencia Anwesenheit 3.2b
presentación *(f)* Vorstellung; Präsentation
presentar(se) (sich) vorstellen
presente präsent; gegenwärtig 1.10b; 8.3b
presente *(m)* Präsens
presidente/-a Präsident/in
presión *(f)* Druck 5.3e
préstamo Darlehen, Geldanleihe 7.2a
prestar (ver)leihen 4.9b
prestar atención (a) achten (auf) 4.9b
prestigio Prestige, Ansehen 2.1b
presupuesto Budget; Kostenvoranschlag 2.11a; 6.5c
previsto/-a vorgesehen 7.11
primavera Frühjahr
primero zuerst; Vorspeise
primero/-a erste/r/s
primo/-a Cousin/e
principal wesentlich; Haupt- 2.2b
principio Anfang 2.6b
privado/-a privat
probable(mente) wahrscheinlich 2.10b; 3.6a
probar *(ue)* (aus)probieren, versuchen E2.1a
problema *(m)* Problem
procesamiento Verarbeitung 3.10

ciento setenta y siete **177**

proceso Prozess
producción *(f)* Produktion, Herstellung 1.3a
producir *(zc)* produzieren, herstellen 1.3a
productividad *(f)* Produktivität
productivo/-a produktiv
producto Produkt
Producto Interior Bruto (PIB) Bruttoinlandsprodukt
productor/a Hersteller/in 7.8b
productos del mar Meerestiere
profesión *(f)* Beruf
profesional professionell, beruflich; Fachmann/-frau 5.3a
profesionalidad *(f)* Professionalität
profesor/a Lehrer/in
programa *(m)* Programm
programador/a Programmierer/in
prometer versprechen 3.8a
promoción *(f)* Werbung
promocional verkaufsfördernd, Werbe- 3.3d
promocionar bewerben, werben für 4.5b
pronombre *(m)* Pronomen
pronombre de objeto Objektpronomen 3.8c
pronombre personal Personalpronomen 5G
pronombre reflexivo Reflexivpronomen
pronombre relativo Relativpronomen
pronto bald, früh
pronunciación *(f)* Aussprache
pronunciar aussprechen
propiedad *(f)* Eigenschaft 1.12b
propio/-a eigene/r/s
proponer *(g)* vorschlagen
proporcionar beschaffen
propuesta Vorschlag
protagonista *(m/f)* Hauptfigur
protocolo Protokoll 8.5e
prototipo Prototyp 1.6b
proveedor/a Lieferant/in 3.8a
provenir *(venir)* **de** herkommen, stammen aus 5R
provocar verursachen 5.9b
próximo/-a nächste/r/s
proyectar projizieren
proyecto Projekt
proyector *(m)* Projektor; Beamer
prueba Probe 1.6b
pseudónimo Pseudonym 5.4a
públicamente öffentlich 6.11
publicar veröffentlichen
publicidad *(f)* Werbung
publicitario/-a Werbe- 4
público Publikum, Öffentlichkeit
público/-a öffentlich
pueblo Dorf; Volk

puente *(m)* Brücke E3.D
puerta Tür
pues nun, also
puesto Stelle, Position
punto Punkt
punto de vista Standpunkt 3.10c
punto débil Schwäche 5.2a
punto fuerte Stärke
puntual pünktlich 1R
puntualidad *(f)* Pünktlichkeit 1R
puro habano Havanna-Zigarre 6R

Q

que dass; der, die, das *(Relativpronomen)*
que + *subj* auf dass 6.9a
¿Qué? Was? Welche/r/s …?
¡Qué…! Wie …! Was für ein/e …!
¿Qué hora es? Wie viel Uhr ist es?
¡Qué pena! Wie schade!
¿Qué tal? Wie geht's? Wie wäre es …?
quedar sich verabreden
quedar a la disposición zur Verfügung stehen
quedarse bleiben
quedarse en blanco einen Blackout haben E4.1a
queja Beschwerde
quejarse sich beschweren
querer *(ie)* wollen, mögen
querido/-a liebe/r/s
queso Käse
quetzal *(m)* Währung und Nationalvogel von Guatemala 7R
¿Quién/es? Wer?
quijote *(m)* Idealist
químico/-a chemisch, Chemie- 1R
quinto/-a fünfte/r/s 6.2a
quitar entfernen; wegnehmen 4.2b
quizás vielleicht 3.5b; 7.9a

R

racial Rassen- 8R
radio *(f)* Radio, Rundfunk
radiológico/-a radiologisch, Röntgen- 8.1a
raíz *(f)* Stamm
rango Rang 8.8a
ranking *(m)* Ranking
rápido/-a schnell
raro/-a selten; seltsam 5.7b
rascacielos *(m sg)* Wolkenkratzer 5R
rato Weile 1R
ratón *(m)* Computermaus 1.2a
razón *(f)* Recht; Grund
razonable vernünftig, angemessen
reacción *(f)* Reaktion

reaccionar reagieren
real wirklich 7,8b
realidad *(f)* Wirklichkeit 2.3c
realista realistisch 3.2b
realizar ausführen, verwirklichen
realmente wirklich 4R
rebaja Rabatt 3.8a
recaudar einnehmen, einziehen 6.11
recepción *(f)* Rezeption; Empfang
recepcionista *(m/f)* Empfangsmitarbeiter/in
receta Rezept 1.14; 2.6b
recetar verschreiben 2.6d
rechazar ablehnen
rechazo Absage, Ablehnung
recibir bekommen; empfangen 8.2c
reciclado/-a recycelt 1.3a
recientemente neulich, vor Kurzem 4.2b
reclamación *(f)* Reklamation, Beschwerde
recoger abholen; einsammeln 0.2b
recomendable empfehlenswert
recomendación *(f)* Empfehlung
recomendar *(ie)* empfehlen
recompensar (be)lohnen 6.11
reconocer *(zc)* (an)erkennen
reconocimiento Anerkennung 5.9c
reconstruir *(y)* rekonstruieren
recordar *(ue)* sich erinnern (an)
recuerdo Erinnerung; Souvenir 2.6a
recuperación *(f)* Erholung 2.10b
recurso Mittel; Redemittel 4.2b; 5.11c
Recursos Humanos Personal
red *(f)* Netz
red social soziales Netzwerk
redactar verfassen
redactor/a Redakteur/in
reducir *(zc)* reduzieren, senken 2.6b
reelaborar überarbeiten E4.2a
referencia Referenz; Bezug 8.2e
referencia de producto Produktnummer 8.2e
referirse *(ie)* **a** sich beziehen auf
reflexionar (sobre) nachdenken (über) E2.2b
reflexivo/-a nachdenklich; reflexiv
(pronombre) reflexivo Reflexivpronomen
reformado/-a renoviert
reformular umformulieren 2.13
refrescar auffrischen 6.8a
regalar schenken 3.9a
regalo Geschenk
regatear feilschen, handeln 7R
regateo Feilschen, Handeln 7R
región *(f)* Region
regional regional, Regional-
registrar registrieren
registro Register
regla Regel

Vocabulario

regresar zurückkehren 7.2b
regular regelmäßig; mittelmäßig
Reino Unido Vereinigtes Königreich E3.1a
reír *(río)* lachen 7.5e
relación *(f)* Beziehung
relacionado/-a verbunden E1.1
relacionar verbinden
relaciones *(f pl)* **públicas** Öffentlichkeitsarbeit 6.2b
relajado/-a entspannt 5.1a
relajarse sich entspannen
relativo/-a relativ; Relativ-
(pronombre) relativo Relativpronomen
relevante relevant
religión *(f)* Religion
rellenar ausfüllen 0.2b
reloj *(m)* Uhr
remolque *(m)* Anhänger 2.2b
renombrado/-a renommiert 2.1a
renovación *(f)* Erneuerung 7.11
renovar *(ue)* erneuern 5.12
repartir aus-, ver-, einteilen 5.8; E4.2b
repasar wiederholen
repaso Wiederholung E2.2b
repetición *(f)* Wiederholung 2.3b
repetir(se) *(i)* (sich) wiederholen
reportaje *(m)* Reportage
reportero/-a Reporter/in
representante *(m/f)* Vertreter/in
representar vertreten; darstellen, vorführen
requerir *(ie)* erfordern
requisito Anforderung
resaltar hervorheben
reserva Reservierung; Reserve
reserva natural Naturschutzgebiet 2R
reservar reservieren
residencia Wohnsitz
resina Harz 1.12b
resistirse sich widersetzen, sich wehren 4.5a
respecto a in Bezug auf 4.2b
respetar respektieren 5.5
respeto Respekt
respiro Atempause 5.7b
responder (be)antworten
responsabilidad *(f)* Verantwortung
responsable verantwortlich; verantwortungsbewusst; Verantwortliche/r 5.2a
respuesta Antwort
restaurante *(m)* Restaurant
resto Rest 3.4b
resultado Ergebnis
resultar verlaufen, erfolgen 8R
resultar fácil leichtfallen 0.2b
resumen *(m)* Zusammenfassung
resumir zusammenfassen

reto Herausforderung 5.2a
retrasarse sich verspäten 8.3d
reunión *(f)* Besprechung, Tagung
reunir(se) *(ú)* (sich) (ver)sammeln
revisar überprüfen
revista Zeitschrift
riesgo Risiko 7.6a
riqueza Reichtum 4R
ritmo Rhythmus 1R
rojo/-a rot
romanticismo Romantik
romántico/-a romantisch
romper brechen 6.2b
ron *(m)* Rum
ronda Runde E2.D
ropa Kleidung
rosa rosa
rubio/-a blond
ruido Lärm
ruidoso/-a laut
ruinas *(f pl)* Ruinen 8R
rural ländlich 3.5b
ruso Russisch *(Sprache)*
ruta Route, Weg
rutina Routine

S

sábado Samstag
saber *(sé)* wissen; können
sabor *(m)* Geschmack 1.12b
sal *(f)* Salz
sala Raum
salario Gehalt, Lohn
salida Abfahrt; Start *(Spiel)* 3.6b
salir *(g)* aus-, hinausgehen; herauskommen; aufgehen *(Sonne)* 2.6b; 2R
salir bien gelingen 7.8d
salir mal misslingen 3.6a
salmón *(m)* Lachs
salón *(m)* Saal, Raum; Ausstellung, Messe 3.10
salto Sprung E2.D
salud *(f)* Gesundheit
saludable gesund 7.2b
saludar (be)grüßen
saludo Gruß
sano/-a gesund 2.6b
satélite *(m)* Satellit
satisfacción *(f)* Zufriedenheit 2.12a
satisfecho/-a zufrieden 2.10b
savia (Baum-, Pflanzen-)Saft 1.12b
sección *(f)* Teil, Abschnitt, Bereich 2.13
seco/-a trocken
secretariado Sekretärslaufbahn
secretario/-a Sekretär/in
secreto Geheimnis
sector *(m)* Branche

sectorial sektorbezogen, Gebiets- 3.10
secuencia Sequenz E4.2b
seda Seide
sede *(f)* (Firmen-)Sitz 2.2b
seguido/-a de gefolgt von 2G
seguimiento Überwachung, Nachbetreuung 3.2b
seguir *(i)* weitergehen; folgen
seguir + *gerundio* weiterhin tun 2.2b
según gemäß, nach 3.6b
según + *subj* je nachdem, ob 7.8a
segundo Sekunde; Hauptspeise 1.13b
segundo/-a zweite/r/s
seguramente sicherlich 1.6b
seguridad *(f)* Sicherheit
seguro Versicherung 2.9a
seguro/-a sicher 1.6b
seguro (que) sicher(lich)
selección *(f)* Auswahl
seleccionar auswählen 1.4a
selectivo/-a selektiv
semana Woche
seminario Seminar
sencillo/-a einfach 6.11
senderismo Wandern
sensación *(f)* Gefühl
sentarse *(ie)* sich setzen E1.D
sentido Sinn 1.14c
sentimiento Gefühl 8
sentir *(ie)* fühlen, spüren; bedauern 1.14
sentirse *(ie)* sich fühlen
señalar zeigen 0.2a
señor/a Herr / Frau
señores *(m pl)* (Damen und) Herren
separado/-a getrennt
separar trennen
septiembre *(m)* September
ser *(soy)* sein; stattfinden
serie *(f)* Serie
serio/-a ernst(haft)
servicio Dienstleistung, Service; Toilette
servicio postventa Kundendienst 2.2b
servir *(i)* (be)dienen 1.2d
sexo Geschlecht 4.3a
sexto/-a sechste/r/s 6.2a
si ob; wenn
sí ja; doch
siempre immer
siglo Jahrhundert 1.7
significado Bedeutung
significar bedeuten
signo Zeichen 4R
siguiente folgende/r/s
sílaba Silbe
silla Stuhl
sillón *(m)* Sessel 3.7a
símbolo Symbol

ciento setenta y nueve **179**

similar ähnlich
similitud *(f)* Ähnlichkeit
simpático/-a sympathisch
simple(mente) einfach 4.6d
simular simulieren
sin ohne
sin + *inf* ohne zu
sin compromiso unverbindlich 3.5b
sin embargo jedoch, trotzdem
sincero/-a ehrlich E4.D
singular *(m)* Einzahl
sino (que) sondern 5.9b
sinónimo Synonym 8.5d
sintético/-a synthetisch 1.12b
síntoma *(m)* Symptom; Anzeichen 2.10b
sistema *(m)* System
sitio Ort, Platz
situación *(f)* Situation; Lage
situado/-a gelegen
situar *(ú)* einordnen
snorkeling *(m)* Schnorcheln
sobrar übrig bleiben 3.8a
sobre über; gegen *(Uhrzeit)*
sobre *(m)* (Brief-)Umschlag 1.2a
sobremesa *Beisammensitzen nach dem Essen*
social sozial
sociedad *(f)* Gesellschaft 4R
socio/-a (Geschäfts-)Partner/in 7.6b
soja Soja 2.6b
solamente nur 1.6b
solar Sonnen- 1.10a
soldado *(m/f)* Soldat/in 1.12b
soledad *(f)* Einsamkeit
soler *(ue)* **+ *inf*** etwas zu tun pflegen 2.11a
solicitar beantragen
solicitar un puesto sich um eine Stelle bewerben
solicitud *(f)* (de un puesto) Bewerbung
solidario/-a solidarisch 6.11
sólido/-a solide; fest 1.2d; 2.1b
solo nur
solo/-a allein; einzige/r/s
(café) solo *kleiner schwarzer Kaffee*
solución *(f)* Lösung
solucionar lösen
sombrero Hut 5R
son *(m)* *Musikstil aus Kuba* 6R
sonido Geräusch
sonreír *(reír)* lächeln 2R
sopa Suppe
soportar ertragen, leiden können 5.2a
soporte *(m)* **publicitario** Werbeträger 4.8b
sorprender überraschen 4.1b
sorprendido/-a überrascht 2.10b
sorpresa Überraschung 6.5c

sostenible nachhaltig 7.2b
spa *(m)* Wellness-Einrichtung
su sein/e, ihr/e, Ihr/e
suave sanft; schwach
subida Anstieg 2.10b
subir erhöhen; steigen, hinaufgehen 3.5e
subjuntivo *Möglichkeitsform* 5.3c
subrayar unterstreichen
subvención *(f)* Subvention, Zuschuss 7.2a
suceder geschehen 1.10
sucesivamente weiter, nach und nach
sucio/-a schmutzig
Sudamérica Südamerika 3.10
sueldo Gehalt 2.11a
sueño Traum
suerte *(f)* Glück 6.9a
suficiente genügend, ausreichend 8.12
sufijo Nachsilbe 6G
sugerencia Vorschlag 4
sugerir *(ie)* vorschlagen; andeuten 5R
suite *(f)* Suite
Suiza Schweiz
suizo/-a aus der Schweiz
sujeto Subjekt 5G
sumar addieren
superar überstehen, übertreffen 6.3a
superficie *(f)* (Ober-)Fläche 2.2b
superioridad *(f)* Überlegenheit
superlativo Superlativ 6G
supermercado Supermarkt
suponer *(poner)* vermuten; betragen 4.2b
sur *(m)* Süden
surgir entstehen 2.3c
sustantivo Substantiv
sustentable *(LA)* nachhaltig
sustituir *(y)* ersetzen

T

tabaco Tabak 1.10a
tabla Tabelle
tablero Spielbrett
tableta Tablet *(Computer)*
tablón *(m)* **de anuncios** Schwarzes Brett 5.7a
tabú *(m)* Tabu
taburete *(m)* (Bar-)Hocker 3.7a
tachar (durch)streichen E4.D
taco *(Méx)* *gefüllter Maisfladen*
táctil tastbar, Tast-; haptisch 0.2a
tal vez vielleicht 8.12c
TALGO *spanischer Intercityzug* 1.6a
taller *(m)* Werkstatt; Workshop
tamaño Größe 1.2a
también auch

tampoco auch nicht
tan... como so... wie
tándem *(m)* Tandem 0.2a
tanto... como sowohl... als auch 7.8b
tanto/-a... como so viel... wie
tapa Deckel; Appetithäppchen 1.2a
tapa dura Hardcover 1.2a
tardar (Zeit) brauchen 4.6d
tarde spät
tarde *(f)* Nachmittag, Abend
tarea Aufgabe
tarifa Tarif, Gebühr 8.12
tarjeta Karte
tarjeta de crédito Kreditkarte 1.7a
tarjeta de visita Visitenkarte 8.1
tarro Glas *(Lebensmittel)* 8.2e
tarta Kuchen
taxi *(m)* Taxi
taza Tasse
te dir, dich
te toca a ti du bist dran
té *(m)* Tee
teatro Theater
técnica Technik E4.1b
técnico/-a technisch; Techniker/in 7.8b
tecnología Technologie
telecomunicación *(f)* Telekommunikation E3.1a
teleconferencia Videokonferenz
teléfono (fijo) (Festnetz-)Telefon
telegrama *(m)* Telegramm
teletrabajador/a Telearbeiter/in
teletrabajo Telearbeit
televisión *(f)* **(a color)** (Farb-)Fernsehen 1.10a
televisor *(m)* **(de pantalla plana)** (Flachbild-)Fernseher 1.11a; 3.7a
tema *(m)* Thema
temático/-a thematisch 6.5c
temperatura Temperatur
temporada Saison
temporal zeitlich, Zeit-
temprano früh
tendencia Tendenz, Neigung 1R
tener *(g, ie)* haben
tener en cuenta berücksichtigen 4.6b
tener lugar stattfinden 6.5a
tener que + *inf* müssen
tener... años ... Jahre alt sein
tenis *(m)* Tennis
tensión *(f)* Spannung 5.7b
tenso/-a angespannt 5.9b
terapéutico/-a therapeutisch 2.6b
terapia Therapie
tercero/-a dritte/r/s
terminación *(f)* Endung 7G
terminar (be)enden
ternera Kalb
terraza Terrasse

Vocabulario

territorio Fläche, Land 8R
test *(m)* Test 1.10a
texto Text
tiburón *(m)* Hai 4R
tico/-a *(fam)* Costa-Ricaner/in 2R
tiempo Zeit; Wetter
tiempo libre Freizeit
tienda Geschäft, Laden
tierra Land; Erde 1R
tijeras *(f pl)* Schere 1.2a
tímido/-a schüchtern
tinta Tinte 1.2a
tío / tía Onkel / Tante
típico/-a typisch
tipo Art, Typ
tirar (weg)werfen 4.9b
titular *(m)* Schlagzeile
título Titel; Abschluss
toalla Handtuch
tocado Treffer *(Spiel)*
tocar berühren; spielen *(Instrument)*
todavía noch
todo alles
todo/-a ganz
todo el día den ganzen Tag
todo el mundo die ganze Welt
todo recto geradeaus
todo tipo de jegliche/r/s
todos/-as alle
todos los días jeden Tag
toma de decisiones Beschlussfassung, Entscheidungsfindung 3R
tomar nehmen; trinken, essen
tomar nota notieren
tomar notas Notizen machen
tomar precauciones Vorkehrungen treffen 1R
tomar una copa etwas trinken 5.7b
tomate *(m)* Tomate
tonelada Tonne 8.2e
tónico/-a betont
tono Ton 2R
tontería Blödsinn
tópico Klischee
toque *(m)* Hauch, Touch
tortilla (de patata) (Kartoffel-)Omelette
tostada Toast
total que kurzum, schließlich 2.9b
totalmente völlig 1.6b
trabajador/a fleißig; Arbeitnehmer/in
trabajar arbeiten
trabajo Arbeit
tradición *(f)* Tradition
tradicional traditionell
traducción *(f)* Übersetzung
traducir *(zc)* übersetzen
traductor/a Übersetzer/in
traer *(traigo)* (mit)bringen 3.5b
tráfico Verkehr
tráfico de drogas Drogenhandel 8R

traje *(m)* Anzug
tranquilidad *(f)* Ruhe
tranquilo/-a ruhig
transformación *(f)* Umwandlung 7.8b
transformar umformen, umwandeln 5.6d
transmitir über-, vermitteln, ausrichten E2.2b; 5
transporte *(m)* Transport
transporte público öffentliche Verkehrsmittel
tratamiento Behandlung; Anrede
tratar behandeln; besprechen; verkehren 5.10a
tratar de usted siezen 5R
tratarse de sich handeln um 2.4
trato Behandlung
trayectoria Werdegang
trayectoria empresarial Unternehmensgeschichte 2
tren *(m)* Zug
tren expreso Expresszug 1.6b
trillón *(m)* Trillion 8C
trimestre *(m)* Quartal 2.10b
triste traurig
triunfar Erfolg haben 4.6b
triunfo Triumph, Erfolg 7.8b
truco Trick 8.5b
trufi *(m)* *Sammeltaxi in Bolivien*
tu dein/e
tú du
tubo Tube 1.2a
turco/-a türkisch; Türke/-in
turismo Tourismus
turista *(m/f)* Tourist/in
turístico/-a touristisch, Touristik- 3.3a
turno Schicht, Reihe 3.6b
Turquía Türkei 3.10
tutear duzen 5R
tuyo/-a deine/r/s

U

u *(vor o-, ho-)* oder 1.6d
ubicación *(f)* Lage, Standort
últimamente in letzter Zeit
último/-a letzte/r/s
un poco (de) ein bisschen
un total de insgesamt 7.11
un/a ein/e *(unbestimmter Artikel)*
un/a… más noch ein/e
unidad *(f)* Einheit; Stück 1.2a
unión *(f)* Verbindung; Union 5R; E3.1a
unir verbinden 1.2d
unisex unisex
universal universell, Universal- 1.2a
universidad *(f)* Universität
universitario/-a Hochschul-
universo Universum
unos/-as einige; ungefähr

uruguayo/-a aus Uruguay
usar benutzen
uso Gebrauch 1.3b
usted/es Sie
usuario/-a Benutzer/in
útil nützlich
utilizar benutzen 3.2d
utopía Utopie E2.2b

V

vacaciones *(f pl)* Urlaub, Ferien
vacío/-a leer
vago/-a faul
vale okay, einverstanden 3.5b
valla publicitaria Werbetafel 4.8b
valor *(m)* Wert 2.2b
valoración *(f)* Bewertung
valorar bewerten; schätzen 1.14c
variable veränderlich 3.7d
variar *(i)* variieren 4.2b
variedad *(f)* Vielfalt
varios/-as mehrere 1.11a
vasco/-a baskisch; Baske/-in
vecino/-a Nachbar/in 6.6d
vegetal pflanzlich 2.6b
vegetariano/-a vegetarisch; Vegetarier/in
vehículo Fahrzeug 2.2b
vendedor/a Verkäufer/in
vender verkaufen
venir *(g, ie)* kommen
venta Verkauf; *pl* Vertrieb 1
ventaja Vorteil
ventana Fenster
ver sehen
ver la tele fernsehen
verano Sommer
verbal verbal, Verb-; mündlich 2G; 8.11a
verbo Verb
verdad *(f)* Wahrheit
¿verdad? nicht wahr?
verdadero/-a richtig
verde grün
verdura Gemüse
vergüenza Scham(gefühl) 0.2a
verse sich sehen / treffen
versión *(f)* Version, Fassung 0.2a
versión original Originalfassung 0.2a
vestido Kleid
vestir(se) *(i)* (sich) anziehen, kleiden 4R
vez *(f)* Mal
vía über
viajar reisen
viaje *(m)* Reise
viajero/-a reiselustig; Reisende/r
vida Leben
vídeo / video *(LA)* Video 0.1b

ciento ochenta y uno **181**

viejo/-a alt 4R
viernes *(m)* Freitag
viñedo Weinberg
vino Wein
vintage Retrolook
violento/-a gewalttätig, heftig 5.9b
virtual virtuell, Online-
visión *(f)* Sicht(weise) E1.2a
visión de conjunto Überblick E1.2a
visionado (An-)Sehen 0.1b
visita Besuch, Besichtigung
visita guiada Führung 6.1a
visitante *(m/f)* **(profesional)**
 (Fach-)Besucher/in 2.13; 3.10
visitar besuchen
visual visuell, Seh- 0.2a
visualización *(f)* Visualisierung
vital vital, lebensnotwendig 7.8b
vivir leben, wohnen
vivo/-a lebendig 7R
vocabulario Vokabular 0.1b
vocal *(f)* Vokal, Selbstlaut
vocálico/-a Vokal- 4.5d

volcán *(m)* Vulkan 4R
voluntario/-a Freiwillige/r
volver *(ue)* zurückkehren
volver a + *inf* etwas wieder tun 2.2b
vos *(LA)* du
vosotros/-as ihr
votar por stimmen für 2.5b
voto Wahlrecht, Stimme 2.5b
voz *(f)* Stimme 6R
vuelo Flug
vuestro/-a euer/e

Y

y und
ya schon
ya no nicht mehr 1.7b
yincana Schnitzeljagd 6.1a
yo ich
yo que tú ich an deiner Stelle 7.5c
yogur *(m)* Jogurt
yogurtería Jogurtladen 2.6b

Z

zapato Schuh
zapote *(m)* Breiapfelbaum
 (*mittelamerikanischer Baum*) 1.12b
zona Gebiet, Zone
zona comercial Geschäftsviertel
zona peatonal Fußgängerzone
zona residencial Wohngebiet
zona verde Grünfläche
zona wifi WLAN-Zone
zumo Saft

Fuentes

Cubierta: 1 Thinkstock (LDProd), München, **2** Thinkstock (Fuse), München, **3** Thinkstock (Shironosov), München; **3.1** Thinkstock (YanLev), München; **3.2** TALGO, Las Matas, Madrid; **3.3** Bildarchiv, Danone GmbH, Haar b. München; **3.4** IFEMA, Madrid; **4.1** Shutterstock (Anton_Ivanov), New York; **4.2** Backbone Branding, http://www.backbonebranding.com; **4.3** imago (Jochen Tack), Berlin; **5.1** Diego Cárdenas, México D.F.; **5.2** iStockphoto (cienpies), Calgary, Alberta; **7.1** Shutterstock (Luis Molinero), New York; **7.2** Thinkstock (shironosov), München; **7.3** imago (Westend61), Berlin; **7.3** imago (Westend61), Berlin; **7.4** Thinkstock (Goodluz), München; **7.5** imago (Westend61), Berlin; **7.6** Thinkstock (YanLev), München; **8.1** Shutterstock (Nelson Marques), New York; **8.2** Shutterstock (Yurlick), New York; **8.3** Thinkstock (-VICTOR-), München; **8.4** Shutterstock (Fejas), New York; **8.5** Shutterstock (Yurlick), New York; **8.6** Shutterstock (Wiktoria Pawlak), New York; **9.1** Shutterstock (Kritchanut), New York; **9.2** Olave, Solozábal y Cía. S. A., Elgeta; **10.1** Dreamstime.com (Tnehala), Brentwood, TN; **10.2** Shutterstock (Gruffi), New York; **10.3** Shutterstock (Vitaly Korovin), New York; **10.4** Shutterstock (Evgeny Karandaev), New York; **10.5** iStockphoto (thebroker), Calgary, Alberta; **10.6** iStockphoto (bigworld), Calgary, Alberta; **10.7** Thinkstock (cherezoff), München; **10.8** Shutterstock (zentilia), New York; **10.9** Thinkstock (Ales Gavlovsky), München; **10.10** Shutterstock (bogdan ionescu), New York; **10.11** Dreamstime.com (Dmitrii Kiselev), New York; **10.12** Shutterstock (Nata-Lia), New York; **10.13** Thinkstock (Marek Walica), München; **10.14** Shutterstock (Noppon Kumpdetch), New York; **10.15** Shutterstock (Aleks vF), New York; **10.16** Shutterstock (Bohbeh), New York; **11** Thinkstock (LDProd), München; **12.1** Museo Torres Quevedo, Madrid; **12.2** Wikimedia Commons (Nationaal Archief), http://www.flickr.com/photos/nationaalarchief/7090039255/sizes/o/in/photostream; **12.3** TALGO, Las Matas, Madrid; **13** Daniel Paz, Buenos Aires; **14.1** Thinkstock (Jupiterimages), München; **14.2** Thinkstock (eabff), München; **14.3** Thinkstock (Milos12Rovcanin), München; **15** Wikimedia Commons (Francisco Manuel Blanco, O. S. A.); **16.1** Shutterstock (Vladitto), New York; **16.2** Shutterstock (Mny-Jhee), New York; **16.3** Shutterstock (area381), New York; **16.4** Shutterstock (Milarka), New York; **16.5** Shutterstock (Distrikt 3), New York; **17.1** imago (Rainer Unkel), Berlin; **17.2** Shutterstock (Frendy), New York; **17.3** Shutterstock (cheesekerbs), New York; **17.4** Shutterstock (cheesekerbs), New York; **17.5** Shutterstock (lana rinck), New York; **17.6** Shutterstock (joingate), New York; **19.1** iStockphoto (GlobalStock), Calgary, Alberta; **19.2-3** Foro Marcas Renombradas Españolas, Madrid; **20.1** All images are under copyright of Heineken International B.V.; **20.2** Santander Consumer Bank; **20.3** Google Inc.; **20.4** Thomas Cook AG; **20.5** Nestlé Deutschland AG; **20.6** Firmenhistorisches Archiv der Allianz (FHA); **20.7** FREIXENET GmbH; **20.8** Telefónica Germany GmbH & Co. OHG; **20.9** Unilever; **20.10**, **20.11** Michelin; **20.12** SAMSUNG; **20.13** Lacoste; **20.14** Seat Deutschland GmbH; **20.15** Lecitrailer, Zaragoza; **21.1** iStockphoto (Manuel Burgos), Calgary, Alberta; **21.2** Shutterstock (Maridav), New York; **21.3** Shutterstock (LDprod), New York; **21.4** Thinkstock (kyolshin), München; **22.1** Bildarchiv, Danone GmbH, Haar b. München; **22.2** Thinkstock (Skystorm), München; **22.3** Bildarchiv, Danone GmbH, Haar b. München; **23** Thinkstock (nandyphotos), München; **25** iStockphoto (mediaphotos), Calgary, Alberta; **26.1** Shutterstock (Vladitto), New York; **26.2** Shutterstock (LiliGraphie), New York; **26.3** iStockphoto (fmajor), Calgary, Alberta; **26.4** iStockphoto (fmajor), Calgary, Alberta; **26.5** iStockphoto (Mercedes Rancaño Otero), Calgary, Alberta; **27.1** Shutterstock (Nickolay Stanev), New York; **27.2** Shutterstock (lilac), New York; **27.3** Shutterstock (rungrote), New York; **27.4** Shutterstock (Dn Br), New York; **27.5** Shutterstock (Aboard), New York; **27.6** Shutterstock (Moofer), New York; **27.7** Shutterstock (andromina), New York; **31**, **32** IFEMA, Madrid; **33.1** iStockphoto (tostphoto), Calgary, Alberta; **33.2** Shutterstock (Makaule), New York; **33.3** IFEMA, Madrid; **33.4** Grupo Hoteles Andaluces con encanto, Cádiz; **34** IFEMA, Madrid; **35** Thinkstock (k-libre), München; **38.1** Shutterstock (CHOATphotographer), New York; **38.2** Shutterstock (Dusmila), New York; **38.3** © Alimentaria Exhibitions; **39.1** Shutterstock (dibrova), New York; **39.2** Shutterstock (DVARG), New York; **39.3** Shutterstock (Vladyslav Danilin), New York; **39.4** Shutterstock (VoodooDot), New York; **39.5** Shutterstock (abrakadabra), New York; **39.6** Shutterstock (Snap2Art), New York; **41** Thinkstock (Klaus Tiedge), München; **42** Thinkstock (ferlistockphoto), München; **43** Shutterstock (Andrey Lobachev), New York; **44.1** Thinkstock (DenisKot), München; **44.2** Shutterstock (coka), New York; **44.3** Shutterstock (Aivolie), New York; **44.4** Shutterstock (iravgustin), New York; **44.5** Thinkstock (gregzook), München; **44.6** Shutterstock (Subbotina Anna), New York; **44.7** Thinkstock (hxdbzxy), München; **44.7** Thinkstock (scyther5), München; **44.8** Shutterstock (Ramon L. Farinos), New York; **45** Thinkstock (Wavebreakmedia Ltd), München; **46** Shutterstock (Anton_Ivanov), New York; **47.1** Shutterstock (marina_ua), New York; **47.2** Shutterstock (Visual Idiot), New York; **47.3** Shutterstock (Studio_G), New York; **47.4** Shutterstock (VoodooDot), New York; **47.6** Shutterstock (Vector Market), New York; **47.7** Thinkstock (popovaphoto), München; **48.1** Shutterstock (Brendan Howard), New York; **48.2** Thinkstock (Kuzmik_A), München; **49.1** Shutterstock (Ppictures), New York; **49.2** Shutterstock (IrenD), New York; **49.3** Shutterstock (musicman), New York; **49.4** Shutterstock (Goldenarts), New York; **49.5** Shutterstock (aguiters), New York; **51** Shutterstock (Monkey Business Images), New York; **52** Shutterstock (ayakovlevcom), New York; **53** Backbone Branding, http://www.backbonebranding.com; **54.1** Shutterstock (Denis Vrublevski), New York; **54.2** Shutterstock (StockLite), New York; **54.3** Dreamstime.com (Andreblais), Brentwood, TN; **54.4** Shutterstock (Ioannis Pantzi), New York; **54.5** Shutterstock (tommaso lizzul), New York; **57.1** Thinkstock (fsettler), München; **57.2** Shutterstock (zayats-and-zayats), New York; **58.1** Shutterstock (StudioSmart), New York; **58.2** Shutterstock (Technomatix), New York; **58.3** Shutterstock (Gurza), New York; **58.4** Shutterstock (Denis Cristo), New York; **58.5** Shutterstock (Leyasw), New York; **58.6** Shutterstock (Rainbow-Pic), New York; **61.1** getty images (Gonzalo Azumendi), München; **61.2** Shutterstock (RedKoala), New York; **61.3** Shutterstock (Cube29), New York; **61.4** Shutterstock (jehsomwang), New York; **61.5** Shutterstock (ducu59us), New York; **61.6** Shutterstock (VoodooDot), New York; **61.7** Shutterstock (Nychytalyuk), New York; **63.1** iStockphoto (MarquesPhotography), Calgary, Alberta; **63.2** imago (Jochen Tack), Berlin; **63.3** iStockphoto (Minerva Studio), Calgary, Alberta; **63.4** Shutterstock (Galyna Andrushko), New York; **63.5** imago (Stefan Schwenke), Berlin; **63.6** Shutterstock (Mikael Damkier), New York; **64** iStockphoto (PPAMPicture), Calgary, Alberta; **65.1** Shutterstock (Kenshi991), New York;

65.2 Shutterstock (Nadin3d), New York; **65.3** Shutterstock (Ficus777), New York; **65.4** Shutterstock (RODINA OLENA), New York; **66.1** Shutterstock (RODINA OLENA), New York; **66.2** imago (Jochen Tack), Berlin; **66.3** Shutterstock (Anton Gvozdikov), New York; **66.4** mauritius images (Cultura), Mittenwald; **67** Shutterstock (RODINA OLENA), New York; **68.1** Shutterstock (RODINA OLENA), New York; **68.2** Shutterstock (Blan-k), New York; **68.3** iStockphoto (dutchicon), Calgary, Alberta; **68.5** iStockphoto (dutchicon), Calgary, Alberta; **68.6** Shutterstock (T-Kot), New York; **69.1** Shutterstock (Matej Kastelic), New York; **69.2** Thinkstock (Shaiith), München; **69.3** iStockphoto (Neustockimages), Calgary, Alberta; **70.1** Shutterstock (Slawomir Fajer), New York; **70.2** Thinkstock (pjmorley), München; **70.3** iStockphoto (t_kimura), Calgary, Alberta; **71.1** imago (Brunnthaler), Berlin; **71.2** Shutterstock (davooda), New York; **71.3** Shutterstock (joingate), New York; **71.4** Shutterstock (David Zydd), New York; **71.5** Shutterstock (majson), New York; **71.6** Shutterstock (HuHu), New York; **71.7** Shutterstock (Alexandr III), New York; **74.1** Shutterstock (paulrommer), New York; **74.2** Thinkstock (Jacob Wackerhausen), München; **74.3** Thinkstock (Minerva Studio), München; **74.4** Thinkstock (JOHN GOMEZ), München; **74.5** iStockphoto (Meinzahn), Calgary, Alberta; **74.6** iStockphoto (Minerva Studio), Calgary, Alberta; **74.7** iStockphoto (shapecharge), Calgary, Alberta; **75.1** Shutterstock (mangostock), New York; **75.2** Shutterstock (maximillion1), New York; **76.1-2** Diego Cárdenas, México D. F.; **78.1** Thinkstock (Federico Caputo), München; **78.2** Thinkstock (lukas_zb), München; **78.3** Shutterstock (Dubova), New York; **80.1** Mercadona, Valencia; **81** Thinkstock (Nikiteev_Konstantin), München; **82.1** Thinkstock (Chagin), München; **82.2** Thinkstock (bernardbodo), München; **82.3** Thinkstock (Fakhri-sa), München; **82.4** Shutterstock (Dragon Images), New York; **83.1** Shutterstock (Simon Dannhauer), New York; **83.2** Shutterstock (vladmark), New York; **83.3** Shutterstock (Alina Ku-Ku), New York; **83.4** Shutterstock (Sureewan Suntornpasert), New York; **83.5** Shutterstock (rachisan alexandra), New York; **83.6** Shutterstock (sabri deniz kizil), New York; **83.7** Shutterstock (valeriya_sh), New York; **85.1** Shutterstock (BrAt82), New York; **85.2** Shutterstock (AGorohov), New York; **85.3** Thinkstock (fergregory), München; **85.4** Shutterstock (Jeff Wasserman), New York; **85.5** iStockphoto (asbe), Calgary, Alberta; **85.6** Shutterstock (Ivakoleva), New York; **85.7** iStockphoto (cienpies), Calgary, Alberta; **86.1-4** Carmencita, Novelda; **87** Carmencita, Novelda; **88** Thinkstock (Chagin), München; **89** Shutterstock (ksana-gribakina), New York; **90.1** Thinkstock (Jacob Wackerhausen), München; **90.2** Shutterstock (Minerva Studio), New York; **90.3** iStockphoto (PeopleImages), Calgary, Alberta; **90.4** Thinkstock (monkeybusinessimages), München; **91.1** Shutterstock (Amornism), New York; **91.2** Shutterstock (rungrote), New York; **91.3** Shutterstock (puruan), New York; **91.4** Shutterstock (Nosopyrik), New York; **91.5** iStockphoto (appleuzr), Calgary, Alberta; **91.6** Shutterstock (nubenamo), New York; **92** Thinkstock (akiyoko), München; **93.1** imago (Jochen Tack), Berlin; **93.2** Shutterstock (OSIPOVEV), New York; **93.3** Shutterstock (iconizer), New York; **93.4** Shutterstock (Oleg7799), New York; **93.5** Shutterstock (musicman), New York; **93.6** Shutterstock (Kapreski), New York; **93.7** Shutterstock (VoodooDot), New York; **95.1** Shutterstock (Andrey_Popov), New York; **95.2** Shutterstock (Matej Kastelic), New York; **96** Shutterstock (Alex Illi), New York; **97** Thinkstock (missbobbit), München